Philipp Scheib

Netzzugang im liberalisierten deutschen Gasmarkt

Eine modellgestützte Analyse zur Bildung von Marktgebieten

Netzzugang im liberalisierten deutschen Gasmarkt

Eine modellgestützte Analyse zur Bildung von Marktgebieten

von
Philipp Scheib

universitätsverlag karlsruhe

Dissertation, genehmigt von der
Fakultät für Wirtschaftswissenschaften
der Universität Karlsruhe (TH), 2008
Tag der mündlichen Prüfung: 14. Juli 2008
Referent: Prof. Dr. rer. nat. Otto Rentz
Korreferentin: Prof. Dr. Marliese Uhrig-Homburg

Impressum

Universitätsverlag Karlsruhe
c/o Universitätsbibliothek
Straße am Forum 2
D-76131 Karlsruhe
www.uvka.de

Universitätsverlag Karlsruhe 2008
Print on Demand

ISBN: 978-3-86644-281-8

Danksagung

Die vorliegende Arbeit entstand im Zeitraum von Juli 2005 bis Dezember 2007 während meiner Tätigkeit bei der EnBW Trading GmbH. In dieser Zeit erlebte der deutsche Gasmarkt grundlegende Veränderungen. Im Juli 2005 verabschiedete der Bundestag das Zweite Gesetz zur Neuregelung des Energiewirtschaftsrechts. Die Diskussion über die Umsetzung in der Praxis, insbesondere über die Ausgestaltung des Netzzugangs Gas, dauert bis heute an. Zum Teilaspekt der Bildung von Marktgebieten möchte die vorliegende Arbeit ihren Beitrag leisten.

Ich danke allen Gesprächspartnern aus Wirtschaft und Wissenschaft, die mir bei der täglichen Arbeit, auf Konferenzen und in Seminaren Anstöße und Anregungen für diese Arbeit gegeben haben.

Herrn Prof. Dr. rer. nat. Otto Rentz, dem Leiter des Instituts für Industriebetriebslehre und Industrielle Produktion (IIP) der Universität Karlsruhe (TH), danke ich sehr herzlich für die Betreuung der Dissertation. Für die Übernahme des Korreferats danke ich Frau Prof. Dr. Marliese Uhrig-Homburg vom Lehrstuhl für Financial Engineering und Derivate. Weiterhin gilt mein Dank Herrn Prof. Dr. Bruno Neibecker und Herrn Prof. Dr. Stefan Tai, die als Prüfer bzw. als Vorsitzender das Prüfungskollegium komplettiert haben.

Herrn Prof. Dr. Ing. Peter Knauth, allen Mitarbeiterinnen und Mitarbeitern des IIP sowie den externen Doktoranden gilt mein herzlicher Dank für die kritischen Fragen und bereichernden Diskussionen im Rahmen der Doktorandenseminare. Besonders danke ich Herrn Dr. Dominik Möst, dem Leiter der Gruppe Energiesystemanalyse und Umwelt am IIP, Herrn Dr. Holger Perlwitz und Frau Dipl.-Wi.-Ing. Anke Eßer für fachliche Anregungen und Verbesserungsvorschläge am Manuskript.

Ohne die richtigen Rahmenbedingungen wäre die Entstehung dieser Dissertation nicht möglich gewesen. Herr Dr. Kai Hufendiek und Herr Dr. Bernhard Graeber haben mich stets bei diesem Vorhaben unterstützt. Herr Dr. Frieder Kalisch hat wesentlich zum Gelingen dieser Arbeit beigetragen. Frau Dr. Susanne Moritz hat das Manuskript mit kritischem Blick gelesen. Herzlichen Dank!

Für die prüfende Durchsicht des Manuskripts danke ich zudem meinem Promotionskollegen Holger Wiechmann, meinem alten Freund Jürgen Wagner sowie meinen Eltern Gudrun und Heinz Scheib. Meinem Promotionskollegen David Martinez und Frau Dr. Beate Winkelmann gebührt ein spezieller Dank für Hilfe mit LaTeX.

Ein großer persönlicher Dank geht an meine Frau Christine und unseren Sohn Victor.

Karlsruhe, im August 2008 Philipp Scheib

Inhaltsverzeichnis

Abbildungsverzeichnis

Tabellenverzeichnis

Symbolverzeichnis

Indizes

Index	
bc	Index der Import- /Exportflüsse
c	Index für Länder
d	Index der Nachfrageregionen
ds	Index der Nachfragesegmente
ltc	Index für Langfristverträge
n	Index der Knoten
p	Index für Pipelines und LNG-Terminals
prd	Index der Produktionsregionen
s	Index der Gasspeicher
t	Index für Zeitsegmente (Monate)
t_f	Index für den letzten Monat im Berechnungszeitraum
t_i	Index für den ersten Monat im Berechnungszeitraum
ty	Index für Gaswirtschaftsjahre
u	Index für Produktion von Spotgas

Modellelemente (Indexmengen)

Indexmenge	
BC	Import- /Exportflüsse: Feste Flüsse an geografischen Grenzen des Modells
$BC_{N_{bc,n}}$	Import- /Exportflüsse bc am Knoten n
C	Land: Zusammenfassung von Knoten
D	Nachfrage nach Gas

Indexmenge	
$D_{N_{d,n}}$	Nachfrage d am Knoten n
DS	Nachfragesegmente: Kundengruppen
LTC	Langfristverträge (*long term contract*)
$LTC_{N_{ltc,n}}$	Langfristverträge ltc mit Übergabepunkt n (*Liefer-Marktgebiet*)
$LTC_{P_{ltc,p}}$	Langfristverträge ltc, die die Pipelines p nutzen
$LTC_{PRD_{ltc,prd}}$	Langfristverträge ltc, die aus Produktion prd bedient werden
N	Knoten (Produktionsregion, Hub, Marktgebiet)
$N_{C_{n,c}}$	Knoten n in Land c
P	Pipelines
P_{LNG_p}	LNG-Terminals (Untermenge der Pipelines)
$P_{NEND_{p,n}}$	Pipelines p mit Endknoten n
$P_{NSTART_{p,n}}$	Pipelines p mit Startknoten n
PRD	Gasproduktion
$PRD_{N_{prd,n}}$	Gasproduktion prd am Knoten n
S	Gasspeicher
$S_{N_{s,n}}$	Speicher s am Knoten n
S_{PORE_s}	Porenspeicher: Untermenge der Gasspeicher
T	Zeitsegmente: Das Modell hat eine monatliche Zeitauflösung.
$T_{TY_{t,ty}}$	Zeitsegmente (Monate) t die im Gaswirtschaftsjahr ty liegen
TY	Gaswirtschaftsjahre (1.10. bis 30.09.): Das Gaswirtschaftsjahr 2001 beginnt am 1.10.2001
U	Gas, das an Spotmärkten verkauft wird (Spotgas)
$U_{PRD_{u,prd}}$	Spotgasmengen u aus der Produktion prd

Modellparameter (Eingangsdaten)

Parameter	
$bcq_{t,bc}$	Wert des festen Flusses an geografischen Grenzen des Modells
$days_{ty}$	Zahl der Tage je Gaswirtschaftsjahr
$dm_{t,d}$	Nachfrage je Zeitsegment (Monat)
$dred_{t,d,ds}$	Nachfragereduktion, wenn der Preis eine definierte Preisschwelle übersteigt
$dsc_{t,d,ds}$	Preisschwelle für Nachfragesegment

Parameter	
$dsno_d$	Anzahl von Nachfragesegmenten
dt_t	Dauer eines Zeitsegments (Monat) in Tagen
$ltcacq_{ty,ltc}$	vertragliche Jahresmenge eines Langfristvertrags
$ltcc_{t,ltc}$	Preis für Gas aus Langfristvertrag
$ltcmax_{t,ltc}$	Maximale Abnahme je Zeitsegment in Prozent der Vertragsmenge
$ltcmin_{t,ltc}$	Minimale Abnahme je Zeitsegment in Prozent der Vertragsmenge
$ltctop_{ty,ltc}$	Mindestabnahmeverpflichtung (Take-or-pay) in Prozent der Jahresmenge
$pcapb_{t,p}$	Pipelinekapazität in Gegenstromrichtung
$pcapf_{t,p}$	Pipelinekapazität in Hauptflussrichtung
$pcb_{t,p}$	Transportentgelt vom End- zum Startknoten einer Pipeline
$pcf_{t,p}$	Transportentgelt vom Start- zum Endknoten einer Pipeline
$prdqamax_{ty,prd}$	Maximale jährliche Produktion
$prdqdmax_{ty,prd}$	Maximale tägliche Produktion
$prdqdmin_{ty,prd}$	Minimale tägliche Produktion
$scapi_{t,s}$	Einspeicherkapazität pro Tag
$scapw_{t,s}$	Ausspeicherkapazität pro Tag
$scw_{t,s}$	Ausspeicherentgelt
sqf_s	Endfüllstand eines Speichers in Prozent des Arbeitsgasvolumens
sqi_s	Anfangsfüllstand eines Speichers in Prozent des Arbeitsgasvolumens
$sqmin_{t,s}$	Minimaler Füllstand eines Speichers je Zeitsegment in Prozent des Arbeitsgasvolumens
$sv_{t,s}$	Arbeitsgasvolumen eines Speichers
$uc_{t,u}$	Preis für Gas an Spotmärkten (Spotgas)

Variablen (Modelloutput)

Variable	
$Dq_{t,d}$	Befriedigte Nachfrage
$DRedCost_t$	Ausgaben für Nachfragereduktion

Variable	
$Dsq_{t,d,ds}$	Reduzierte Nachfrage je Nachfragesegment
$LtcCost_t$	Ausgaben für Gas aus Langfristverträgen
$LtcEntryCost_t$	Ausgaben für Entry-Entgelte für Gas aus Langfristverträgen in das Liefer-Marktgebiet
$Ltcq_{t,ltc}$	Produktionsmengen Langfristverträge
$LtcqB_{t,p,ltc}$	Fluss Gas aus Langfristvertrag in Gegenstromrichtung
$LtcqF_{t,p,ltc}$	Fluss Gas aus Langfristvertrag in Hauptflussrichtung
$LtcTopCost_{t,ty}$	Ausgaben für die Unterschreitung von Mindestabnahmeverpflichtungen aus Langfristverträgen
$LtcTopq_{ty,ltc}$	Unterschreitung der Mindestabnahmeverpflichtung eines Langfristvertrags
$SCost_t$	Ausgaben für Gasspeicherung
$Sq_{t,s}$	Speicherfüllstand am Ende des Zeitsegments
$SqI_{t,s}$	Einspeicherrate
$SqW_{t,s}$	Ausspeicherrate
$TotalCost$	Gesamtausgaben des Systems (Zielwert der Optimierung)
$UCost_t$	Ausgaben für Spotgas
$Uq_{t,u}$	Produktionsmengen Spotgas
$UqB_{t,p}$	Fluss Spotgas in Gegenstromrichtung
$UqF_{t,p}$	Fluss Spotgas in Hauptflussrichtung
$UTransCost_t$	Transportausgaben für Spotgas

Abkürzungsverzeichnis

8KU	Verband der acht größten kommunalen deutschen Energieunternehmen
BAFA	Bundesamt für Wirtschaft und Ausfuhrkontrolle
BBL	Balgzand-Bacton Pipeline
BDI	Bundesverband der deutschen Industrie
BGW	Bundesverband der deutschen Gas- und Wasserwirtschaft
bne	Bundesverband neuer Energieanbieter
BNetzA	Bundesnetzagentur
CEER	Council of European Energy Regulators
DG COMP	Generaldirektion Wettbewerb
DG TREN	Generaldirektion Energie und Verkehr
DIN	Deutsches Institut für Normung
DVGW	Deutsche Vereinigung des Gas- und Wasserfaches
EEX	European Energy Exchange
EFET	European Federation of Energy Traders
EnWG	Energiewirtschaftsgesetz
ERGEG	European Regulators' Group for Electricity and Gas
EU	Europäische Union
EVU	Energieversorgungsunternehmen
FNB	Ferngasnetzbetreiber
FTN	Ferntransportnetzbetreiber
GasNEV	Gasnetzentgeltverordnung
GasNZV	Gasnetzzugangsverordnung
GECF	Gas Exporting Countries Forum
GEODE	Groupement Européen des Entreprises et Organismes de Distribution d'Energie
GIE	Gas Infrastructure Europe
GUS	Gemeinschaft Unabhängiger Staaten
GVU	Gasversorgungsunternehmen

GWB	Gesetz gegen Wettbewerbsbeschränkungen
GWJ	Gaswirtschaftsjahr
HEL	leichtes Heizöl
H-Gas	high calorific gas
HS	schweres Heizöl
ICE	IntercontinentalExchange
IEA	International Energy Agency
IPE	International Petroleum Exchange
IUK	Interconnector Bacton-Zeebrugge
L-Gas	low calorific gas
LNG	liquefied natural gas
LPG	liquefied petroleum gas
NBP	National Balancing Point
NTPA	negotiated third party access
OECD	Organisation für wirtschaftliche Zusammenarbeit und Entwicklung
OPEC	Organisation erdölexportierender Länder
OVU	Orts- und Regionalgasversorgungsunternehmen
PEG	Point d'Echange de Gaz
PSV	Punto di Scambio Virtuale
RTN	Regionaltransportnetzbetreiber
RTPA	regulated third party access
SNG	synthetic natural gas
TSO	Transmission System Operator
TTF	Title Transfer Facility
VEA	Bundesverband der Energieabnehmer
VIK	Verband der Industriellen Energie- und Kraftwirtschaft
VKU	Verband kommunaler Unternehmen
VNB	Verteilnetzbetreiber
VP	virtueller Handelspunkt
VTN	Verteilnetzbetreiber
VV	Verbändevereinbarung
WEG	Wirtschaftsverband Erdöl- und Erdgasgewinnung

Kapitel 1

Einleitung

1.1 Ausgangslage und Problemstellung

Durch die fortschreitende Liberalisierung der Märkte für Strom und Gas in Europa verändern sich die Rahmenbedingungen für die Marktteilnehmer. Die Europäische Union gibt Richtlinien zur Öffnung der Energiemärkte vor, die in den Mitgliedstaaten in nationales Recht umgesetzt werden. In Deutschland wurde im Juli 2005 ein neues Energiewirtschaftsgesetz (EnWG) verabschiedet. Das neue EnWG löst das bisherige Modell der Verbändevereinbarung ab. In der Vergangenheit hatten Verbände der Energieversorger und der großen Energieabnehmer die Regeln zum Netzzugang untereinander ausgehandelt. Das Prinzip des verhandelten Netzzugangs (negotiated third party access, NTPA) wurde im Jahr 2005 durch einen regulierten Netzzugang (regulated third party access, RTPA) ersetzt. Gleichzeitig wurde eine Entflechtung (Unbundling) des Monopolbereichs (Transport) vom Wettbewerbsbereich (Handel, Vertrieb) vorgeschrieben. Jeder Händler oder Lieferant soll diskriminierungsfrei die Transportleistungen der Netzbetreiber in Anspruch nehmen können.

Für den Gasmarkt bedeutet dies, dass sich die etablierte Lieferkette auflöst. Kunden sind nicht mehr an den Vertrieb des Gasversorgers gebunden, an dessen Netz sie angeschlossen sind. Physische Gasflüsse und vertragliche Beziehungen der Gaslieferungen werden entkoppelt.

Aus den veränderten gesetzlichen und regulatorischen Rahmenbedingungen ergeben sich weitreichende Veränderungen für die Gaswirtschaft. Das EnWG gibt dabei in Deutschland den Rahmen vor. Zum Zweck der Regulierung heißt es im EnWG: „Die Regulierung der Elektrizitäts- und Gasversorgungsnetze dient den Zielen der Sicherstellung eines wirksamen und unverfälschten Wettbewerbs bei der Versorgung mit Elektrizität und Gas" [§ 1, Satz 2 EnWG 2005]. Ziel des Gesetzgebers ist es also, Rahmenbedingungen zu schaffen, unter denen sich Wettbewerb entwickeln kann. Vorbedingungen für einen liquiden Gashandelsmarkt sind ein diskriminierungsfreier Netzzugang mit frei verfügbaren Transportkapazitäten[1], Möglichkeiten zur Strukturierung von Gaslieferungen (Speicher und Bilanzausgleich), freie Mengen auf der Angebotsseite und freie Mengen auf der Nachfrageseite. Die Monopolkommission[2] stellt in ihrem Hauptgutachten im Jahr 2006 fest: „Im Gasbereich ist das Fehlen eines nicht diskriminierenden und wettbewerblich funktionsfähigen Netzzugangsmodells die Hauptursache dafür, dass sich Wettbewerb noch nicht einmal ansatzweise hat entwickeln können" [Monopolkommission 2006, S. 4].

Das Netzzugangsmodell in Deutschland basiert auf einem Entry-Exit-System. Das EnWG sieht vor, dass die Netzbetreiber den Markt in Marktgebiete (Entry-Exit-Zonen) unterteilen können, falls es ihnen „technisch nicht möglich oder wirtschaftlich nicht zumutbar ist", ein gemeinsames Marktgebiet zu bilden. In einem Entry-Exit-System werden alle Ein- und Ausspeisungen eines Lieferanten in einem Marktgebiet bilanziert. Gaslieferanten erhalten Zugang zu Gasnetzen auf der Grundlage nur je eines Einspeise- und eines Ausspeisevertrages, auch wenn mehrere Netzbetreiber betroffen sind. Separate Transportverträge mit jedem beteiligten Netzbetreiber sind nicht mehr nötig. Allerdings unterteilten deutsche Gasnetzbetreiber zum Start des Entry-Exit-Systems im Jahr 2006 den Markt in 19 Marktgebiete. Die Netzbetreiber haben diese Unterteilung nie fundiert begründet. Dauerhafte Kapazitätsengpässe würden die Bildung von Marktgebieten, in denen sich unterschiedliche Preise bilden können, rechtfertigen. Die Netzbetreiber haben die Marktgebiete jedoch anhand von Eigentumsgrenzen gebildet, ohne Kapazitätsengpässe nachzuweisen. Zudem wurden regionale und lokale Verteilnetze teilweise mehreren Marktgebieten zugeordnet, wenn diese durch Ferngasnetze unterschiedlicher Unternehmen beliefert werden.

Die hohe Anzahl von Marktgebieten führt zu Problemen bei der Entwicklung des Gasmarktes. Durch die geografische Überlappung von Marktgebieten sind Endkunden nicht eindeutig zu Marktgebieten zugeordnet. Die Fragmentierung des Marktes in mehrere Marktgebiete erhöht den Abwicklungsaufwand für Gaslieferanten und teilt die Marktliquidität auf mehrere Handelspunkte auf. In ihrem Jahresbericht 2006

---

[1]Die Verwendung des Plurals von „Kapazität" als technischer Begriff gilt als sprachlich falsch [vgl. Dichtl 1995, S. 78]. In der Gaswirtschaft ist es jedoch durchweg üblich von „Kapazitäten" zu sprechen, wenn vom Leistungsvermögen von Gasspeichern oder Pipelines die Rede ist. In der vorliegenden Arbeit wird der Plural dann verwendet, wenn „Kapazität" an mehreren Punkten im Gasnetz oder „Kapazität" mehrerer Unternehmen gemeint ist.

[2]Die Monopolkommission ist ein unabhängiges Beratungsgremium auf den Gebieten der Wettbewerbspolitik und Regulierung [Monopolkommission 2007].

führt die Bundesnetzagentur zur Frage der Marktgebietseinteilung aus: „Gleichwohl stellt die jetzige Zersplitterung in 19 Marktgebiete für die Schaffung eines ausreichend liquiden, offenen und flexiblen Gasmarkts ein deutliches Hindernis dar und ist auf Dauer nicht hinnehmbar" [BNetzA 2007b, S. 144]. Daraus leitet sich die Problemstellung der vorliegenden Arbeit ab.

1.2 Zielsetzung und Lösungsweg

Zielsetzung der vorliegenden Arbeit ist die Entwicklung einer Methodik zur quantitativen Analyse der Einteilung des deutschen Gasmarktes in Marktgebiete. Als Kriterien für die Bildung von Marktgebieten werden Kapazitätsengpässe verwendet. Die übrigen Voraussetzungen für funktionierenden Wettbewerb, wie z. B. ein ausreichendes Angebot an Gasmengen bzw. Flexibilitätsprodukten, sollen in der Arbeit nicht näher beleuchtet werden.

Kernfrage der Untersuchung ist, welche Veränderungen sich durch eine Reduzierung der Anzahl der Marktgebiete auf je ein Gebiet für die beiden in Deutschland vorkommenden Gasqualitäten ergeben würden. Aus der Analyse der Veränderungen wird abgeleitet, ob eine solche Vereinfachung des Netzzugangs möglich ist. Strategisches Verhalten der Marktteilnehmer und nicht-technische Barrieren werden dabei nicht berücksichtigt. Wissenschaftliche Untersuchungen liegen zu diesem Thema bislang nicht vor. Die Frage der Marktgebietseinteilung wird mit Hilfe eines in der vorliegenden Arbeit entwickelten Gastransportmodells untersucht.

Die Arbeit ist wie folgt aufgebaut: In **Kapitel 2** werden politische Rahmenbedingungen im deutschen Gasmarkt vorgestellt. Dazu gehören rechtliche Vorschriften, Regulierung sowie Entflechtung vertikal integrierter Versorgungsunternehmen.

Kapitel 3 führt in die Gaswirtschaft ein. Wesentliche Grundlagen der Gastechnik und die Struktur des deutschen Gasmarktes werden dargestellt.

Kapitel 4 beschreibt den Zugang zu Gasnetzen. Nach einer Skizzierung der historischen Entwicklung folgt eine Erläuterung wichtiger Aspekte der Ausgestaltung des Netzzugangs.

In **Kapitel 5** wird ein Gastransportmodell zur Untersuchung von Gasflüssen im deutschen Gasmarkt entwickelt. Nach einem kurzen Überblick über existierende Ansätze zur Modellierung von Gasmärkten werden die Anforderungen an ein Modell zur Analyse der Bildung von Marktgebieten definiert. Das Modell wird charakterisiert und Eingangs- und Ausgangsdaten vorgestellt. Die mathematische Beschreibung des

Gastransportmodells umfasst die Modellelemente, die Parameter, die Variablen, die Zielfunktion und die Nebenbedingungen. **Kapitel 6** erläutert den Modellaufbau und die verwendete Datenbasis. Zunächst werden grundlegende Annahmen getroffen und begründet. Die betrachteten Marktgebiete werden aufgelistet und die Modelltopologie wird skizziert. Die Datenquellen für Angebot, Nachfrage, Speicher und Transport werden aufgezeigt und die Wahl des Berechnungszeitraums erklärt.

Die modellgestützte Analyse der Marktgebietsaufteilung ist Gegenstand von **Kapitel 7**. Die Marktgebiete zu Beginn des Gaswirtschaftsjahres 2006/2007 liegen der Definition des Referenzszenarios zugrunde. Die Ergebnisse des Referenzszenarios werden dargestellt und anhand realer Daten der Vergangenheit überprüft. Aufbauend auf dem Referenzszenario werden durch Variation von Transportentgelten und Kapazitätsrestriktionen weitere Szenarien definiert. Die Ergebnisse der verschiedenen Szenarioläufe werden analysiert und miteinander verglichen.

Kapitel 8 enthält die Schlussfolgerungen und einen Ausblick. Das entwickelte Transportmodell für den deutschen Gasmarkt wird einer kritischen Würdigung unterzogen. Die aus den Szenarioläufen abgeleiteten Schlussfolgerungen werden zusammenfassend dargestellt. Ein Ausblick zeigt zusätzliche Anwendungsbereiche für das entwickelte Modell sowie vielversprechende Weiterentwicklungsmöglichkeiten auf. Abschließend wird ein Blick auf weitere Aspekte der zukünftigen Entwicklung des deutschen Gasmarktes geworfen.

Die Arbeit endet mit einer Zusammenfassung in **Kapitel 9**.

Kapitel 2

Politische Rahmenbedingungen im deutschen Gasmarkt

Dieses Kapitel beschreibt die politischen Rahmenbedingungen im deutschen Gasmarkt. Die Darstellung der rechtlichen Vorschriften umfasst die Vorgaben der Europäischen Union (Abschnitt 2.1.1) und die entsprechenden deutschen Gesetze und Verordnungen zum Gasmarkt (Abschnitt 2.1.2). Im Abschnitt Regulierung wird zunächst die theoretische Begründung für Regulierungsmaßnahmen diskutiert (Abschnitt 2.2.1), bevor die konkrete Organisation der regulatorischen Institutionen in Europa und Deutschland vorgestellt wird (Abschnitt 2.2.2). Abschließend werden die Aspekte der Entflechtung integrierter Versorgungsunternehmen erläutert (Abschnitt 2.3).

2.1 Rechtliche Vorschriften

2.1.1 Vorgaben der Europäischen Union

Die Europäische Union (EU) hat sich zum Ziel gesetzt, einen europäischen Binnenmarkt für Energie zu schaffen. Dieses Vorhaben bildet den Ausgangspunkt für die Öffnung der Energiemärkte in den Mitgliedstaaten der EU.

Bereits im Jahr 1988 veröffentlichte die Europäische Kommission ein Arbeitsdokument über den „Binnenmarkt für Energie" [EK 1988]. Darauf aufbauend entstanden Richtlinienentwürfe, in denen bereits die Entflechtung vertikal integrierter Versorgungsunternehmen (Unbundling siehe Abschnitt 2.3) und die Einführung des Zugangs Dritter zum Netz (Third Party Access) als Ziele genannt werden [vgl. Scholz u. Langer 1992, S. 13ff].

Den ersten konkreten Anlauf zur Schaffung eines Erdgasbinnenmarktes unternahm die Europäische Union im Jahr 1998. Da aber die erste Gasrichtlinie 98/30 [EU 1998] nicht die gewünschte Wirkung entfaltete, wurde diese im Jahr 2003 durch die zweite Gasrichtlinie 2003/55 [EU 2003] abgelöst (Richtlinie 2003/55/EG des Europäischen Parlaments und des Rates vom 26. Juni 2003 über gemeinsame Vorschriften für den Erdgasbinnenmarkt und zur Aufhebung der Richtlinie 98/30/EG).

Die zweite Gasrichtlinie verlangt die volle Marktöffnung, die Einrichtung nationaler Regulierungsbehörden, einen regulierten Netzzugang, einen regulierten oder verhandelten Speicherzugang sowie die Entflechtung integrierter Gasversorgungsunternehmen. Durch die Regulierung soll ein nichtdiskriminierender und transparenter Netzzugang sichergestellt werden.

Die zweite Gasrichtlinie wird ergänzt durch die Richtlinie über Maßnahmen zur Gewährleistung der sicheren Erdgasversorgung [EU 2004] und die Verordnung über die Bedingungen für den Zugang zu den Erdgasfernleitungsnetzen [EU 2005].

Damit hat die Europäische Union die gesetzlichen Grundlagen dafür geschaffen, dass alle Verbraucher - zumindest in der Theorie - spätestens seit dem 1. Juli 2007 ihren Gaslieferanten frei wählen können [EU 2003, Artikel 23]. Die Rechtsvorschriften sollen die Schaffung eines vom Wettbewerb geprägten Elektrizitäts- und Erdgassektors in der gesamten Europäischen Union bezwecken. Während im Stromsektor in Deutschland und anderen EU-Ländern schon ein Wettbewerbsmarkt zu beobachten ist, hinkt die Entwicklung im Gassektor hinterher. Die Europäische Kommission berichtet regelmäßig über das Funktionieren der Märkte. In ihrem Bericht über die Verwirklichung des Strom- und Erdgasbinnenmarktes (Benchmarking Report) vom 5. Januar 2005 bemerkt sie zur Entwicklung des Gasmarktes: „Die Erdgasmärkte sind in vielen Fällen nach wie vor sehr starr, was in der Regel darauf zurückzuführen ist, dass die nationalen Märkte noch nicht integriert sind. (...) Außerdem erschweren unangemessene Ausgleichs- und Speicherregelungen und hohe Verteilerentgelte in mehreren Ländern den Versorgerwechsel" [EK 2005, S. 10]. Im Jahr 2007 stellt die Europäische Kommission in einem Bericht zur Untersuchung des Wettbewerbs in europäischen Gas- und Strommärkten (sector inquiry) fest, dass die Märkte nicht richtig funktionieren [EC 2007a].

Im September 2007 veröffentlichte die Europäische Kommission ihre Entwürfe eines dritten Richtlinienpakets für die Strom- und Gasmärkte in der EU [EC 2007d]. Die Umsetzung der darin enthaltenen Vorschläge ist noch in der Diskussion (Stand Dezember 2007).

2.1.2 Rechtsrahmen in Deutschland

Den gesetzlichen Rahmen bildet in Deutschland das Gesetz über die Elektrizitäts-und Gasversorgung (Energiewirtschaftsgesetz - EnWG[1] [EnWG 2005]). Das EnWG wurde am 7. Juli 2005 beschlossen und trat am 13. Juli 2005 in Kraft. Es dient der Umsetzung der EU-Richtlinien zum Elektrizitäts- und Erdgasbinnenmarkt. Wesentlicher Inhalt des EnWG sind Regeln zur Entflechtung integrierter Energieversorgungsunternehmen (Trennung des Netzbetriebs von anderen Tätigkeiten; siehe Abschnitt 2.3), die Ausgestaltung des Zugangs zu Gasversorgungsnetzen als Entry-Exit-System (vgl. Abschnitt 4.1.3) sowie die Genehmigung der Netzentgelte durch die Regulierungsbehörden.

Das „neue" EnWG aus dem Jahr 2005 ersetzte den alten Gesetzestext aus dem Jahr 1998. Zum Zeitpunkt der Verabschiedung des „alten" EnWG am 24. April 1998 war die die erste EU-Gasrichtlinie 98/30 [EU 1998] noch nicht verabschiedet. Das EnWG 1998 enthielt daher noch keine konkreten Bestimmungen für den Gasmarkt.

Die Verordnung über den Zugang zu Gasversorgungsnetzen (Gasnetzzugangsverordnung - GasNZV [GasNZV 2005]) und die Verordnung über die Entgelte für den Zugang zu Gasversorgungsnetzen (Gasnetzentgeltverordnung - GasNEV [GasNEV 2005]) regeln die Umsetzung des EnWG. Die Verordnungen zum Netzzugang und den Netzentgelten vom 25. Juli 2005 traten am 29. Juli 2005 in Kraft. Mit Inkrafttreten des EnWG nahmen auch die Bundesnetzagentur (BNetzA) und die Landesregulierungsbehörden offiziell ihre Arbeit als Regulierungsbehörden für den deutschen Strom- und Gasmarkt auf. Ziel des Gesetzgebers und der Regulierungsbehörden ist es, die Rahmenbedingungen für Wettbewerb im Energiemarkt zu schaffen.

2.2 Regulierung

2.2.1 Theorie der Regulierung

Im Allgemeinen wird eine Regulierung von Netzindustrien (z.B. Elektrizitätswirtschaft, Wasserversorgung, Eisenbahnen, ...) durch Marktversagen bei natürlichen Monopolen gerechtfertigt [vgl. Fritsch et al. 2005]. Ein natürliches Monopol liegt dann vor, wenn die Nachfrage am kostengünstigsten von nur einem Anbieter bedient werden kann[2]. In einem natürlichen Monopol bilden sich Preise nicht anhand von

---

[1]Zweites Gesetz zur Neuregelung des Energiewirtschaftsrechts
[2][Fritsch et al. 2005, S. 179], [vgl. Knieps 2005, S. 23], [vgl. Shy 2001, S. 7], [vgl. Funk et al. 1995, S. 135]

Grenzkosten. Dies gilt auch für den Betrieb von Gasnetzen, bei dem hohe Fixkosten und geringe variable Kosten anfallen. Die Grenzkosten eines Netzbetreibers für den Transport zusätzlicher Gasmengen liegen daher unter den Durchschnittskosten.

In Infrastrukturbereichen, die irreversible Kosten („sunk costs") *und* Subadditivität aufweisen, besteht nach der Theorie der anfechtbaren Märkte („contestable markets") Regulierungsbedarf [Baumol et al. 1982]. Irreversible Kosten entstehen bei Investitionen in Infrastruktur, die nur für einen Zweck zu verwenden ist und daher einen geringen Liquidationswert aufweist. Subadditivität bedeutet, dass die Summe der Kosten mehrerer Unternehmen zur Befriedigung einer gegebenen Nachfrage über den Kosten eines einzigen Unternehmens liegt. Die Versorgung durch einen Monopolanbieter verursacht in einem solchen Fall geringere Gesamtkosten.

Voraussetzungen für einen anfechtbaren Markt sind freier Marktzutritt und kostenloser Marktaustritt. Freier Marktzutritt bedeutet dabei, dass sowohl der Monopolanbieter als auch die potenziellen Wettbewerber Zugang zu allen Inputs und Technologien zu gleichen Bedingungen haben. Im Falle von Gasnetzen ist beispielsweise das Recht zur Verlegung von Leitungen (Wegerecht, Konzession) ein notwendiger Input. Potenzielle Wettbewerber haben aber nicht ohne weiteres Zugang zu diesem Input, da Konzessionen im Regelfall nur an einen Betreiber vergeben werden (lokales Monopol). Kostenloser Marktaustritt bedeutet, dass es keine irreversiblen Kosten gibt. Die Kosten für die Errichtung von Gasversorgungsnetzen sind aber typische Beispiele für *sunk costs*, da die Investitionen nach einem Marktaustritt verloren sind. Damit ist der Betrieb von Gasnetzen kein anfechtbarer Markt. Umgekehrt kann daraus jedoch nicht unmittelbar der passende Regulierungsansatz abgeleitet werden.

Knieps beschreibt die Situation von Netzbetreibern in seiner „Theorie der monopolistischen Bottlenecks" [Knieps 2005]. Shy beschäftigt sich ebenfalls mit den Begriffen *essential facility* oder *bottleneck* [Shy 2001, S. 118]. Bedingungen für eine monopolistische Bottleneck-Einrichtung sind: Es ist kein aktives Substitut (natürliche Monopolsituation aufgrund von Bündelungsvorteilen) und kein potenzielles Substitut verfügbar (Kosten der Einrichtung irreversibel) [Knieps 2002]. Shy kritisiert den Begriff des *natürlichen Monopols*: „Clearly, there is nothing 'natural' in the formation of monopolies" [Shy 2001, S. 8]. Stattdessen legt er dar, dass Wettbewerb und ein regulierter Zugang zu Infrastruktur zu einer effizienten Nutzung der Infrastruktur führen. Allerdings baut Shy seine Theorien auf Beispielen aus der Telekommunikation und anderen Industrien auf; Beispiele aus der Energiewirtschaft erwähnt er lediglich, ohne sie weiter zu vertiefen. An dieser Stelle sei auf die entsprechende Literatur zur Begründung von Regulierungsmaßnahmen verwiesen. Eine gute Übersicht über die Theorien der natürlichen Monopole und der anfechtbaren Märkte findet sich beispielsweise bei Wietschel [Wietschel 2000, S. 70 ff].

Lösungsansätze für den Umgang mit natürlichen Monopolen sind zum einen die staatliche Regulierung und zum anderen der Betrieb des natürlichen Monopols durch den Staat. In der Diskussion um die richtige Ausgestaltung der Regulierung wird immer wieder betont, dass die Ferngasnetze in Deutschland privat finanziert wurden. So geben Pfaffenberger und Scheele zu bedenken, der Schutz des Privateigentums nach Artikel 14 Grundgesetz würde es nahe legen, sich bei der Regulierung auf das Minimum zu beschränken [Pfaffenberger u. Scheele 2005, S. 16]. Eine Bewertung dieser juristischen Fragestellung soll den Rechtsexperten vorbehalten bleiben[3]. Aus volkswirtschaftlicher Sicht sind jedoch die vorgestellten Kriterien für natürliche Monopole anzuwenden, die nicht im Widerspruch zu Privateigentum an Netzinfrastruktur stehen.

Die praktischen Schwierigkeiten, einen staatlichen Netzbetreiber einzurichten, wären so weitreichend, dass hier auf eine Diskussion dieser theoretischen Möglichkeit verzichtet werden soll[4]. Die auftretenden Fragen wären dabei nicht nur betriebswirtschaftlicher Natur („Wert" des Netzes), sondern auch juristischer, da bei einer Verstaatlichung in Eigentumsrechte der Unternehmen eingegriffen würde.

Privatwirtschaftliche Unternehmen verfolgen das legitime Ziel, den Unternehmenswert im Interesse ihrer Eigentümer zu steigern. Verfügt ein Privatunternehmen über eine Monopolstellung ist nicht einzusehen, warum es freiwillig seine Marktmacht aufgeben und Wettbewerbern den Marktzutritt ermöglichen sollte. „Allein die Aufhebung rechtlicher Marktzutrittsschranken, wie sie bis zum Jahre 1998 etwa in der Energiewirtschaft Bestand hatten . . . , garantiert noch keinen funktionierenden Wettbewerb, wenn der bisherige Monopolanbieter (sog. Incumbent) auch nach der Marktöffnung seine marktbeherrschende Stellung aufrechterhalten kann" [Pfaffenberger u. Scheele 2005, S. 20].

---

[3]Der Prozess der Liberalisierung und Regulierung der Energiemärkte in der Europäischen Union hat reichliche Betätigungsmöglichkeiten für Energiejuristen geschaffen. Die vorliegende Arbeit erhebt nicht den Anspruch, einen vollständigen Überblick über die juristische Diskussion zu geben. An dieser Stelle sei lediglich exemplarisch auf [Zinow 1991], [Däuper 2003] und [Hosius 2004] verwiesen. Weitere Literaturangaben finden sich in den jeweiligen Werken.

[4]Weiterführende Überlegungen zur Rolle des Staates finden sich bei [Fritsch et al. 2005, S. 418 ff]: „Marktversagen, Staatsversagen und die Gestaltung gesellschaftlicher Entscheidungsprozesse". Laffont u. Tirole stellen die Frage, ob eher staatliches oder privates Eigentum die öffentliche Wohlfahrt fördert: „Is public or private ownership more likely to promote social welfare?" ([Laffont u. Tirole 1999, S. 637 ff].

Grundsätzlich herrscht in marktwirtschaftlichen Systemen Konsens darüber, dass Wettbewerb das beste Mittel zur Erzielung einer effizienten Ressourcen-Allokation darstellt [Böge 2005, S. 142]. Büdenbender legt in einem Artikel zum Thema Preisaufsicht dar: „In einem marktwirtschaftlichen System verdient die kompetitive Bildung von Preisen eindeutig den Vorrang vor einer staatlichen Preiskontrolle, da letztere immer nur ein Hilfsmittel und letztlich nur ein unvollständiger Ersatz für wettbewerbliche Preisbildung sein kann" [Büdenbender 2007, S. 15]. Regulierung sollte sich daher auf die Bereiche beschränken, in denen kein wirksamer Wettbewerb erzielt werden kann. Aus diesen Überlegungen folgt eine Trennung der Aufgaben eines Gasversorgers in Wettbewerbsbereiche und regulierte Bereiche (siehe Abschnitt 2.3). Diese Trennung wird als *Entflechtung* bezeichnet ([vgl. EU 2003, Artikel 9] und [EnWG 2005, Teil 2 Entflechtung, §§6-10]). Der englische Begriff *Unbundling* wird synonym verwendet [vgl. EC 2003, Article 9].

2.2.2 Organisation der Regulierung in Europa und in Deutschland

Die Regulierung des Gasmarktes wird in Europa durch verschiedene Institutionen wahrgenommen. Eine europäische Regulierungsbehörde mit umfassenden Kompetenzen existiert derzeit noch nicht (Stand Dezember 2007). Im Folgenden werden kurz die beteiligten Institutionen auf Ebene der EU und in Deutschland vorgestellt.

Europäische Kommission

Die Europäische Kommission hat sich die Schaffung eines europäischen Binnenmarktes für Energie zum Ziel gesetzt. Die Energiepolitik der Europäischen Kommission wird durch die Generaldirektion Energie und Verkehr (*DG TREN*) entwickelt [EC 2006]. Die Generaldirektion Wettbewerb (*DG COMP*) hat den Auftrag dafür zu sorgen, dass die Märkte der EU so effizient wie möglich funktionieren [EC 2007b]. Die Kommission beobachtet die Entwicklung des europäischen Gasmarktes und erarbeitet Vorschläge zur Stärkung des Wettbewerbs.

Council of European Energy Regulators

Die EU-Gasrichtlinie [EU 2003] verpflichtet die Mitgliedstaaten, unabhängige Regulierungsbehörden einzurichten. Um die Kooperation zwischen den Regulierungsbehörden und mit den EU-Institutionen zu verbessern, gründeten nationale Energie-Regulierungsbehörden im Jahr 2000 das *Council of European Energy Regulators*

(CEER) [CEER 2007]. CEER ist ein Verein nach belgischem Recht. Mitglieder sind die nationalen Regulierungsbehörden der EU-Mitgliedstaaten (außer Bulgarien) sowie die Regulierungsbehörden von Island und Norwegen aus dem Europäischen Wirtschaftsraum.

European Regulators' Group for Electricity and Gas

Im Jahr 2003 schuf die Europäische Kommission die *European Regulators' Group for Electricity and Gas* (ERGEG) [ERGEG 2007]. ERGEG ist ein Beratungsgremium der Kommission, das der Kooperation und Koordinierung der Regulierungsaktivitäten einen formelleren Status geben soll. Mitglieder von ERGEG sind die nationalen Regulierungsbehörden aller 27 EU-Mitgliedstaaten und als Beobachter die Regulierungsbehörden Islands, Kroatiens, Norwegens und der Türkei.

Madrid Forum

Das *Madrid Forum* ist eine Diskussionsplattform zu Themen, die die Schaffung eines europäischen Binnenmarktes für Gas betreffen [EC 2007c]. Teilnehmer sind nationale Regulierungsbehörden, EU-Mitgliedstaaten, die Europäische Kommission, Transportnetzbetreiber, Gasversorgungsunternehmen, Gashändler, Gasverbraucher, Transportkunden und Gasbörsen. Das Forum trifft sich seit 1999 ein- oder zweimal pro Jahr in Madrid. Die Empfehlungen des Madrid Forums, die den Titel *Guidelines for Good Practice* tragen, sind nicht rechtlich bindend. Sie haben zwar keine direkte Gesetzeskraft, stellen aber oft eine Vorstufe zu einer EU-Richtlinie oder Verordnung dar. Zudem verpflichten sich die Teilnehmer des Madrid Forums zur freiwilligen Einhaltung der *Guidelines*.

Bundesnetzagentur und Landesregulierungsbehörden

Die Bundesnetzagentur für Elektrizität, Gas, Telekommunikation, Post und Eisenbahnen (Bundesnetzagentur, BNetzA) und die Landesregulierungsbehörden haben mit Inkrafttreten des neuen Energiewirtschaftsgesetzes am 13. Juli 2005 die Regulierung der Strom- und Gasmärkte in Deutschland übernommen. Der Präsident der Bundesnetzagentur Matthias Kurth sagte am 20. Juli 2005 zum Start seiner Behörde: „Wir wollen die Chance für mehr Wettbewerb in allen Netzen, die sich durch natürliche Monopolstrukturen oder durch Engpässe kennzeichnen, nutzen und dabei unsere gesetzlichen Möglichkeiten ausschöpfen" [BNetzA 2005]. Die Bundesnetzagentur ist eine selbständige Bundesoberbehörde im Geschäftsbereich des Bundesministeriums für Wirtschaft und Technologie mit Sitz in Bonn. Sie hat die Aufgabe, durch Liberalisierung und Deregulierung für die weitere Entwicklung auf dem Gasmarkt und in anderen netzgebundenen Industrien zu sorgen [BNetzA 2006a]. Die Regulierung der Energienetze liegt zum Teil auch bei den jeweiligen Landesregulierungsbehörden. Für alle Netzbetreiber, an deren Netze über 100.000 Kunden angeschlossen sind und/oder deren Netze über das Gebiet eines Bundeslandes hinausgehen, ist die Bundesnetzagentur zuständig. Darunter fallen auch alle Transportnetzbetreiber. Netzbetreiber mit weniger als 100.000 angeschlossenen Kunden, die nur in einem Bundesland tätig sind, werden durch die jeweilige Landesregulierungsbehörde beaufsichtigt. Einige Bundesländer[5] haben diese Aufgabe im Wege der Organleihe auf die Bundesnetzagentur übertragen [BNetzA 2007b, S. 153].

Die Regulierungsbehörden sind nur für den Netzbereich zuständig. Die Aufsicht über den Wettbewerb liegt beim Bundeskartellamt, mit dem die Bundesnetzagentur eng zusammenarbeitet [vgl. BNetzA 2007b, S. 154].

2.3 Entflechtung

Der Begriff *Entflechtung* bedeutet die Trennung von Monopol- und Wettbewerbsbereich. Auch in der deutschsprachigen Literatur wird oft der englische Begriff *Unbundling* verwendet[6]. Gasnetze und Anlagen für verflüssigtes Erdgas (LNG-Anlagen) werden zum Monopolbereich gezählt [vgl. Funk et al. 1995, S. 136]. Ob Gasspeicher zum Monopol- oder zum Wettbewerbsbereich gehören, ist umstritten. Jedenfalls stellen Gasspeicher ein wichtige Infrastruktur im Gasmarkt dar. Das Energiewirtschaftsgesetz führt Gasspeicher daher in einer Reihe mit Gasleitungen und LNG-Anlagen auf. Die Gasnetzzugangs- und die Gasnetzentgeltverordnung hingegen enthalten keine Ausführungen zur Regulierung von Speichern. Abweichend zum Gastransport werden Gasspeicher in der deutschen Regulierungspraxis im Jahr 2007 noch keiner Entgeltregulierung unterworfen [vgl. BNetzA 2006e, S. 96]. Gasförderung, Handel und Vertrieb werden als Wettbewerbsbereiche behandelt[7].

Die Entflechtung betrifft also Energieversorgungsunternehmen (EVU), die sowohl in Monopol- als auch in Wettbewerbsbereichen tätig sind. Solche Unternehmen werden als *vertikal integrierte* Unternehmen bezeichnet.

---

[5] Berlin, Bremen, Mecklenburg-Vorpommern, Niedersachsen, Schleswig-Holstein und Thüringen
[6] Argumente pro und kontra Unbundling finden sich bei [Schwarz-Schilling 1995, S. 34 f].
[7] [vgl. Funk et al. 1995, S. 135]: „In der Gashandelsfunktion liegt kein natürliches Monopol vor."

Das Energiewirtschaftsgesetz definiert als vertikal integriertes EVU im Gasbereich ein Unternehmen oder eine Gruppe von verbundenen Unternehmen, die „im Erdgasbereich mindestens eine der Funktionen Fernleitung, Verteilung, Betrieb einer LNG-Anlage oder Speicherung und gleichzeitig eine der Funktionen Gewinnung oder Vertrieb von Erdgas wahrnimmt" [§ 3 Nr. 38 EnWG 2005].

Da Wettbewerber im Gashandel und -vertrieb auf die Nutzung der Netzinfrastruktur angewiesen sind, ist es einem Netzbetreiber grundsätzlich möglich, den verbundenen Handel oder Vertrieb zu bevorzugen. Dies kann über diskriminierende Netzzugangsbedingungen für Wettbewerber oder durch überhöhte Netzentgelte zur Subventionierung des eigenen Vertriebes geschehen [vgl. BNetzA 2006d, S. 6]. Durch die Entflechtung soll erreicht werden, dass der Netzbetreiber unabhängig agiert und nicht die Interessen des verbundenen Vertriebes verfolgt.

Die EU-Richtlinie für den Erdgasbinnenmarkt und darauf aufbauend das Energiewirtschaftsgesetz stellen abhängig von der Größe des Energieversorgungsunternehmens unterschiedliche Anforderungen an den Umfang der Entflechtung. Die buchhalterische und die informatorische Entflechtung muss von allen vertikal integrierten EVU durchgeführt werden. Große vertikal integrierte EVU müssen zudem die operationelle und rechtliche Entflechtung vornehmen. Die sogenannte *De minimis-Regelung* gilt für kleine vertikal integrierte EVU, an deren Netz weniger als 100.000 Kunden unmittelbar oder mittelbar angeschlossen sind. Solche Unternehmen sind nicht zur operationellen und rechtlichen Entflechtung verpflichtet. Eine eigentumsrechtliche Entflechtung von vertikal integrierten EVU ist nicht vorgeschrieben, wird aber in der EU lebhaft diskutiert.

2.3.1 Buchhalterische Entflechtung

Die buchhalterische Entflechtung stellt die am wenigsten in Strukturen eines integrierten Energieversorgungsunternehmens eingreifende Stufe der Entflechtung dar. Sie ist für alle vertikal integrierten Energieversorgungsunternehmen vorgeschrieben. Die gesetzlichen Anforderungen an Rechnungslegung und interne Buchführung finden sich im EnWG [§ 10 EnWG 2005]. Vertikal integrierte Versorgungsunternehmen „haben zur Vermeidung von Diskriminierung und Quersubventionierung in ihrer internen Rechnungslegung jeweils getrennte Konten für jede ihrer Tätigkeiten in den nachfolgend aufgeführten Bereichen so zu führen, wie dies erforderlich wäre, wenn diese Tätigkeiten von rechtlich selbständigen Unternehmen ausgeführt werden würden" [§ 10 Abs. 3 EnWG 2005]. Für Gasversorgungsunternehmen sind die betroffen

Bereiche Gasfernleitung, Gasverteilung, Gasspeicherung und der Betrieb von LNG-Anlagen. Als Tätigkeit gilt auch die wirtschaftliche Nutzung eines Eigentumsrechts an Gasversorgungsnetzen, Gasspeichern oder LNG-Anlagen, wie z. B. die Verpachtung. Das Prinzip der getrennten Kontenführung, also die buchhalterische Entflechtung im engeren Sinne, wird bereits seit 1998 praktiziert [nach BNetzA 2006d, S. 31].

2.3.2 Informatorische Entflechtung

Die informatorische Entflechtung muss durch alle vertikal integrierten Energieversorgungsunternehmen und Netzbetreiber beachtet werden. Zur Verwendung von Informationen schreibt das EnWG [§ 9 EnWG 2005] vor, dass *wirtschaftlich sensible* Daten, die ein Netzbetreiber in Ausübung seiner Tätigkeit erlangt, vertraulich zu behandeln sind und Informationen über die Tätigkeit als Netzbetreiber in nichtdiskriminierender Weise offengelegt werden müssen.

Das mit der informatorischen Entflechtung verfolgte Ziel ist, dass Netzbetreiber mit Informationen diskriminierungsfrei umgehen. Ansonsten könnten sie ihrem verbundenen Vertrieb einen Informationsvorsprung verschaffen und dadurch den Wettbewerb verfälschen. Diskriminierungsfreiheit bedeutet also die Gleichbehandlung aller Netznutzer durch die Netzbetreiber [nach BNetzA 2006d, S. 23].

2.3.3 Operationelle Entflechtung

Vertikal integrierte Versorgungsunternehmen, für die die *De minimis-Regelung* nicht greift, müssen sicherstellen, dass ihr verbundener Netzbetreiber hinsichtlich Organisation, Entscheidungsgewalt und Ausübung des Netzgeschäftes unabhängig ist. Zur operationellen Entflechtung [§ 8 EnWG 2005] müssen daher folgende Maßnahmen ergriffen werden: Personen, die Leitungsaufgaben wahrnehmen oder wesentliche Entscheidungen selbst treffen dürfen (*Befugnis zu Letztentscheidungen*), müssen beim Netzbetreiber angestellt sein und dürfen nicht gleichzeitig in der Leitung des integrierten Unternehmens sein. Die berufliche Unabhängigkeit der Leitung des Netzbetriebs muss sichergestellt werden. Dies bedeutet, dass Anreizsysteme für das Leitungspersonal nur auf den Erfolg der Netzgesellschaft und nicht auf den Erfolg des integrierten Unternehmens ausgerichtet sein dürfen. Der Netzbetreiber muss in seiner Entscheidungsbefugnis unabhängig sein, d. h. er muss alle Entscheidungen bezüglich des Netzgeschäfts ohne Einflussnahme durch das vertikal integrierte Versorgungsunternehmen treffen können [vgl. BNetzA 2006d, S. 16 ff].

2.3.4 Rechtliche Entflechtung

Die Anforderung der rechtlichen Entflechtung [§ 7 EnWG 2005] gilt für vertikal integrierte Versorgungsunternehmen, die nicht unter die *De minimis-Regelung* fallen. Der Netzbetrieb dieser Unternehmen muss in einer separaten Gesellschaft angesiedelt sein. Zur Umsetzung dieser Anforderung hat das bisher integrierte Versorgungsunternehmen verschiedene Möglichkeiten. Für den Netzbetrieb kann entweder eine eigene Gesellschaft gegründet werden oder der Netzbetrieb kann in einer bestehenden Gesellschaft verbleiben, wenn diese vom Vertrieb getrennt ist. Dabei muss nicht zwangsläufig auch das *Eigentum* am Netz auf diese Gesellschaft übergehen. Im Rahmen eines Pachtmodells ist es auch möglich, die *Verantwortlichkeit* für den *Betrieb* des Netzes auf eine separate Gesellschaft zu übertragen [vgl. BNetzA 2006d, S. 12 ff].

2.3.5 Eigentumsrechtliche Entflechtung

Die *rechtliche Entflechtung* ist zu unterscheiden von der *eigentumsrechtlichen Entflechtung* (auch als *Ownership Unbundling* bezeichnet). Bei der eigentumsrechtlichen Entflechtung darf das Eigentum an der Netzgesellschaft und an den Wettbewerbsbereichen nicht in einer Hand liegen. Die eigentumsrechtliche Entflechtung ist damit die weitestgehende Form der Trennung von Netzbetrieb und Vertrieb. Die Europäische Kommission hat in der Vergangenheit immer wieder Vorstöße zur eigentumsrechtlichen Entflechtung unternommen. Am 19. September 2007 legte die Europäische Kommission den Entwurf eines Gesetzespaketes für EU Strom- und Gasmärkte vor. Ein wesentlicher Punkt darin ist die Forderung nach einem Ownership Unbundling von Netzbetreibern und Lieferanten [EC 2007d].

Kapitel 3

Technische und ökonomische Grundlagen der Gaswirtschaft

Im folgenden Kapitel werden die technischen und ökonomischen Grundlagen der Gaswirtschaft beschrieben, soweit dies für das Verständnis des gewählten Modellansatzes notwendig erscheint. Für vertiefende Erläuterungen sei auf die angegebene Literatur verwiesen. In Abschnitt 3.1 folgt eine Darstellung der wichtigsten technischen Grundlagen der Gaswirtschaft entlang der Wertschöpfungskette von der Exploration bis zum Endkunden. Die Struktur des deutschen Gasmarktes mit den Akteuren und den Vertragsbeziehungen vor der Liberalisierung werden in Abschnitt 3.2 beschrieben.

3.1 Gastechnik

Im folgenden Abschnitt zur Gastechnik werden nur die wesentlichen technischen Grundlagen dargestellt[1].

3.1.1 Exploration und Förderung

Erdgas ist eine natürliche Ressource und wird nicht im eigentlichen Sinne produziert oder hergestellt, sondern aus unterirdischen Lagerstätten gefördert. In der vorliegenden Arbeit wird in Anlehnung an den in der englischen Sprache gebräuchlichen Begriff *gas production* [vgl. Wright 2006, S. 25 ff] die Bezeichnung *Produktion* verwendet, die sich auch im deutschen Sprachgebrauch eingebürgert hat.

---

[1] Die Standardwerke *Handbuch der Gasversorgungstechnik* [Eberhard u. Hüning 1990] und *Grundlagen der Gastechnik* [Cerbe et al. 2004] bieten sich zur Vertiefung an. Weitere Informationen zu Exploration und Förderung finden sich auch bei Babusiaux et al. [Babusiaux et al. 2004, S. 55-85].

Exploration

Die Auffindung von Erdöl und Erdgas wird als *Exploration* bezeichnet. Die Kohlenwasserstoffe Erdöl und Erdgas werden oft gemeinsam aufgefunden und gefördert. Zusammen mit Erdöl gefördertes Erdgas wird als *assoziiertes* Erdgas bezeichnet. Enthält die Lagerstätte nur oder überwiegend Erdgas, handelt es sich um *nichtassoziiertes* Erdgas [vgl. Perlwitz et al. 2006a].

Die Exploration erfolgt in mehreren Stufen [nach Perner 2002, S. 7 f]. Zunächst wird das zu untersuchende Gebiet ausgewählt (Prospektion) bevor geophysikalische Studien, meist mit Seismik, durchgeführt werden. Bei der Seismik werden künstlich Erschütterungen („Mini-Erdbeben") erzeugt [vgl. Cerbe et al. 2004, S. 6 ff]. Seismographen zeichnen Wanderung und Reflexion der Wellen durch das Gestein auf. Aus den dadurch gewonnenen Informationen kann auf die geologische Struktur geschlossen werden. Scheint ein Gebiet vielversprechend, werden Erkundungsbohrungen vorgenommen.

Gasförderung

Gasfelder werden mit Hilfe entsprechender Infrastruktur entwickelt bzw. erschlossen. Dazu zählt der Bau von Fördersonden, obertägigen Förderanlagen, Pipelines zur Sammlung des Gases, Aufbereitungs- und Separierungsanlagen, Produktions- und Messzentren und Kommunikationsinfrastruktur [nach Perner 2002, S. 10]. Die Erdgasförderung auf See (*offshore*) oder an Land (*onshore*) geht grundsätzlich ähnlich vonstatten. Die Lage des Gasfeldes bestimmt jedoch wesentlich die Höhe der Kapitalkosten für die Erschließung. Bei Anlagen offshore beispielsweise steigen die Kosten in Abhängigkeit von der Wassertiefe [vgl. Babusiaux et al. 2004, S. 133 ff].

Die Förderrate eines Gasfeldes ist über die Nutzungsdauer nicht konstant [vgl. Babusiaux et al. 2004, S. 98 f]. Es lassen sich drei Phasen der Nutzung unterscheiden. In der Aufbau- oder Entwicklungsphase steigt die Förderrate an, die Plateauphase ist durch konstante Fördermengen gekennzeichnet und in der Abschwungphase nimmt die Förderrate durch den sinkenden Druck in der Lagerstätte ab [vgl. Perner 2002, S. 18]. Die Förderrate eines Gasfelds kann gesteuert werden, aber sie ist nicht beliebig flexibel. Dies gilt insbesondere für assoziierte Gasförderung aus einem Ölfeld, bei dem die Ölförderung die produzierte Gasmenge bestimmt. Dagegen ist die Flexibilität bei so genannten *Dry* Gasfeldern, aus denen nur Gas gefördert wird, höher. Die Flexibilität der Gasförderung wird auch als *Swing* bezeichnet.

Erdgas enthält neben Methan, höheren Kohlenwasserstoffen, Kohlendioxid und Stickstoff auch Wasserdampf und Schwefelwasserstoff. Wasserdampf bildet beim Entspannen des Gases und der damit verbundenen Abkühlung Gashydrate, die zur Verstopfung der Pipelines führen können. Wasser und Schwefelwasserstoff tragen zu Korrosionen bei. Schwefelwasserstoff erzeugt zudem bei der Verbrennung den Schadstoff Schwefeldioxid. Erdgas muss daher vor der Einleitung in Pipelines aufbereitet werden. Durch *Gastrocknung* wird dem Erdgas Wasser entzogen. Der Schwefelwasserstoffgehalt wird durch *Entschwefelung* reduziert [nach Cerbe et al. 2004, S. 12 f].

3.1.2 Eigenschaften von Erdgas

Erdgas besteht hauptsächlich aus Methan, daneben auch aus Ethan, Propan, Butan, weiteren Kohlenwasserstoffverbindungen, Stickstoff und Kohlendioxid.

DIN 1340 teilt Brenngase nach ihrem Brennwert in Gruppen ein. Erdgas gehört zur Gruppe 3 der Brenngase. Andere Brenngase sind zum Beispiel Hochofengas, Generatorgas (Gruppe 1), Wasserstoff, Klär-, Bio-, Deponiegas (Gruppe 2) und Propan, Butan (Gruppe 4).

Die Deutsche Vereinigung des Gas- und Wasserfaches (DVGW) nimmt eine andere Unterteilung der Brenngase vor. In ihrem Arbeitsblatt G 260 teilt die DVGW die Brenngase in drei Gasfamilien mit je zwei Untergruppen ein [nach Cerbe et al. 2004, S. 67]. Die 1. Gasfamilie bilden Stadt- und Kokereigas. Gase der 1. Gasfamilie werden in der öffentlichen Gasversorgung in Deutschland nicht mehr verteilt [Cerbe et al. 2004, S. 69]. Die 2. Gasfamilie besteht aus Erdgas L (*L-Gas*) und Erdgas H (*H-Gas*). L-Gas[2] hat einen niedrigeren Brennwert als H-Gas[3]. Eine Konvertierung von H-Gas zu L-Gas ist möglich. Durch die Beimischung von Zusatzgasen, z. B. Stickstoff, wird der Brennwert nach unten angepasst. Umgekehrt ist eine Konvertierung von L-Gas zu H-Gas nicht möglich. Die 3. Gasfamilie stellen Propan und Propan/Butan-Gemische dar. Diese Gase werden in Flaschen oder Behältern vertrieben. In Gasnetzen dienen sie nur als Zumischgase.

Die *leitungsgebundene* öffentliche Gasversorgung wird weitgehend vom Erdgas dominiert [Cerbe et al. 2004, S. 2]. Andere Gase, wie Kokereigas oder Biogas, spielen keine oder noch keine Rolle. Daher werden in der vorliegenden Arbeit andere Brenngase nicht weiter betrachtet.

---

[2] *L*: low
[3] *H*: high

Der Anteil von Biogas[4] im Verhältnis zu Erdgas ist aktuell sehr gering. So schätzt eine Untersuchung die gesamte Biogasproduktion in Deutschland im Jahr 2003 auf 783 Mio. m^3/a (entspricht ca. 8 TWh) [Wuppertal Institut et al. 2005, S. 9]. Bei einem Primärenergieverbrauch Erdgas in Deutschland von 992 TWh im Jahr 2003 [BGW 2005] entspricht dies einem Anteil von ca. 0,8 %. Bei Cerbe et al. wird der Anteil der aus regenerativen Quellen hergestellten Brenngase für das Jahr 2002 mit weniger als 0,4 % angegeben [Cerbe et al. 2004, S. 2]. Biogas wird meist direkt am Produktionsort zur Strom- und Wärmeerzeugung eingesetzt und nicht ins Gasnetz eingespeist. Selbst wenn zukünftig mit einer verstärkten Einspeisung von Biogas ins Gasnetz zu rechnen ist, werden die prognostizierten Mengen *mittelfristig* keinen relevanten Einfluss auf die Gasflüsse in Deutschland haben. Die Produktion von Biogas wird daher in der vorliegenden Arbeit nicht weiter betrachtet.

Gaskennwerte beschreiben die brenntechnischen und physikalischen Eigenschaften [Cerbe et al. 2004, S. 48]. Die im Erdgas gebundene chemische Energie wird durch den Brennwert oder den Heizwert angegeben [Cerbe et al. 2004, S. 49]. Im Erdgashandel wird der *Brennwert* als Referenzgröße verwendet (siehe Abschnitt 6.2). Der Wirkungsgrad von z. B. Heizungsanlagen in Haushalten bezieht sich dagegen auf den niedrigeren *Heizwert*. Moderne Brennwertkessel können daher nominelle Wirkungsgrade größer 100 % erreichen.

Eine wesentliche Größe zur Beurteilung der Austauschbarkeit von Gasen ist der *Wobbeindex*. Er ist ein Maß für die Energielieferung eines Brenners und gibt den Energiestrom pro Volumenstrom an. Die Leistung eines Brenners ändert sich proportional mit dem Wobbeindex des verwendeten Gases. Bei Gasen mit gleichem Wobbeindex aber unterschiedlicher Zusammensetzung wird im Brenner der gleiche Energiestrom umgesetzt. Für die Einstellung der Gasgeräte wird daher der Wobbeindex verwendet. Unterschiedliche Gaszusammensetzungen könnten auch durch Änderungen des Fließdrucks ausgeglichen werden. Dies ist jedoch nur begrenzt möglich, da bei atmosphärischen Brennern dann auch die Primärluftansaugung verändert wird. Bei Haushaltskunden kann der Druck wegen der am Hausanschluss und an den Gasgeräten eingebauten Druckregeleinrichtungen nicht angepasst werden. Bei einer Änderung des Wobbeindex, z. B. bei einer Umstellung von L-Gas auf H-Gas, müssen die Geräte der Endverbraucher neu eingestellt werden. Innerhalb einer Gasgruppe sind

---

[4]In der Literatur wird teilweise auch von *biogenen Gasen* gesprochen. Bei einer Herstellung aus Biomasse durch Vergärung wird dann der Begriff *Biogas* verwendet, beim Verfahren mit Vergasung und Synthese der Begriff *Bio-SNG (synthetic natural gas)*. Nach Aufbereitung auf Erdgasqualität werden biogene Gase auch als *Biomethan* bezeichnet [Thrän et al. 2007].

Umstellungen an den Geräten nicht nötig, wenn sich der Wobbeindex in einem definierten Bereich bewegt [vgl. Cerbe et al. 2004, S. 77 f]. Die Netzbetreiber haben daher die Aufgabe die Gaskennwerte in bestimmten Grenzen zu halten. Die dazu gegebenenfalls erforderliche Gasmischung und Konditionierung führen in der Regel die Ferngasnetzbetreiber durch [vgl. Perner 2002, S. 16].

Der *Druck* des Gases ist kein Kennwert. Er stellt keine Eigenschaft des Gases dar, sondern ist nur Mittel zum Zweck, um das Gas zu transportieren. Der Druck wird immer als Überdruck über dem atmosphärischen Bezugsdruck angegeben.

3.1.3 Ferntransport

Transport per Pipeline

In Europa wird Erdgas zum überwiegenden Teil durch Pipelines von den Förderregionen zu den Verbrauchsregionen transportiert. Das Gas strömt aufgrund der Druckdifferenz zwischen Einspeisepunkt und Ausspeisepunkt durch die Pipeline. Der Druck nimmt durch die Reibung des strömenden Gases an der Rohrwand ab. Bei längeren Transportentfernungen wird der Druck durch Kompressoren (Verdichter) erhöht. Zum Antrieb der Kompressoren wird üblicherweise Erdgas eingesetzt, das aus der Pipeline entnommen wird (*Antriebsgas*) [nach Fasold u. Wahle 1993, S. 321].

Der Zusammenhang zwischen Eingangs- und Enddruck einer Pipeline (Druckverlust) in einem Pipelineabschnitt ist in Gleichung (3.1) dargestellt[5]. Dabei sind p_a und p_e der Anfangs- und Enddruck des Pipelineabschnitts, p_n der Normdruck, T_n die Normtemperatur, T_g die Temperatur des Erdgases, ϱ die Dichte des Erdgases, K die Kompressibilitätszahl[6], λ die Rohrreibungszahl[7], L die Länge des Pipelineabschnitts, d der Rohrinnendurchmesser und Q der Volumenstrom in der Pipeline.

$$p_a^2 - p_e^2 = p_n \cdot \frac{T_g}{T_n} \cdot L \cdot \varrho \cdot K \cdot \lambda \cdot \frac{16}{\pi^2 \, d^5} \cdot Q^2 \tag{3.1}$$

Wenn p_a als der maximal zulässige Anfangsdruck und p_e als der minimal zulässige Enddruck angenommen werden, ergibt sich durch Umformung von Gleichung (3.1) die Transportkapazität Q eines Pipelineabschnitts [GTE 2004, S. 7].

---

[5]nach [Cerbe et al. 2004, S. 133] und [Eberhard u. Hüning 1990, S. 66]

[6]Faktor für die Korrektur der Dichte bei nicht idealen Gasen abhängig von Temperatur und Druck [vgl. Cerbe et al. 2004, S. 39] und [vgl. Eberhard u. Hüning 1990, S. 63 ff]

[7]Kenngröße des Strömungswiderstands [vgl. Cerbe et al. 2004, S. 123 ff]

$$Q = \sqrt{\frac{p_a^2 - p_e^2}{p_n} \frac{T_n}{T_g} \frac{1}{L_\varrho K \lambda}} \cdot \frac{\pi}{4} \sqrt{d^5} \qquad (3.2)$$

Die physikalische Transportkapazität hat die Einheit Nm^3/h. Um die Kapazität in kW zu erhalten, muss mit dem Brennwert multipliziert werden (vgl. Abschnitt 6.2).

Pipelines, die mit Drücken über 1 bar betrieben werden, werden als *Hochdruck-Ferngasleitungen* bezeichnet [vgl. Eberhard u. Hüning 1990, S. 262]. Die Betriebsdrücke von onshore Ferngasleitungen liegen in der Regel zwischen 67,5 und 80 bar, bei offshore Leitungen bis zu 130 bar [nach Cerbe et al. 2004, S. 168].

Transport als Flüssigerdgas (LNG)

Wenn für den Transport von Erdgas von den Förderstätten zu den Verbrauchsregionen der Bau von Pipelines nicht möglich oder nicht wirtschaftlich ist, wird das Gas verflüssigt und per Tanker transportiert. Flüssigerdgas wird als *Liquefied Natural Gas (LNG)*[8] bezeichnet [vgl. Cerbe et al. 2004, S. 14 ff]. Der Transport von LNG besteht aus mehreren Etappen, die zusammen auch als *LNG-Transportkette* bezeichnet werden [vgl. Eberhard u. Hüning 1990, S. 173 ff]. Bei onshore Gasfeldern wird das Gas zunächst per Pipeline zu den Verflüssigungsanlagen transportiert. In den Anlagen wird das Gas durch Abkühlung auf ca. $-160°$ C verflüssigt. Es nimmt dann noch ein Volumen von etwa 1/600 des Volumens im Normzustand ein. Die Prozessmodule einer Verflüssigungsanlage werden auch als *LNG Trains* bezeichnet [Jensen 2004, S. 5]; eine Anlage kann aus mehreren *Trains* bestehen. Das verflüssigte Gas wird auf spezielle Tanker verladen, die über isolierte Ladetanks verfügen. Typische Tankergrößen[9] sind 125.000 bis 145.000 m^3, was einem Energiegehalt pro Ladung von ca. 0,9 bis 1 TWh entspricht[10]. In den LNG-Anladehäfen (*LNG-Terminals*) wird das LNG entladen, in Tanks im flüssigen Zustand zwischengelagert, in einer Anlage regasifiziert und im gasförmigen Zustand in das Pipelinenetz eingespeist. Die Kosten für Verflüssigung und Regasifizierung sind unabhängig von der Transportentfernung. Daher lohnen sich LNG-Transporte im Vergleich zu Pipeline-Transporten nur

---

[8]Nicht zu verwechseln mit *Flüssiggas* (*Liquefied Petroleum Gas, LPG*), das ein Gemisch ist aus Kohlenwasserstoffen - hauptsächlich Propan und Butan -, die sich bei Raumtemperatur durch Kompression verflüssigen lassen [Cerbe et al. 2004, S. 47].

[9][Seeliger 2006, S. 74]; die Entwicklung geht Richtung Tankergrößen von bis zu 250.000 m^3 [Jensen 2004, S. 6].

[10]bei einem angenommenen Brennwert von 11,7 kWh/Nm^3

bei größeren Transportentfernungen. Die Angaben in der Literatur schwanken dabei zwischen 800 bis 4.800 km, je nachdem mit welchen Pipelinekategorien (onshore, offshore, Leitungsdurchmesser) verglichen wird[11].

3.1.4 Ausgleich von Nachfrageschwankungen

Die Entwicklung von Gasfeldern und der Bau von Transportinfrastruktur sind mit hohen Fixkosten verbunden. Daher versuchen Gasproduzenten und -transporteure einen möglichst hohen Auslastungsgrad ihrer Anlagen zu erzielen. Ein Maß für den Auslastungsgrad ist die Zahl der *Benutzungsstunden*[12]. Die Benutzungsstunden von Ferntransportpipelines liegen in der Größenordnung von 7.000 bis 8.000 (was einem Auslastungsgrad von ca. 80 % bis 90 % entspricht). Das Gasangebot weist also eine saisonal wenig ausgeprägte Schwankungsbreite auf. Die Gasnachfrage hingegen schwankt, abhängig vom Verbrauchertyp, stark. Grundlastkunden, wie die Keramik- oder Papierindustrie, haben über 7.000 Benutzungsstunden, Industriekunden mit 2-3 Schichtbetrieb ca. 4.500 Benutzungsstunden, Haushaltskunden, die Gas zum Heizen einsetzen, ca. 2.800 Benutzungsstunden. Beim Einsatz von Erdgas zur Raumheizung schwankt der Verbrauch saisonal sehr stark in Abhängigkeit von der Außentemperatur. Im Allgemeinen ist der Gasverbrauch am Tag höher als in der Nacht, an Werktagen höher als am Wochenende oder an Feiertagen sowie im Winter deutlich höher als im Sommer.

Das relativ gleichmäßige Gasangebot und die schwankende Gasnachfrage müssen ins Gleichgewicht gebracht werden. Mögliche Maßnahmen zum Ausgleich von Verbrauchsschwankungen sind [nach Cerbe et al. 2004, S. 237]:

- Einsatz von Niederdruck- und Hochdruck-Gasbehältern

- Speicherung in Rohrleitungen (*Leitungspuffer*)

- Beimischung von Zusatzgasen

- Abschaltung von unterbrechbaren Verbrauchern oder Umschaltung auf einen anderen Brennstoff (z. B. in thermischen Kraftwerken mit bivalenter Feuerung, die Gas *oder* Öl einsetzen können)

- Einsatz von (untertägigen) Speichern

---

[11]vgl. [Jensen 2004, S. 7] und [Eberhard u. Hüning 1990, S. 175]

[12]Die Benutzungsstunden errechnen sich aus der Jahresmenge geteilt durch die maximale Stundenmenge. Die maximale Zahl der Benutzungsstunden ist also 8.760.

Der Einsatz von Gasbehältern, Leitungspuffer und Zusatzgasen kann nur kurzfristige Leistungsspitzen ausgleichen. Diese Instrumente werden durch die Netzbetreiber eingesetzt.

Die Abschaltung bzw. Unterbrechung von Verbrauchern ist mit den betroffenen Kunden vertraglich geregelt. Durch die Abschaltung können Verbrauchsspitzen, beispielsweise an extrem kalten Tagen, gekappt werden. Unterbrechungen sind entweder durch tatsächliche physikalische Engpässe im Netz begründet oder ökonomisch, wenn aufgrund höherer Spotpreise das Gas teurer an Abnehmer in anderen Märkten verkauft werden kann.

Das wichtigste Instrument für den Ausgleich von Nachfrageschwankungen stellt der Einsatz von Gasspeichern dar.

3.1.5 Gasspeicherung

Gasspeicher werden zum Ausgleich von untertägigen, wöchentlichen und saisonalen Verbrauchsschwankungen eingesetzt. Zudem dienen Gasspeicher als Sicherheitsreserve, um auch bei Lieferausfällen die Versorgungssicherheit zu gewährleisten.

Gasspeicher können sowohl ober- als auch untertage errichtet werden. Obertägige Gasspeicher haben jedoch nur geringe Speichervolumen. Sie dienen nur für den Ausgleich kurzfristiger Leistungsspitzen. Für den saisonalen Ausgleich von Verbrauchsschwankungen setzen Gaslieferanten untertägige Gasspeicher ein.

Typen von untertägigen Gasspeichern sind Porenspeicher und Kavernenspeicher[13]. Für die Anlage von *Porenspeichern* müssen geeignete geologische Formationen vorliegen. Das Gas wird in ein poröses Speichergestein eingelagert, das durch eine undurchlässige Schicht abgedeckt ist. Für Porenspeicher bieten sich ausgebeutete Gas- und Ölfelder oder Aquifere an. Für *Kavernenspeicher* werden unterirdische Hohlräume angelegt. Dafür eignen sich insbesondere Salzlagerstätten.

Poren- und Kavernenspeicher weisen unterschiedliche Charakteristika im Einsatz auf. Kennzahlen für Gasspeicher sind das Arbeitsgasvolumen sowie die Einspeicher- und Ausspeicherrate. Das *Arbeitsgasvolumen* eines Speichers ist das nutzbare Gasvolumen, das eingespeichert und auch wieder ausgespeichert werden kann. Daneben verbleibt in Gasspeichern immer eine gewisse Menge sogenanntes *Kissengas*, das nicht wiedergewonnen werden kann. Der Anteil des Kissengasvolumens am Gesamtvolumen hängt von den individuellen Gegebenheiten des Speichers ab und liegt in einer Größenordnung von 35 % bis 60 % des Gesamtvolumens [Cerbe et al. 2004,

---

[13][Cerbe et al. 2004, S. 237 ff]; [vgl. Pasternak et al. 2005, 2006]

S. 238]. Die *Einspeicherrate* gibt an, wie schnell der Speicher befüllt werden kann und die *Ausspeicherrate* wie schnell Gas aus dem Speicher entnommen werden kann. Bei Porenspeichern sind die Ein- und Ausspeicherraten abhängig von den geologischen Gegebenheiten, d. h. der Durchlässigkeit (Permeabilität) des Speichergesteins. Bei Kavernenspeichern wird die Einspeicherrate durch die Leistung des Verdichters begrenzt, der das Gas in den Speicher presst. Die Ausspeicherrate ergibt sich aus dem Druckgefälle zwischen Speicher und Anschlussleitung. Die maximale Einspeicherrate sinkt mit steigendem Füllstand ab, die maximale Ausspeicherrate steigt mit steigendem Füllstand an. Sogenannte *Speicherkennlinien* beschreiben diesen Zusammenhang.

3.1.6 Endverteilung

In regionalen (Mitteldruck, 0,1 bis 1 bar) und lokalen Verteilnetzen (Niederdruck, unter 0,1 bar) wird das Gas zu den Endkunden gebracht [vgl. Eberhard u. Hüning 1990, S. 262]. Verteilnetze sind dabei im Gegensatz zu Transportnetzen wesentlich stärker vermascht.

Bei Gasnetzen wird zwischen *druckgesteuerten* und *mengengesteuerten* Netzen unterschieden. Verteilnetze sind meist *druckgesteuerte* Netze, d. h. der Netzbetreiber hält einen konstanten Druck aufrecht. Dadurch entspricht die Einspeisemenge der Ausspeisemenge. Ein druckgesteuertes Netz hat keine Möglichkeiten zum physischen Ausgleich von Nachfrageschwankungen und wird daher auch als *passives Netz* bezeichnet. Vorgelagerte *mengengesteuerte* Transportnetze gleichen auftretende Abweichungen zwischen Einspeisungen und Ausspeisungen aus. In solchen *aktiven Netzen* kann der Druck variiert und damit der sogenannte *Leitungspuffer* zum Mengenausgleich genutzt werden. Verteilnetze erfüllen somit grundsätzlich andere Aufgaben als Transportnetze.

An Übergabestationen (*Gasdruckregel- und Meßanlagen*) wird das Gas aus dem vorgelagerten Transportnetz übernommen und der Druck auf den erforderlichen Betriebsdruck des Verteilnetzes reduziert. Aus Sicherheitsgründen wird dem ansonsten geruchlosen Erdgas ein intensiv riechender Warnstoff beigemischt (*Odorierung*), um auf unverbrannt ausgeströmtes Gas aufmerksam zu machen [Cerbe et al. 2004, S. 218].

Am Hausanschluss des Endkunden befindet sich ein Absperrhahn, ein Zähler zur Ermittlung des Verbrauchs und ein Druckregler, der den Gasdruck auf den für die eingesetzten Verbrauchseinrichtungen benötigten Druck reduziert.

3.2 Struktur des deutschen Gasmarktes

In diesem Abschnitt werden die Akteure im deutschen Gasmarkt und die Vertragsbeziehungen zu Beginn der Liberalisierung beschrieben. Die gewachsenen Strukturen sind im Wesentlichen auch nach der Liberalisierung unverändert geblieben und prägen den deutschen Gasmarkt bis heute.

3.2.1 Akteure im deutschen Gasmarkt

Unternehmen, die in der Erdgasförderung tätig sind, werden als *Produzenten* bezeichnet.

Gasversorgungsunternehmen (GVU) sind diejenigen Unternehmen, die den *Vertrieb* übernehmen und Dritte mit Gas beliefern. Der Bundesverband der deutschen Gas- und Wasserwirtschaft (BGW) unterteilt Gasversorger in Orts- und Regionalgasversorgungsunternehmen (OVU) und Ferngasgesellschaften [BGW 2006][14]. *Händler* sind Unternehmen, die im Großhandelsmarkt agieren. Händler und Vertriebe werden auch als *Lieferanten* bezeichnet.

Der Betrieb der Transport- und Verteilinfrastruktur ist Aufgabe der *Netzbetreiber*. Netzbetreiber werden unterteilt in Transport-, Regional- und Verteilnetzbetreiber.

Transportnetze sind definiert als Netze mit direktem Zugang zu Importkapazitäten. Sie werden in der Literatur auch als überregionale Ferngasnetze bezeichnet. Für Transportnetzbetreiber werden auch die synonymen Begriffe *Ferngasnetzbetreiber* (FNB), *Ferntransportnetzbetreiber* (FTN) oder *Transmission System Operator* (TSO) verwendet. Regionale Ferngasnetze haben primär eine Weiterverteilungsfunktion und keinen direkten Zugang zu Importkapazitäten. Sie werden in der Arbeit als Regionalnetze bezeichnet. Verteilnetze dienen der lokalen Endverteilung des Gases.

Netzbetreiber und Lieferant müssen nicht dasselbe Unternehmen sein (Unbundling, siehe Abschnitt 2.3). Ein Händler oder ein Vertrieb ohne eigenes Netz wird als *Transportkunde* oder *Netznutzer* bezeichnet, da er die Transportleistungen eines fremden Netzbetreibers nutzt.

Der Betrieb von Gasspeichern ist Aufgabe der *Speicherbetreiber*. Speicherbetreiber sind meist integrierter Unternehmensbestandteil von Gaslieferanten.

---

[14]Zu den gaswirtschaftlichen Aufgaben auf den einzelnen Stufen vgl. [Funk et al. 1995, S. 73].

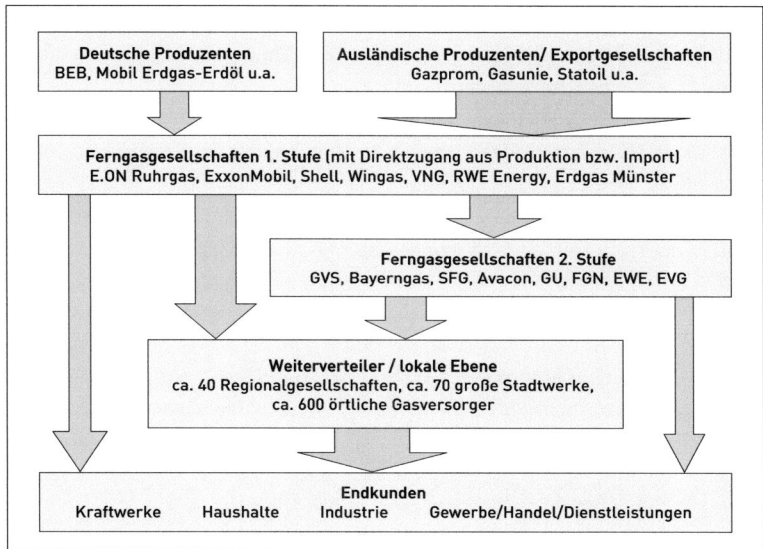

Abbildung 3.1: Struktur des deutschen Gasmarktes (Quelle: [Schiffer 2005, S. 158])

3.2.2 Vertragsbeziehungen vor der Liberalisierung

Vor der Liberalisierung wurden die Kunden durch integrierte Gasversorger beliefert, die sowohl den Transport als auch die Lieferung des Gases übernahmen. Damit war der Gasabnehmer automatisch Kunde des Gasversorgers, an dessen Netz er angeschlossen war. Die Gasendkunden sind abhängig von ihrer Größe entweder direkt an einem Transportnetz, an einem Regionalnetz oder wie die Mehrzahl der Kunden an einem lokalen Verteilnetz angeschlossen.

Die historisch gewachsenen Vertragsbeziehungen im deutschen Gasmarkt basieren auf dem dreistufigen Aufbau der Gasnetze (Transport-, Regional- und Verteilnetze). Die Marktstruktur in Deutschland (siehe Abbildung 3.1) ist auch nach der Liberalisierung des Gasmarktes im Wesentlichen unverändert geblieben. Sie ist geprägt durch wenige große Importeure und Produzenten („Ferngasgesellschaften 1. Stufe")[15].

Auf der nachgelagerten Stufe übernehmen Gasverteiler ohne direkten Zugang zu Importen die regionale Verteilung („Ferngasgesellschaften 2. Stufe") [vgl. BGW 2006]. Sie sind überwiegend als Weiterverteiler tätig ohne in nennenswertem Umfang

---

[15][vgl. BGW 2006]; [vgl. Lohmann 2006, S. 7]

Endkunden direkt zu beliefern. Teilweise bemühen sich diese Unternehmen im Zuge der Öffnung des Gasmarktes um eigene Importverträge oder beteiligen sich direkt an Unternehmen der Erdgasförderung.

Die dritte Ebene bilden lokale Verteilunternehmen und Stadtwerke. Die deutsche Gaswirtschaft ist aufgrund der historischen Entwicklung im Vergleich zu anderen Ländern durch eine vielfältige und dezentrale Struktur geprägt [vgl. Schiffer 2005, S. 148]. Die BGW-Gasstatistik listet die Unternehmen der deutschen Gaswirtschaft auf [BGW 2006]. In Deutschland gibt es über 700 Gasversorgungsunternehmen. Bedingt durch den dreistufigen Aufbau der Gasnetze besteht die etablierte Lieferkette in Deutschland aus bis zu drei Stufen. In einzelnen Fällen gibt es auch vier Stufen, wenn Stadtwerke am Netz eines anderen Verteilnetzbetreibers angeschlossen sind.

Die Preisbildung basiert auf dem Prinzip der *Anlegbarkeit*. Gas steht als Primärenergieträger in Konkurrenz zu anderen Energieträgern, hauptsächlich Ölprodukten (leichtes Heizöl HEL, schweres Heizöl HS). Der anlegbare Preis ist der Preis, bei dem sich für die Kunden eine Umstellung von Öl auf Gas rechnet. Die Anlegbarkeit impliziert daher eine Bindung des Gaspreises an den Ölpreis.

Die GVU versuchen so weit wie möglich die Konditionen ihres Vorlieferanten plus Marge an ihre Kunden weiterzureichen. Damit tragen die Kunden das Risiko von Marktpreisänderungen. Das Risiko für das GVU liegt gegebenenfalls darin, dass die Einkaufs- und Verkaufsverträge nicht deckungsgleich sind (unterschiedliche Preisgleitklauseln, unterschiedliche Preisformeln, Mindestabnahmemengen, Leistungspreise, etc.).

In der historisch gewachsenen Lieferkette teilen die beteiligten Unternehmen die erzielbare Marge (anlegbarer Gaspreis beim Kunden minus Grenzübergangs- bzw. Importpreis) untereinander auf. Der Kunde zahlt einen Gesamtpreis, wobei nicht transparent ist, welcher Anteil auf Entgelte für den Transport und welcher Anteil auf den Preis für das Gas entfällt.

Kapitel 4

Zugang zu Gasnetzen

Das folgende Kapitel enthält in Abschnitt 4.1 eine Beschreibung der historischen Entwicklung des Netzzugangs von der Situation vor der Liberalisierung über das Punkt-zu-Punkt-Modell bis zum heute angewendeten Entry-Exit-Modell. Das Marktmodell im liberalisierten Gasmarkt ist Gegenstand von Abschnitt 4.2. Darauf aufbauend wird in Abschnitt 4.3 die konkrete Ausgestaltung des Netzzugangs mit den Unterpunkten Ermittlung und Bereitstellung von Kapazitäten, Ermittlung der Entgelte sowie Vergabe von Kapazitäten beschrieben.

4.1 Entwicklung des Netzzugangs

4.1.1 Netzzugang vor der Liberalisierung

Die Nutzung fremder Transportnetze war vor der Liberalisierung nur aufgrund freiwilliger Vereinbarungen möglich. Die Durchleitung konnte zwar mit Hilfe des Gesetzes gegen Wettbewerbsbeschränkungen (GWB) rechtlich erzwungen werden, Durchleitungsverpflichtungen mussten jedoch im Einzelfall auf dem Rechtsweg durchgesetzt werden [vgl. Funk et al. 1995, S. 140 ff]. Der Markt war durch horizontale und vertikale Demarkation zwischen den integrierten Gasversorgungsunternehmen (GVU) abgeschottet [vgl. Lohmann 2006, S. 20]. Horizontale Demarkation bedeutet, dass GVUs nur Kunden in ihrem jeweiligen Netzgebiet beliefern. Die vertikale Demarkation spiegelt sich in der etablierten Lieferkette (*Vertriebspartnerschaft*) wider. Überregionale GVUs beliefern regionale GVUs (Übergabe des Gases am *Regiogate*), diese wiederum beliefern lokale GVUs und Stadtwerke (Übergabe des Gases am *Citygate*). Vorlieferanten überspringen keine Stufe der Lieferkette, um Kunden direkt zu beliefern.

4.1.2 Netzzugang im Punkt-zu-Punkt-Modell

Deutschland hatte sich nach der ersten EU-Gasrichtlinie [EU 1998] für einen verhandelten Netzzugang (*negotiated third party access, NTPA*) entschieden. Außer Deutschland hatten nur noch Österreich und Belgien diese Variante des Netzzugangs gewählt. Die Mehrzahl der EU-Mitgliedstaaten führte direkt zu Beginn der Liberalisierung einen regulierten Netzzugang (*regulated third party access, RTPA*) ein [vgl. Weale u. Omahony 2001, S. 7].

Im März 1999 begannen Verhandlungen ausgewählter Verbände der Netznutzer[1] mit Verbänden der Netzbetreiber[2]. Im Juli 2000 wurde die *Verbändevereinbarung zum Netzzugang bei Erdgas* (VV I-Gas) von den beteiligten Verbänden unterzeichnet. Wesentliche Regeln der VV I-Gas stellten entfernungsabhängige Kapazitätsentgelte je Transportnetz, ein Leistungspreis in Form einer *Briefmarke*[3] für die Kapazitäten innerhalb einer Ausspeiseregion in Regionalnetzen und ein Briefmarkentarif mit Leistungs- und Arbeitspreis in lokalen Verteilnetzen dar [vgl. VV Erdgas I 2000]. Bei Nutzung mehrerer Netze mussten Gaslieferanten mit jedem Netzbetreiber separate Verträge abschließen.

Auch nach Abschluss der VV I-Gas verhandelten die Interessengruppen weiter. Im Mai 2002 unterzeichneten die beteiligten Verbände die *Verbändevereinbarung zum Netzzugang bei Erdgas - VV Erdgas II -* (VV II-Gas). Eine Weiterentwicklung gegenüber der VV I-Gas bestand in der Einführung einer entfernungsabhängigen Entgeltkomponente in Regionalnetzen [vgl. VV Erdgas II 2002]. Nach dem Willen der Vertragsparteien sollte auch diese Version der Verbändevereinbarung weiterentwickelt werden. Die Verhandlungen zu einer *VV III-Gas* scheiterten jedoch im April 2003.

Dem Kapazitätsmodell der Verbändevereinbarungen liegt ein Punkt-zu-Punkt- oder Kontraktpfadmodell zugrunde.

Lieferanten buchen Kapazitäten auf einem konkreten Transportpfad vom Ein- zum Ausspeisepunkt und Netzbetreiber halten diese Kapazitäten vor. Ein- und Ausspeisung sind miteinander verknüpft. Ein Transport über die Netze verschiedener Netzbetreiber ist nicht mit einem Vertrag möglich. Lieferanten müssen den Transportpfad also Stück für Stück zusammenstellen, wenn Netze verschiedener Netzbetreiber auf dem Transportpfad liegen.

---

[1] Verband der Industriellen Energie- und Kraftwirtschaft (VIK) und Bundesverband der deutschen Industrie (BDI), aber keine Verbände von Händlern bzw. Lieferanten

[2] Bundesverband der deutschen Gas- und Wasserwirtschaft (BGW) und Verband kommunaler Unternehmen (VKU)

[3] d. h. nicht entfernungsabhängig

Am Punkt-zu-Punkt-Modell kritisieren Lieferanten, dass es den Wettbewerb behindert. In einem Pipeline-Netzwerk, wie es in Deutschland existiert, fließt das Gas nicht zwangsläufig entlang des vertraglich festgelegten Transportpfades. Entgegengesetzte vertragliche Gasflüsse werden automatisch miteinander saldiert. Dies entspricht einem *location swap*, ohne dass hierfür ein expliziter Vertrag notwendig wäre. Ein etablierter Gasversorger kann innerhalb seines Portfolios von Lieferverträgen saldieren. Ein neuer Lieferant, der im Extremfall nur über einen Vertrag verfügt, kann dies nicht und wird dadurch gegenüber dem etablierten Gasversorger benachteiligt. Lapuerta und Moselle verdeutlichen diesen Sachverhalt anhand eines Beispiels [Lapuerta u. Moselle 2002, S. 26 ff]: Ein Lieferant speist Gas an der belgisch-deutschen Grenze (Eynatten/Aachen) ein, um einen Kunden in Bayern nahe der tschechisch-deutschen Grenze (Waidhaus) zu versorgen. Der Lieferant zahlt Netzentgelte für die gesamte Transportstrecke. Tatsächlich fließt das Gas jedoch physisch nie entlang dieses Pfades, da in Waidhaus große Mengen an Gas nach Deutschland importiert werden. Das Gas, das in Eynatten/Aachen eingespeist wird, wird also automatisch gegen Gas, das in Waidhaus eingespeist wird, getauscht.

Das Punkt-zu-Punkt-Modell nach dem verhandelten Netzzugang ist mittlerweile Historie, da die zweite EU-Gasrichtlinie 2003/55 [EU 2003] einen regulierten Netzzugang (*regulated third party access, RTPA*) vorschreibt (siehe Abschnitt 2.1.1). Der regulierte Netzzugang wird in Deutschland nach einem Entry-Exit-Modell ausgestaltet.

4.1.3 Netzzugang im Entry-Exit-Modell

In einem Entry-Exit-Modell buchen Lieferanten Kapazitäten am Einspeisepunkt (*Entry*) und am Ausspeisepunkt (*Exit*). Unabhängig von der Anzahl der dazwischenliegenden Netzstufen bzw. Netze verschiedener Netzbetreiber und der Transportentfernung ist der Netzzugang mit nur zwei Verträgen möglich. Daher wird auch der Begriff *Zweivertragsmodell* verwendet. Lieferanten müssen Entry- und Exit-Kapazitäten einander nicht zuordnen und können diese unabhängig voneinander buchen. Das Modell ist also transportpfadunabhängig.

Teilnehmer des Madrid-Forums sprachen sich im Jahr 2002 deutlich für die Einführung von Entry-Exit-Systemen in Europa aus, da diese am besten für die Entwicklung von Wettbewerb im Gasmarkt geeignet seien. „The representatives of the CEER, the Commission, consumer organisations, traders and GEODE[4] considered

---

[4]Groupement Européen des Entreprises et Organismes de Distribution d'Energie

that an 'entry-exit' tariff structure would ... best facilitate the development of competition in the European gas market" [Madrid Forum 2002, S. 3].

Auch im Monitoring-Bericht des Bundesministeriums für Wirtschaft und Arbeit aus dem Jahr 2003 wird die Einführung eines Entry-Exit-Modells vorgeschlagen [BMWA 2003]. Ausgehend von einer Bestandsaufnahme zur Situation des Netzzugangs enthält der Monitoring-Bericht konkrete Empfehlungen. Die Verbändevereinbarung für den Gasbereich wird als unzureichend beurteilt. „Das Kontraktpfadmodell der VV Gas II sollte nicht in den zukünftigen Ordnungsrahmen übernommen werden, weil es zu hohen Transaktionskosten, zur Marktzersplitterung und nicht zu wirksamem Wettbewerb geführt hat" [BMWA 2003, S. 50].

Aus Wettbewerbssicht bieten Entry-Exit-Modelle Vorteile gegenüber Punkt-zu-Punkt-Modellen. Gashandel ist nicht mehr auf physische Punkte (*Hubs*) beschränkt, an denen Pipelines aufeinandertreffen. Die Eigentumsrechte an Gas können an einem virtuellen Punkt[5] von einem Marktteilnehmer auf einen anderen übergehen. Der Verkäufer des Gases hat durch seine Entry-Gebühr den Transport des Gases bis zu diesem virtuellen Punkt bezahlt. Der Käufer übernimmt das Gas an diesem Punkt und kann es innerhalb des Entry-Exit-Systems an von ihm gewünschten Ausspeisepunkten (Exits) entnehmen. Alle Anbieter und Nachfrager von Gas treffen also an *einem* Handelspunkt aufeinander. Lapuerta und Moselle beschreiben diesen Sachverhalt so: „In an entry-exit system a seller is willing to sell to any buyer, and a buyer to buy from any seller, irrespective of their relative locations. From a trader's point of view, all trade occurs at a single 'virtual hub' (...) " [Lapuerta u. Moselle 2002, S. 45].

Da für die physische Abwicklung der Gastransporte die Nutzung der Netze verschiedener Netzbetreiber erforderlich sein kann, müssen Netzbetreiber zwingend zusammenarbeiten.

Netznutzer zahlen Entgelte an den von ihnen gebuchten Entry- und Exit-Punkten. Diese Entgelte schließen die Nutzung aller betroffenen Netze mit ein, z. B. die Nutzung dazwischenliegender Regionalnetze, auch wenn dort kein Gas eingespeist und kein Gas für Letztverbraucher entnommen wird. Zwischen den Netzbetreibern werden daher Ausgleichszahlungen fällig (siehe Abschnitt 4.3.2).

---

[5]In Großbritannien heißt dieser virtuelle Punkt *National Balancing Point* (NBP), in den Niederlanden *Title Transfer Facility* (TTF) und in Italien *Punto di Scambio Virtuale* (PSV); in Frankreich werden die Handelspunkte als *Points d'Echange de Gaz* (PEGs) und in Deutschland als *virtuelle Handelspunkte* (VPs) bezeichnet.

Kritiker von Entry-Exit-Modellen führen in der Diskussion oft einen vermeintlichen Nachteil gegenüber Punkt-zu-Punkt-Modellen ins Feld. Nachteilig an Entry-Exit-Systemen sei, dass Netzbetreiber an Entry-Punkten weniger *frei zuordenbare* Kapazität anbieten könnten, da in jeder Lastflusssituation jeder Exit-Punkt von jedem Entry-Punkt aus erreicht werden können müsse. Es würden also Kapazitäten „vernichtet". Diese Argumentation ist irreführend, da dabei nur einzelne theoretisch denkbare Transportvorgänge betrachtet werden. Netzbetreiber müssen jedoch Kapazitäten nicht für einzelne Gastransporte bereitstellen, sondern nur für den resultierenden Saldo aller Gastransporte. Netzbetreiber können daher bei der Ermittlung der verfügbaren Kapazitäten reale Lastflüsse im Netz berücksichtigen. Die Art des Netzzugangsmodells hat jedenfalls keinen Einfluss auf *physikalische* Kapazitäten.

Insgesamt bietet ein Entry-Exit-Modell gegenüber einem Punkt-zu-Punkt-Modell deutliche Vorteile. Lapuerta und Moselle formulieren die Stärken von Entry-Exit folgendermaßen: „The use of entry-exit to define capacity rights provides significant benefits for efficient trade, market liquidity and gas-to-gas competition" [Lapuerta u. Moselle 2002, S. 60].

Im Energiewirtschaftsgesetz fordert der Gesetzgeber explizit einen Netzzugang auf Grundlage eines Entry-Exit-Systems: „Zur Ausgestaltung des Zugangs zu den Gasversorgungsnetzen müssen Betreiber von Gasversorgungsnetzen Einspeise- und Ausspeisekapazitäten anbieten, die den Netzzugang ohne Festlegung eines transaktionsabhängigen Transportpfades ermöglichen und unabhängig voneinander nutzbar und handelbar sind" [§20 Abs. 1b, Satz 7 EnWG 2005]. Interpretation und Umsetzung des §20 Abs. 1b in die Praxis sind jedoch zwischen den verschiedenen Interessengruppen strittig. Im Laufe des Gesetzgebungsverfahrens wurde das EnWG noch kurz vor der endgültigen Verabschiedung überarbeitet. Die Gasnetzzugangsverordnung (GasNZV) enthält noch ältere Formulierungen, die aus Zeitgründen vom Bundesministerium für Wirtschaft und Arbeit nicht mehr an das EnWG angepasst wurden [vgl. BNetzA 2005, S. 16]. Insbesondere Regeln, die den Gastransport über die Netze verschiedener Netzbetreiber sowie die Verbindung von Einspeise- und Ausspeisekapazitäten (*Kapazitätsportfolio*) betreffen, sind in GasNZV und EnWG widersprüchlich formuliert. Der Streit darüber ist jedoch eher formaler Natur, da das Gesetz Vorrang gegenüber der Verordnung hat.

Das EnWG sieht vor, dass die Netzbetreiber auf Basis des Gesetzes und der zugehörigen Verordnungen ein konkretes Netzzugangsmodell entwickeln und ausgestalten. Die Bundesnetzagentur kann nur die Umsetzung durch die Netzbetreiber prüfen, hat aber formell nicht die Aufgabe ein eigenes Modell vorzuschlagen.

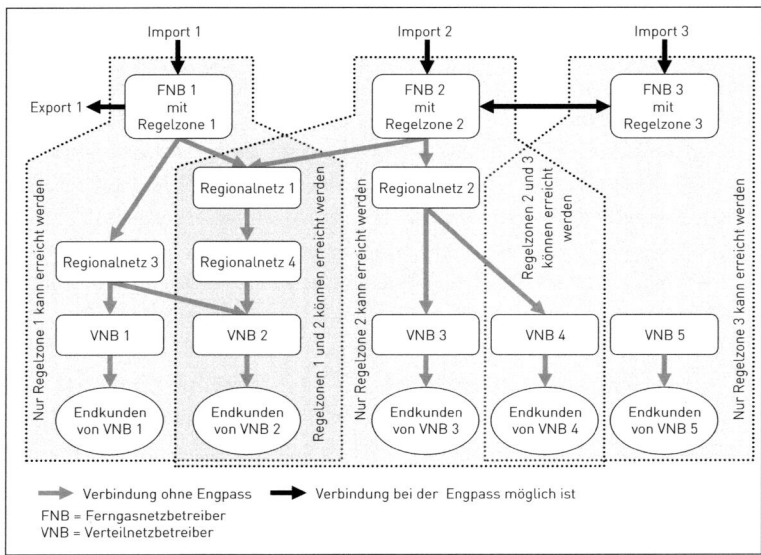

Abbildung 4.1: Netze und Regelzonen im GEODE-Modell (Quelle: [GEODE 2005, S. 8])

Um die relevanten Interessengruppen an der Ausgestaltung des Netzzugangs zu beteiligen, rief die Bundesnetzagentur im Herbst 2005 einen Konsultationskreis ins Leben. Teilnehmer waren Verbände der Netznutzer und der Netzbetreiber[6]. In der ersten Sitzung des Konsultationskreises stellte der Verband GEODE ein Entry-Exit-Modell mit Regelzonen vor (Abbildung 4.1). Der Begriff *Regelzone* entspricht in diesem Zusammenhang dem später verwendeten Begriff *Marktgebiet*.

Regelzonen werden von Ferngasnetzbetreibern (FNB) gebildet. „Jedes Gasnetz hat entsprechend der Netztopologie der Gasnetze in Deutschland direkten oder indirekten Zugang zu mindestens einer Regelzone. Netzrestriktionen und Kapazitätshandel gibt es nur an Import-, Export- und Regelzonen-Koppelpunkten, nicht jedoch innerhalb von Regelzonen" [GEODE 2005, S. 7]. Regional- und Verteilnetze können

---

[6]Bundesverband neuer Energieanbieter (bne), Bundesverband der deutschen Industrie (BDI), Verband der Industriellen Energie- und Kraftwirtschaft (VIK), EFET Deutschland, Bundesverband der Energieabnehmer (VEA), Groupement Européen des Entreprises et Organismes de Distribution d'Energie (GEODE), 8KU (Verband der acht größten kommunalen deutschen Energieunternehmen), Bundesverband der deutschen Gas- und Wasserwirtschaft (BGW), Verband kommunaler Unternehmen (VKU), u.a.

zu einer oder mehreren Regelzonen gehören. Dadurch trägt das GEODE-Modell dem Umstand Rechung, dass manche Regional- oder Verteilnetze an mehrere Ferngasnetze angeschlossen sind.

Ein Gaslieferant benötigt in jeder Regelzone, in der er Kunden beliefern möchte, einen sogenannten Bilanzkreis über den alle Gasmengen verwaltet werden. Jeder Endkunde wird dem Bilanzkreis des jeweiligen Gaslieferanten zugeordnet. In jeder Regelzone existiert ein virtueller Handelspunkt, an dem Gasmengen von einem Lieferanten auf einen anderen Lieferanten übertragen werden können. Eine zentrale Annahme im GEODE-Modell ist, dass die „physischen Gasflüsse weitgehend gleich bleiben" [GEODE 2005, S. 21], auch wenn sich das Netzzugangsmodell verändert und Händler Gasmengen an einem virtuellen Handelspunkt auf andere Händler übertragen und nicht mehr an physische Hubs. Zur Begründung führt GEODE an, dass Gasnetze, Nachfrage sowie Importverträge weitgehend unverändert bleiben.

Die Bundesnetzagentur legte im weiteren Verlauf der Konsultationen ein eigenes Modell vor, das im Wesentlichen dem GEODE-Modell entspricht. BGW und VKU äußerten starke Bedenken gegenüber dem von der BNetzA, GEODE und Verbänden der Gaslieferanten und -händler favorisierten Modell. Hauptpunkt der Kritik von BGW und VKU war, dass Citygate- und Regiogate-Verträge entfallen, wenn alle Verträge am virtuellen Handelspunkt (VP) erfüllt werden. Zudem fürchteten sie einen Bedeutungsverlust der Regionalversorger. Der BGW stellte dem BNetzA-Modell mit dem sogenannten Einzelbuchungs- oder Optionsmodell einen eigenen Vorschlag gegenüber. Lieferanten sollte die Möglichkeit (*Option*) eingeräumt werden, Kapazitäten in jedem Netz *einzeln* zu buchen und so die Transportkette Stück für Stück zusammenzustellen. Diese Idee ermöglicht faktisch die Beibehaltung der vor Beginn der Liberalisierung üblichen Lieferkette (vgl. Abschnitt 4.1.1).

Der Verband der Energiehändler (EFET Deutschland) kritisierte die aus seiner Sicht beim BGW-Ansatz (Optionsmodell) im Vergleich zum BNetzA-Ansatz (Zweivertragsmodell) auftretenden Probleme (Abbildung 4.2). Da Verträge an den Regio- und Citygates erfüllt werden können, entstehen faktisch viele einzelne Handelspunkte. Die Liquidität an den (virtuellen) Handelspunkten bleibt damit beschränkt. Wenn sich Stadtwerke und Regionalversorger für eine Belieferung am City- bzw. Regiogate entschließen, werden sie von der Teilnahme am Handel und der Optimierung ihres Portfolios ausgeschlossen. Zudem ist nicht sichergestellt, dass Optionsmodell und Zweivertragsmodell wirkungsgleich sind, wodurch sich potenziell Diskriminierungsmöglichkeiten ergeben. Das Optionsmodell entspricht in seiner Wirkung im Wesentlichen dem Punkt-zu-Punkt-Modell.

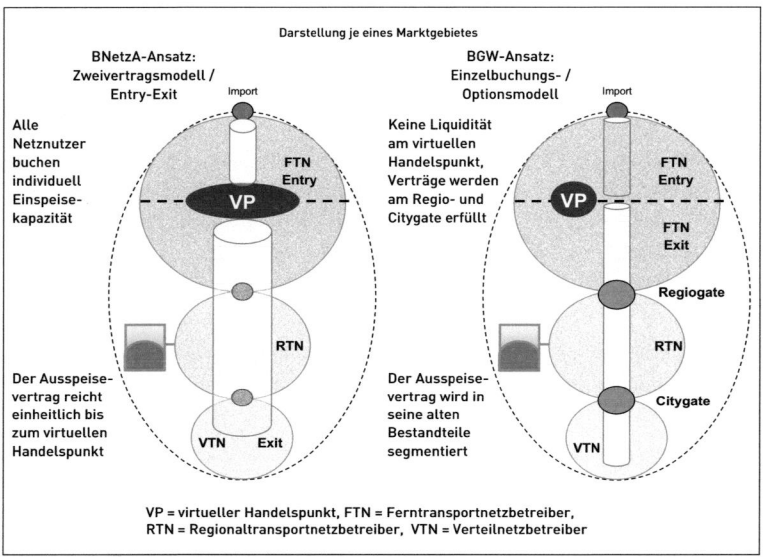

VP = virtueller Handelspunkt, FTN = Ferntransportnetzbetreiber,
RTN = Regionaltransportnetzbetreiber, VTN = Verteilnetzbetreiber

Abbildung 4.2: Gegenüberstellung des Zweivertragsmodells (Entry-Exit) und des Optionsmodells (Einzelbuchungsmodell) (Quelle: [nach EFET Deutschland 2006])

Im Januar 2006 weigerten sich BGW und VKU weiter mit den anderen Verbänden zu verhandeln und setzten auf bilaterale Gespräche mit der BNetzA. BNetzA und BGW/VKU vereinbarten Ende Januar 2006 einen Kompromiss, wonach Zweivertragsmodell und Einzelbuchungsmodell (*Optionsmodell*) zunächst parallel verwendet werden konnten. Die BNetzA stellte gleichzeitig klar, dass das Zweivertragsmodell allein gesetzeskonform sei und das Optionsmodell zunächst zusätzlich angewendet werden dürfe. In einer Entscheidung vom 17. November 2006 erklärte die Beschlusskammer 7 der Bundesnetzagentur schließlich das Optionsmodell für unzulässig [BNetzA 2006b], so dass mittlerweile nur noch die Zweivertragsvariante anzuwenden ist. Zugangsverträge nach der Einzelbuchungsvariante mussten auf die Zweivertragsvariante umgestellt werden.

Bezüglich der Unterteilung des deutschen Gasmarktes in Marktgebiete war die Zielsetzung der BNetzA eine Anzahl von „maximal 20 Marktgebieten" im Gaswirtschaftsjahr 2006/2007 zu erreichen. Im Laufe der Verhandlungen hatten die Verbände der Netzbetreiber zunächst 28 Marktgebiete benannt. Zum Start des Gaswirtschaftsjahres 2006/2007 wurden schliesslich 19 Marktgebiete eingerichtet. In einer

Pressemitteilung der Bundesnetzagentur vom 8. Juni 2006 heißt es dazu: „'Die Bundesnetzagentur konnte durch intensive Gespräche eine Reduzierung der Marktgebiete auf jetzt 19 erreichen', ... " [BNetzA 2006f]. Die geforderte Zahl von maximal 20 Marktgebieten wurde jedoch nie durch tatsächliche Engpässe im Gasnetz begründet, sondern stellte eine rein politische Vorgabe dar. Die BNetzA erwartet für die Zukunft eine weitere Reduzierung der Anzahl der Marktgebiete auf „unter zehn" [BNetzA 2007a].

4.2 Marktmodell im liberalisierten Gasmarkt

Das EnWG schreibt vor, integrierte GVUs in Wettbewerbs- und Monopolbereiche aufzuteilen (siehe Abschnitt 2.1.2). Im liberalisierten Gasmarkt operieren die Unternehmen also entflochten (siehe Abschnitt 2.3). Der Wettbewerbsbereich (Handel/Vertrieb) übernimmt dabei die Rolle des Gaslieferanten und der Monopolbereich (Netz) die Rolle des Netzbetreibers. Die Rolle des Speicherbetreibers kann beim Handel/Vertrieb oder beim Netz angesiedelt sein.

4.2.1 Vertragsbeziehungen zwischen den Netzbetreibern

Netzbetreiber schließen miteinander Netzkopplungsverträge ab, in denen die Abwicklung der physischen Gasflüsse geregelt ist. Der Gaskunde schließt mit seinem lokalen Netzbetreiber einen Netzanschluss- und einen Anschlussnutzungsvertrag ab (siehe Abbildung 4.3).

Im Einzelnen wird der physische Gasfluss durch die folgenden Vertragsbeziehungen geregelt: Gasproduzenten schließen Verträge mit den entsprechenden Netzbetreibern, in denen die Kopplung der Pipelines der Gasproduktion mit den Pipelines des Transportnetzes geregelt ist. Ausländische Produzenten, z. B. aus Norwegen, Russland oder den Niederlanden, sind an die Transportnetze ihres jeweiligen Landes angeschlossen. Die Prinzipien des hier beschriebenen Marktmodells im liberalisierten Gasmarkt gelten in allen Mitgliedstaaten der Europäischen Union. Norwegen und Russland sind nicht Mitglied der EU, weswegen in diesen Ländern die Regeln des regulierten Netzzugangs nicht greifen. Die Beziehungen zwischen Produzenten und Netzbetreibern außerhalb der EU sollen hier nicht weiter betrachtet werden. EU-Produzenten vereinbaren Netzkopplungsverträge mit den jeweiligen Netzbetreibern (in Abbildung 4.3 Linie 1). Ausländische Netzbetreiber schließen Netzkopplungsverträge mit inländischen Transportnetzbetreibern (in Abbildung 4.3 Linie 1). Inlän-

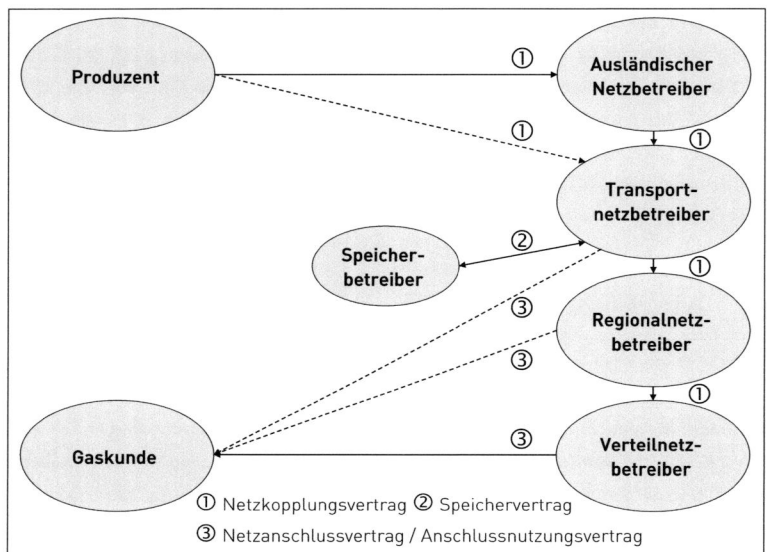

Abbildung 4.3: Physischer Gasfluss und Kooperation der Netzbetreiber im liberalisierten deutschen Gasmarkt (Quelle: Eigene Darstellung)

dische Produzenten sind direkt an die deutschen Transportnetze angeschlossen (in Abbildung 4.3 als gestrichelte Linie 1 dargestellt).

Transportnetzbetreiber sind für die Bereitstellung von Ausgleichsenergie in ihren Netzen verantwortlich. Zu diesem Zweck schließen sie entsprechende Verträge mit Speicherbetreibern (in Abbildung 4.3 Linie 2) bzw. Unternehmen, die aus anderen Quellen Flexibilität bereitstellen können.

Den Transportnetzen sind Regional- und Verteilnetze nachgelagert. In Abbildung 4.3 sind die verschiedenen Netzstufen vereinfacht schematisch dargestellt. In der Realität finden sich in Deutschland meist physische Transportketten mit Transport-, Regional- und Verteilnetzen. Stellenweise sind Verteilnetze direkt an Transportnetze angeschlossen. In manchen Fällen sind auch Verteilnetze an ein vorgelagertes Verteilnetz gekoppelt. Diese unterschiedlichen Netzanschlussbeziehungen ändern jedoch nichts an der grundlegenden Systematik. Die Betreiber der Netze, die über Koppelstellen miteinander verbunden sind, regeln in Netzkopplungsverträgen die technischen Bedingungen der Gasflüsse (in Abbildung 4.3 Linie 1). Im liberalisierten Gasmarkt mit einem Entry-Exit-System ist die Anzahl der beteiligten Netzbetreiber für das Prinzip des Netzzugangs unerheblich.

Der deutsche Gasmarkt ist in sogenannte *Marktgebiete* unterteilt. Jedes Marktgebiet umfasst Netze bzw. Teilnetze mehrerer Netzbetreiber. Eigentumsrechtliche Grenzen stellen kein Kriterium für die Bildung von Marktgebieten dar. Ein Marktgebiet im Gasmarkt entspricht einer Regelzone im Strommarkt. Innerhalb eines Marktgebietes werden alle Ein- und Ausspeisungen eines Gaslieferanten bilanziert. Ein Marktgebiet umfasst die Netze bzw. Teilnetze mehrerer Netzbetreiber. Der für die Organisation eines Marktgebietes verantwortliche Netzbetreiber wird in Deutschland als *marktgebietsaufspannender Netzbetreiber* bezeichnet. Per Definition muss es sich hierbei um einen Transportnetzbetreiber handeln. Dieser Transportnetzbetreiber und die ihm nachgelagerten Regional- und Verteilnetzbetreiber bilden zusammen ein Marktgebiet. Derzeit haben in Deutschland auch Regionalnetzbetreiber die Funktion eines marktgebietsaufspannenden Netzbetreibers (Stand Dezember 2007). Die deutschen Marktgebiete zu Beginn des Gaswirtschaftsjahres 2006/2007 sind in Tabelle 6.2 (siehe S. 75) aufgelistet.

Auf allen Netzstufen (Transport-, Regional- und Verteilnetz) sind Gaskunden angeschlossen. Diese Beziehung wird in einem Netzanschlussvertrag und einem Anschlussnutzungsvertrag geregelt. Haushaltskunden sind meist an Verteilnetze angeschlossen (in Abbildung 4.3 Linie 3). Gaslieferanten übernehmen oft dienstleistend für ihre Kunden den Abschluss dieser Verträge. Größere Kunden, wie Industriebetriebe oder Gaskraftwerke, sind oft direkt an Transport- oder Regionalnetze angeschlossen (in Abbildung 4.3 als gestrichelte Linie 3 dargestellt).

4.2.2 Vertragsbeziehungen der Gaslieferanten

Der Gaslieferant (Transportkunde, Netznutzer) schließt mit den betroffenen Netzbetreibern Entry- und Exit-Verträge, ggf. Speicherverträge mit Speicherbetreibern sowie Gaslieferverträge mit Lieferanten (Händler, Produzenten, Importeure) und Kunden ab (siehe Abbildung 4.4).

Im Einzelnen schließen Lieferanten die im Folgenden erläuterten Verträge. Ein Gaslieferant kauft z. B. von einem Produzenten oder einem Händler Gas ein und schließt darüber einen Gasliefervertrag ab (Abbildung 4.4 Linie 5). Dieser Vertrag regelt die Konditionen der *Eigentumsübertragung* am Gas, z. B. Lieferort, Menge, Lieferzeitraum, Preis, Zahlungsbedingungen. Der Lieferort ist entweder ein physischer Koppelpunkt von Pipelines (ein sogenannter *Hub*) oder ein sogenannter *virtueller Handelspunkt* (siehe Abschnitt 4.1.3). Die Gashandelsverträge an der European Energy Exchange (EEX) beispielsweise werden am virtuellen Handelspunkt des jeweiligen Marktgebietes erfüllt und nicht an einem physischen Hub.

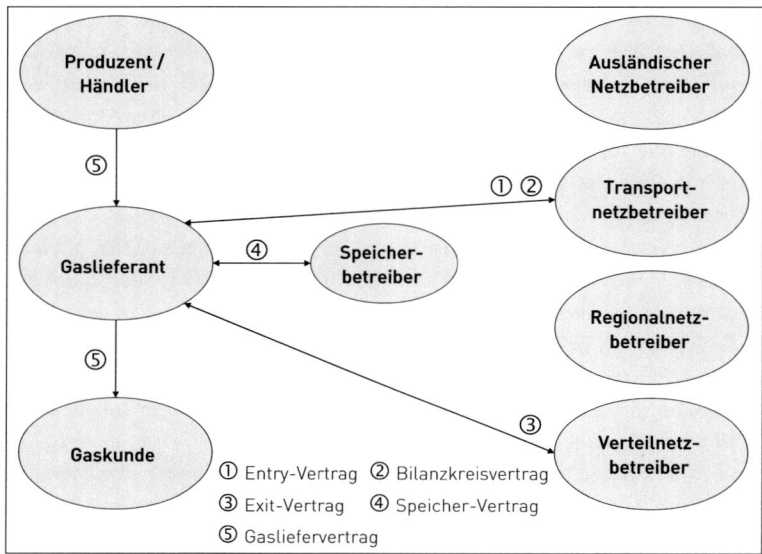

Abbildung 4.4: Vertragsbeziehungen der Gaslieferanten im liberalisierten deutschen Gasmarkt nach dem Zweivertragsmodell (Entry-Exit) (Quelle: Eigene Darstellung)

Übernimmt der Gaslieferant das Gas an einem physischen Koppelpunkt an der Grenze eines Marktgebietes, z. B. an einem Grenzübergangspunkt, so schließt er mit dem Transportnetzbetreiber an diesem Punkt einen *Entry-Vertrag* (Abbildung 4.4 Linie 1). Mit dem Entry-Vertrag bucht der Gaslieferant Kapazität für die Einspeisung von Gas in das Marktgebiet. Der Gaslieferant bezahlt ein Entry-Entgelt an den Transportnetzbetreiber. Dadurch erwirbt er das Recht, Gasmengen bis zur Höhe der von ihm gebuchten Kapazität am Entry-Punkt einzuspeisen und am virtuellen Handelspunkt zu übernehmen. Über die tatsächliche Nutzung der Kapazität kann der Lieferant frei entscheiden[7]. Üblicherweise meldet er dem Transportnetzbetreiber spätestens am Tag vor der physischen Lieferung die Mengen, die er an diesem Tag einspeisen möchte (sogenannte *Nominierung*).

Der Gaslieferant und der *marktgebietsaufspannende Netzbetreiber* (im Allgemeinen ein Transportnetzbetreiber) schließen einen *Bilanzkreisvertrag* (Abbildung 4.4 Linie 2). Der Gaslieferant übernimmt damit gegenüber dem Netzbetreiber die Rolle

---

[7]Dies gilt nur eingeschränkt, wenn der Gaslieferant dem Netzbetreiber bestimmte Gasflüsse garantiert, also eine sogenannte *Lastflusszusage* abgegeben hat.

des Bilanzkreisverantwortlichen. Der Bilankreisvertrag regelt die Erfassung, Zuordnung und Abrechnung von Gasmengen. Der Gaslieferant bringt seine an Entry- und Exit-Punkten gebuchten Kapazitäten in den Bilanzkreis ein. Innerhalb des Bilanzkreises werden alle an diesen Punkten eingespeisten und entnommenen Gasmengen miteinander saldiert. Dies entspricht dem aus dem Strommarkt bekannten Bilanzkreismodell. Der Bilanzkreisverantwortliche hat die Aufgabe dafür zu sorgen, dass in seinem Bilanzkreis Ein- und Ausspeisungen im Gleichgewicht sind. Treten in einem Bilanzkreis Abweichungen zwischen Ein- und Ausspeisungen auf, so gleicht der marktgebietsaufspannende Netzbetreiber die Differenz aus, indem er Ausgleichsgas zur Verfügung stellt. Die Differenzmengen eines Bilanzkreises stellt der marktgebietsaufspannende Netzbetreiber dem Bilanzkreisverantwortlichen in Rechnung.

Der Gaslieferant schließt mit dem Netzbetreiber, in dessen Netz das Gas entnommen werden soll (dem sogenannten *Ausspeisenetzbetreiber*), einen Exit-Vertrag. Der Ausspeisenetzbetreiber kann ein Transport-, ein Regional- oder ein Verteilnetzbetreiber sein. In Abbildung 4.4 ist schematisch der Fall für einen Exit-Vertrag mit einem Verteilnetzbetreiber dargestellt (Linie 3).

Der Ausspeisenetzbetreiber geht mit Abschluss des Exit-Vertrags die Verpflichtung ein, für den Gaslieferant Ausspeisekapazität am Exit-Punkt vorzuhalten. Der Gaslieferant stellt das Gas am *virtuellen Handelspunkt* zur Verfügung und erwirbt mit dem Exit-Vertrag das Recht eine wärmeäquivalente Gasmenge am Exit-Punkt zu entnehmen. Wichtig ist dabei, dass Netzbetreiber die sogenannte *Nämlichkeit* des Gases nicht gewährleisten müssen, d. h. es werden nicht die identischen Gasmoleküle am Exit-Punkt übergeben, die am virtuellen Handelspunkt übernommen werden, sondern die gleiche Energiemenge. Bei gegebenenfalls unterschiedlichen Brennwerten (siehe Abschnitt 3.1.2) wird also ein unterschiedliches Gasvolumen entgegengenommen und übergeben.

Üblicherweise haben die Bezugs- und Absatzverträge eines Gaslieferanten nicht die gleiche Struktur. Während Bezugsverträge meist relativ gleichmässige Lieferungen vorsehen, kann der Gasabsatz sehr starken saisonalen und kurzfristigen Schwankungen unterworfen sein (siehe Abschnitt 3.1.4). Gaslieferanten nutzen Speicher, um diese Schwankungen auszugleichen. Speicherbetreiber verkaufen Nutzungsrechte an Gasspeichern an Gaslieferanten. Der Gaslieferant hat das Recht zu bestimmten Konditionen Gas einzuspeichern und zu einem späteren Zeitpunkt wieder zu entnehmen. Diese Beziehung wird in einem *Speicher-Vertrag* geregelt (Abbildung 4.4 Linie 4).

Gaskunde und Gaslieferant schließen einen Vertrag über die Belieferung des Kunden mit Gas ab (Abbildung 4.4 Linie 5). In einem solchen Gasliefervertrag sind Preis,

Zahlungsbedingungen, gegebenenfalls Mindest- und Maximalabnahmemenge sowie Maximalleistung geregelt. Der Vertrag bezieht sich auf eine bestimmte Übergabestelle, den Exit-Punkt.

Im liberalisierten Gasmarkt können Kunden, unabhängig davon an welchem Netz sie angeschlossen sind, ihren Gaslieferanten wählen. Die Bedingungen der Nutzung der Netze durch die Lieferanten (*Netznutzer, Transportkunden*) werden in Deutschland durch die Bundesnetzagentur (siehe Abschnitt 2.2.2) überwacht. Die Ausgestaltung des Netzzugangs wird im folgenden Abschnitt 4.3 beschrieben.

4.3 Ausgestaltung des Netzzugangs

4.3.1 Ermittlung und Bereitstellung von Kapazitäten

Netzbetreiber haben die Aufgabe, die technischen Kapazitäten[8] ihrer Netze zu ermitteln[9]. Grundsätzlich muss festgestellt werden, dass es eine statische Kapazität an einem bestimmten Punkt in einem Gasnetz nicht gibt. Die Kapazität hängt von den Gasflüssen und der Druckverteilung im Netz ab [vgl. Eberhard u. Hüning 1990, S. 126f].

Netzbetreiber berechnen Kapazitäten immer unter der Annahme einer bestimmten Druckverteilung. Auf Grundlage der Kenntnis der Beschaffenheit ihrer Netze und der Lastflüsse sind Netzbetreiber in der Lage, die technische Kapazität an einzelnen Entry- und Exit-Punkten näherungsweise zu bestimmen und zu veröffentlichen [Dörband u. Hügging 2004, S. 464].

Das EnWG verpflichtet die Betreiber von Gasnetzen, die Zahl von Teilnetzen (im Sinne von Marktgebieten) möglichst gering zu halten [§20 Abs. 1b, Satz 7 EnWG 2005]. Dabei sollen technische Einschränkungen und wirtschaftliche Zumutbarkeit berücksichtigt werden. Als technische Einschränkung werden oft unterschiedliche Gasqualitäten genannt [vgl. EFET Deutschland 2003, S. 33]. H-Gas kann auf L-Gas-Qualität angepasst werden, umgekehrt ist dies nicht möglich (siehe Abschnitt 3.1.2). Unterschiedliche Teilnetze für H- und L-Gas sind dadurch begründet, dass Konvertierungskapazitäten von H-Gas zu L-Gas beschränkt sind und L-Gas nicht in H-Gas-Netze eingespeist werden kann.

---

[8]Für die technische Grundlagen der Kapazitätsermittlung siehe [Cerbe et al. 2004] oder [Eberhard u. Hüning 1990].

[9]Vgl. [EnWG 2005], [GasNZV 2005], [Dörband u. Hügging 2004], [GTE 2004], [GTE 2005a], [Kleemiß 2004]

Generell rechtfertigen Kapazitätsengpässe die Unterteilung des Marktes in Marktgebiete. Daher soll zunächst der Begriff Engpass definiert werden. Kapazitätsengpässe werden unterschieden nach *vertraglichen* und *physikalischen* Engpässen [vgl. Lapuerta u. Moselle 2002, S. 65 ff]. Ein *vertraglicher* Engpass bedeutet, dass die zur Verfügung stehende Kapazität vollständig gebucht ist. Eine Kapazitätsbuchung oder -reservierung sagt jedoch noch nichts über die tatsächliche Nutzung der Pipelinekapazität aus. Ein *physikalischer* Engpass ist eine Flusssituation, in der an dem jeweiligen Punkt keine technische Kapazität mehr verfügbar ist, d. h. die Pipeline am technischen Kapazitätsmaximum betrieben wird.

Grundsätzlich können durch technische Probleme (Ausfälle von Produzenten, Unterbrechungen von Pipelines) an jedem Punkt im betrachteten Gasnetz physikalische Engpässe auftreten. Solche technischen Probleme aufgrund höherer Gewalt („Force Majeure" [vgl. EFET 2003, § 7]) sind zu unterscheiden von grundsätzlichen Engpässen, die mit einer bestimmten Wahrscheinlichkeit wiederholt auftreten. Physikalische Engpässe an Grenzübergangspunkten sind im europäischen Gastransportsystem eher selten [Lapuerta u. Moselle 2002, S. 23]. Vertragliche Engpässe bestehen dagegen häufig, da Kapazitäten oft langfristig vollständig durch Lieferanten, meist die verbundenen Vertriebe der jeweiligen Netzbetreiber, gebucht sind.

4.3.2 Ermittlung der Entgelte

Jeder Netzbetreiber ermittelt die Kapital- und Betriebskosten seines Netzes [vgl. GasNEV 2005]. Diese Kostenbasis legt er auf die Entry- und Exit-Kapazitäten seines Netzes um („netzscharfe" Entgelte). Kosten und Netzentgelte werden durch die Bundesnetzagentur geprüft und genehmigt.

Da Marktgebiete die Netze verschiedener Netzbetreiber umfassen, ist eine Verrechnung von Netzentgelten zwischen den Netzbetreibern eines Marktgebietes erforderlich (*Entgelt- bzw. Kostenwälzung*). Das Entry-Entgelt in ein Marktgebiet deckt die Netzkosten vom Entry-Punkt bis zum virtuellen Handelspunkt ab. Das Exit-Entgelt umfasst die Transportkosten vom virtuellen Handelspunkt bis zur Entnahme des Gases aus dem Netz. Jeder Netzbetreiber zahlt an den oder die vorgelagerten Netzbetreiber die anteilig auf ihn entfallenden Netzkosten. Diese Kosten übernimmt er in seinen Kostenblock „Wälzung" und rechnet sie in seine Gesamtentgelte ein [BGW 2007, S. 15]. Hat ein Netzbetreiber wiederum nachgelagerte Netzbetreiber, stellt er diesen anteilig die Gesamtentgelte in Rechnung. Der Netzbetreiber, bei dem Endkunden Gas entnehmen (Ausspeisenetzbetreiber), stellt dem jeweiligen

Bilanzkreisverantwortlichen das Exit-Entgelt in Rechnung, das anteilig die Netzkosten des Ausspeisenetzbetreibers und der vorgelagerten Netzbetreiber enthält. Eine detailliertere Beschreibung mit Zahlenbeispielen findet sich im Leitfaden „Entgelt-/Kostenwälzung" der Netzbetreiberverbände [BGW et al. 2007].

4.3.3 Entgeltbildung bei Leitungswettbewerb

Neben der *kostenbasierten* Entgeltbildung sieht die Gasnetzentgeltverordnung noch die Möglichkeit vor, unter bestimmten Voraussetzungen *marktbasierte* Entgelte zu bilden. „Betreiber von überregionalen Gasfernleitungsnetzen können die Entgelte für die Nutzung der Fernleitungsnetze abweichend von den §§ 4 bis 18 nach Maßgabe des § 19 bilden, wenn das Fernleitungsnetz zu einem überwiegenden Teil wirksamem bestehenden oder potenziellen Leitungswettbewerb ausgesetzt ist" [§3 Abs. 2 Gas-NEV 2005].

Leitungswettbewerb betrifft nur Fernleitungsnetze. In Verteilnetzen rechnen sich Parallel- oder Stichleitungen nur für große Kunden oder bei zusätzlicher Nachfrage, für die im bestehenden Netz keine ausreichende Kapazität vorhanden ist. Paralleler Leitungsbau in Verteilnetzen ist ökonomisch nicht vertretbar. Funk et al. bemerken dazu: „Eine solche Duplizierung von Investitionen ist in größerem Ausmaß volkswirtschaftlich gesehen nicht sinnvoll, denn sie führt zu einer Verschwendung von Ressourcen" [Funk et al. 1995, S. 139].

Ob in deutschen Fernleitungsnetzen Wettbewerb herrscht, ist umstritten. Als Argument für bestehenden Wettbewerb wird angeführt, dass theoretisch Abnahmestellen über die Netze verschiedener Netzbetreiber erreicht werden können. „Derzeit kann in Deutschland 70 % des Gasabsatzes über mindestens zwei Netzbetreiber erreicht werden" [Floren 2005]. Diese Behauptung ist jedoch noch keine hinreichende Begründung für Leitungswettbewerb, solange keine freien Kapazitäten angeboten werden.

Knieps kommt in einer Studie zu Wettbewerb auf den Ferntransportnetzen der deutschen Gaswirtschaft zu der Aussage, „dass der innerdeutsche Ferntransport mittels Hochdruck-Pipelines keinen monopolistischen Bottleneck darstellt" [Knieps 2002]. Lapuerta u. Moselle jedoch stimmen mit der Studie nicht überein. Sie kritisieren insbesondere, dass *technisch möglicher* oder *prinzipiell möglicher* Wettbewerb noch keine angemessene Begründung für die Zulassung von marktbasierten Tarifen ist [Lapuerta u. Moselle 2002]. Hirschhausen et al. kommen in einer Studie zur konkreten Situation in Deutschland zu dem Ergebnis, dass „es im Erdgasferntransport keinen wirksamen oder potenziellen Leitungswettbewerb" gibt [Hirschhausen et al.

2007, S. 3]. Bei der Bewertung der Studien sollte berücksichtigt werden, dass die Studie von Knieps im Auftrag der damaligen Ruhrgas AG entstand, Lapuerta u. Moselle ihre Untersuchung für die Europäische Kommission erstellten und die Studie von Hirschhausen et al. durch EFET Deutschland, den Verband Deutscher Gas- und Stromhändler, beauftragt wurde. Die Monopolkommission, ein unabhängiges Beratungsgremium auf den Gebieten der Wettbewerbspolitik und Regulierung, teilt die Meinung von Lapuerta u. Moselle sowie Hirschhausen et al. und schreibt in einem Hauptgutachten: „Nach Auffassung der Monopolkommission entbehrt die Annahme, dass im Bereich der Gasfernleitungsnetze funktionsfähiger aktueller oder potentieller Leitungswettbewerb herrscht, . . . , jeder Grundlage" [Monopolkommission 2006, S. 14].

Bei einer gegebenen Wahlmöglichkeit zwischen Leitungswettbewerb und kostenbasierter Entgeltermittlung wird sich ein rational handelnder Netzbetreiber immer für die für ihn wirtschaftlich bessere Variante entscheiden. Wettbewerb liegt nicht im Interesse der Netzbetreiber, wenn er zu niedrigeren Entgelten führt. Somit sind durch behaupteten oder realen Leitungswettbewerb keine Entgelte unterhalb der genehmigten kostenbasierten Entgelte zu erwarten.

Zu Beginn des Jahres 2006 haben 13 Netzbetreiber bei der Bundesnetzagentur angezeigt, dass sie ihre Entgelte marktbasiert bilden [BNetzA 2007b, S. 147]. Eine endgültige Entscheidung über die Zulässigkeit marktbasierter Transportentgelte steht noch aus (Stand Dezember 2007).

4.3.4 Vergabe von Kapazitäten

Bestehen keine vertraglichen und physikalischen Engpässe, werden Kapazitäten in der Reihenfolge der Anfragen der Gaslieferanten (*first-come, first-served*) vergeben [§ 9 GasNZV 2005]. Wechselt ein Kunde den Gaslieferanten, muss der bisherige Lieferant die Kapazität auf den neuen Lieferanten übertragen (sogenanntes *Rucksackprinzip*). „Bei einem Wechsel des Lieferanten kann der neue Lieferant vom bisherigen Lieferanten die Übertragung der für die Versorgung des Kunden erforderlichen, vom bisherigen Lieferanten gebuchten Ein- und Ausspeisekapazitäten verlangen, wenn ihm die Versorgung des Kunden entsprechend der von ihm eingegangenen Lieferverpflichtung ansonsten nicht möglich ist und er dies gegenüber dem bisherigen Lieferanten begründet." [§ 20 Abs. 1b EnWG 2005]. Für die Exit-Kapazität beim Kunden ist dieses Verfahren ohne weiteres anwendbar. In einem Gastransportnetz mit mehreren Entry-Punkten ist es aber nicht ohne weiteres ersichtlich, welche Entry-Kapazität zur Versorgung dieses Kunden erforderlich ist.

Hat ein Lieferant Transportkapazitäten erworben, die er nicht benötigt, kann er diese auch auf dem Sekundärmarkt weiterveräußern. Bislang ist in Deutschland jedoch noch kein liquider Handel von Transportkapazitäten zu beobachten. Wenn Gaslieferanten bei einem Netzbetreiber mehr Kapazitäten nachfragen als verfügbar sind, vergibt der Netzbetreiber diese knappen Kapazitäten in einer Auktion[10]. Transportnetzbetreiber sind verpflichtet, Netzengpässe durch einen entsprechenden Ausbau der Kapazitäten zu beseitigen [vgl. § 15 Abs. 3 EnWG 2005].

Transportnetzbetreiber ermitteln den zukünftigen Bedarf an Transportkapazitäten durch ein sogenanntes *Open Season*-Verfahren [vgl. Lapuerta u. Moselle 2002, S. 91]. Gaslieferanten (Transportkunden) können in einer ersten Stufe Interesse an Kapazitäten bekunden und dann in einer zweiten Stufe verbindlich langfristig Kapazitäten erwerben. Anhand der Ergebnisse eines Open Season-Verfahrens entscheidet der Transportnetzbetreiber über Investitionen in den Ausbau von Kapazitäten[11].

---

[10]Zu alternativen Vermarktungsmöglichkeiten von Kapazitäten [vgl. Dörband 2005].

[11]Ergebnisse einer *Open Season* werden beispielsweise in [Gas Transport Services 2006] beschrieben.

Kapitel 5

Entwicklung eines Gastransportmodells

In diesem Kapitel werden zunächst bestehende Ansätze zur Modellierung von Gasmärkten vorgestellt und diskutiert (Abschnitt 5.1). In Abschnitt 5.2 wird das Anforderungsprofil an ein Modell zur Analyse der Bildung von Marktgebieten im liberalisierten deutschen Gasmarkt erstellt. Das entwickelte Modell wird kurz charakterisiert und die wichtigsten Eingangs- und Ausgangsdaten werden aufgelistet (Abschnitt 5.3). In Abschnitt 5.4 folgt die mathematische Beschreibung des Modells. Dabei werden die Modellelemente und Parameter (Abschnitt 5.4.1), die Variablen (Abschnitt 5.4.2), die Zielfunktion (Abschnitt 5.4.3) und die Nebenbedingungen (Abschnitt 5.4.4) im Einzelnen erläutert. Der Modellaufbau und die verwendete Datenbasis sind Gegenstand von Kapitel 6.

5.1 Existierende Ansätze zur Modellierung von Gasmärkten

In der Literatur finden sich verschiedene Ansätze zur Modellierung von Gasmärkten. Die Modelle unterscheiden sich im betrachteten Zeitraum, im geografischen Abbildungsbereich sowie im Abstraktions- und Detaillierungsgrad.

Abhängig vom betrachteten Zeitraum werden Kurz-, Mittel- und Langfristmodelle unterschieden [vgl. Perlwitz 2007, S. 66 f]. *Kurzfristmodelle* decken einen Zeitraum von wenigen Tagen ab. Es handelt sich um operative Modelle, die beispielsweise zur Netzsteuerung eingesetzt werden [vgl. Moritz 2007]. *Mittelfristmodelle* betrachten Zeiträume von ein bis fünf Jahren. *Langfristmodelle* umfassen noch längere Planungszeiträume von bis zu mehreren Jahrzehnten.

Der geografische Abbildungsbereich von Modellen reicht von Netzen oder Teilnetzen einzelner Netzbetreiber über europaweite Modelle bis hin zu weltweiten Modellen. Im Allgemeinen sinkt der Detaillierungsgrad mit einem größeren geografischen Umfang. So wird in den europaweiten Modellen ein Land in einem Knoten abgebildet und bei weltweiten Modellen werden mehrere Länder zu einer Modellregion zusammengefasst.

Grundsätzlich können Modelle in Bottom-Up- oder Top-Down-Modelle unterteilt werden[1]. Bei Bottom-Up-Modellen handelt es sich um Fundamentalmodelle, die die reale Infrastruktur auf einem geeigneten Abstraktionsniveau so detailliert wie möglich abbilden. Top-Down-Modelle hingegen bilden gesamte Volkswirtschaften aggregiert ab.

Modelle, mit denen auch der deutsche Gasmarkt untersucht wird, sind u.a. *EUGAS* [Perner 2002], *MAGELAN* [Seeliger 2006], *Gasmod* [Holz et al. 2005], *TIGER* [Lochner u. Bothe 2007], *Times-EG* [Blesl et al. 2007] und *PERSEUS-EEM* [Perlwitz 2007].

EUGAS (European Gas Supply Model) ist ein Langfristmodell zur Optimierung des europäischen Erdgasangebots [Perner 2002]. *MAGELAN* ist die Weiterentwicklung von *EUGAS* zu einem weltweiten Modell [Seeliger 2006]. Die abgebildeten Regionen sind Mittlerer Osten, Afrika, GUS, Europa, Lateinamerika, Asien-Ozeanien und Nordamerika[2].

Gasmod ist ein zweistufiges spieltheoretisches Modell [Holz et al. 2005]. In der ersten Stufe entscheiden Produzenten über ihre Produktionsmengen, die sie an Händler verkaufen. In der zweiten Stufe verkaufen Händler das Gas an die Nachfrager. Importregionen in *Gasmod* sind europäische Länder wobei teilweise Länder zu Regionen zusammengefasst sind. Kosten der Gasproduktion der einzelnen Produzenten gehen als Input in das Modell ein. Grundannahme ist eine oligopolistische Marktstruktur. Die Spieler spielen ein nicht-kooperatives Spiel und maximieren ihre eigenen Profite.

Das Modell *Times-EG (European Electricity and Gas Model)* ist ein optimierendes Langfristmodell, das die Strom- und Gaswirtschaft in Europa für den Zeitraum von 2000 bis 2050 abbildet [Blesl et al. 2007]. Die Autoren nehmen einen bis zum Jahr 2010 konstanten Gaspreis an. Transportkapazitäten sind nur zwischen den einzelnen Staaten abgebildet.

Das *TIGER*[3]-Modell ist ein Transportmodell, das die Gasversorgung Europas optimiert. Als lineares Optimierungsmodell minimiert es die Gesamtkosten über einen

---

[1]Enzensberger gibt eine gute Übersicht zur Klassifikation von Energiemodellen [Enzensberger 2003, S. 42 ff].

[2]Aus den Anfangsbuchstaben der Regionen ergibt sich der Name *MAGELAN*.

[3]*Transport Infrastructure of Gas with Enhanced Resolution*

Zeitraum von zehn Jahren in monatlicher Auflösung [Lochner u. Bothe 2007, S. 4]. Die Gesamtkosten setzen sich aus Kosten für Transport, Speicherung und Produktion zusammen. Langfristverträge werden nicht berücksichtigt. Das Modell hat im Vergleich zu den anderen betrachteten Modellen eine relativ detaillierte räumliche Auflösung. Deutschland ist in diesem Modell in vier Nachfrageregionen aufgeteilt [Lochner et al. 2007, S. 5].

Das optimierende Energiesystemmodell *PERSEUS-EEM*[4] baut auf der am Institut für Industriebetriebslehre und Industrielle Produktion (IIP) der Universität Karlsruhe entwickelten PERSEUS-Modellfamilie auf[5]. Die Märkte für Erdgas, Strom und CO_2 sind in *PERSEUS-EEM* integriert abgebildet [Perlwitz 2007]. Das Modell umfasst insgesamt 45 Modellregionen. Der deutsche Markt ist in einer Region zusammengefasst. Die Kosten der Gasbereitstellung ergeben sich aus den angenommenen Förderausgaben der Produzenten, was eine kostenbasierte Preisbildung impliziert. Unterschiedliche Gasqualitäten werden nicht berücksichtigt.

5.2 Anforderungen an ein Gastransportmodell zur Analyse der Bildung von Marktgebieten

Ein Modell zur Analyse der Bildung von Marktgebieten im liberalisierten deutschen Gasmarkt muss verschiedene Anforderungen erfüllen. Grundsätzlich muss das Modell Gasflüsse zwischen den einzelnen deutschen Marktgebieten sowie Transite durch Deutschland abbilden können.

Die Bildung von Marktgebieten ist durch physikalische Engpässe begründet. Das Modell muss also physische Gasflüsse simulieren. Aus den physischen Flüssen und den technischen Kapazitäten lassen sich dann Engpässe ermitteln.

Geografisch muss das Modell Deutschland abbilden. Der deutsche Gasmarkt muss im Modell in die einzelnen Marktgebiete aufgelöst werden. Die relevanten angrenzenden Märkte müssen ebenfalls betrachtet werden, um Auswirkungen von Transitströmen zu berücksichtigen. An Außengrenzen, an denen auch mittelfristig gleichbleibende Gasflüsse zu erwarten sind, können Gasflüsse exogen vorgegeben werden. Da die Zusammensetzung des an Endkunden gelieferten Gases nur in bestimmten Grenzen schwanken darf, muss zwischen den Gasqualitäten H-Gas und L-Gas unterschieden werden.

---

[4] *Program Package for Emission Reduction Strategies in Energy Use and Supply - European Energy Market*

[5] Die PERSEUS-Modellfamilie beschreibt z. B. Möst [Möst 2006, S. 78 ff].

Es sollte ein mittelfristiger Zeithorizont betrachtet werden. Kapazitätsausbau durch neue Pipelines oder Verdichter wäre Gegenstand eines Langfristmodells und soll hier nicht betrachtet werden. Eine Änderung der Marktgebietsaufteilung bedeutet keine physischen Änderungen am Gasnetz, sondern lediglich andere Zugangsregeln. Das Modell muss keine Entscheidung über Kapazitätszubau treffen. Bekannte Änderungen an der Infrastruktur können dem Modell exogen vorgegeben werden.

Bei unterschiedlicher Marktgebietseinteilung soll im Modell immer die *ceteris paribus* Annahme gelten, d. h. alle anderen Parameter bleiben gleich.

Ein optimierendes Fundamentalmodell mit einem mittelfristigen Zeithorizont eignet sich zur Erfüllung dieser Anforderungen.

5.3 Charakterisierung des Modells

Das in der vorliegenden Arbeit entwickelte multi-regionale, zeitabhängige Transportmodell *GMod* (kurz für *Gastransportmodell*)[6] ist ein lineares Optimierungsmodell. Zielfunktion ist die Minimierung der Gesamtausgaben des Systems. Die Gesamtausgaben setzen sich zusammen aus Ausgaben für die Gasbereitstellung aus Langfristverträgen oder an Spotmärkten, Transportausgaben sowie Ausgaben für Gasspeicherung. Nebenbedingungen bilden die wesentlichen technischen und ökonomischen Restriktionen des realen Gasversorgungssystems ab. Die Gleichungen sind in der Programmiersprache GAMS[7] formuliert. Die Benutzeroberfläche des Modells *GMod* ist mit einer Standardsoftware für Tabellenkalkulation[8] realisiert (siehe Kapitel 6).

Das Optimierungsmodell *GMod* gehört zur Klasse der Fundamentalmodelle. Mit Hilfe einer detaillierten Datenbasis wird die reale Welt auf einem geeigneten Abstraktionsniveau abgebildet. Alle Eingangsdaten wie zukünftige Preise und Angebots- und Nachfragemengen werden dem Modell vorgegeben (perfekte Voraussicht). Die Ausgaben werden für das Gesamtsystem minimiert und nicht für einzelne Unternehmen.

In der Literatur finden sich zahlreiche Beispiele dafür, dass Energiemärkte mit Hilfe von Optimierungsmodellen untersucht werden können[9]. Bei der Analyse der Ergebnisse der in der vorliegenden Arbeit beschriebenen Modellläufe ist jedoch zu beachten, dass perfekte Voraussicht und unternehmensübergreifende Optimierung die Realität nur eingeschränkt widerspiegeln.

---

[6]Eine erste Version des Modells wird in [Scheib et al. 2006] vorgestellt.
[7]General Algebraic Modeling System [vgl. Brooke et al. 1998]
[8]Microsoft Excel 2002
[9][vgl. Perlwitz 2007; Möst 2006; Enzensberger 2003]

Das Modell *GMod* ist multi-regional, d. h. es besteht aus mehreren miteinander verbundenen Angebots- und Nachfrageknoten (siehe Abschnitt 6.3). Zustände in einer Modellregion beeinflussen andere Modellregionen. Die Restriktionen des Modells sind zeitabhängig. Produktionskapazitäten, Nachfrage sowie Speicher- und Transportkapazitäten verändern sich im Zeitverlauf. Speicher- und Transportkapazitäten sind relativ statisch. Bekannte Veränderungen der Infrastruktur im Betrachtungszeitraum werden berücksichtigt. Die Zeitsegmente des Modells sind gekoppelt, d. h. der Zustand in einem Zeitsegment beeinflusst den Zustand in anderen Zeitsegmenten. Beispielsweise ist der Speicherfüllstand am Anfang eines Zeitsegments gleich dem Speicherfüllstand am Anfang des vorhergehenden Zeitsegments plus Einspeicherung minus Ausspeicherung in diesem Zeitsegment.

Eingangsdaten für das Modell sind (siehe Abbildung 5.1):

- minimale und maximale Produktionskapazitäten,

- die Gasnachfrage in den Modellregionen,

- feste Flüsse an den geografischen Grenzen des Modells,

- Pipelinekapazitäten und -entgelte,

- Speicherkapazitäten und -entgelte,

- Preise für Gas auf Spotmärkten und

- Preise und Mengen für Gas aus Langfristverträgen.

Ergebnisse eines Modelllaufs sind (siehe Abbildung 5.1):

- die Nutzung der Pipelines mit

  - Gasflüssen und

  - Engpässen,

- die Nutzung der Speicher mit

  - Ein- und Ausspeicherung und

  - Speicherständen,

- die Nutzung der Langfristverträge und

- die Grenzausgaben der Gasbereitstellung.

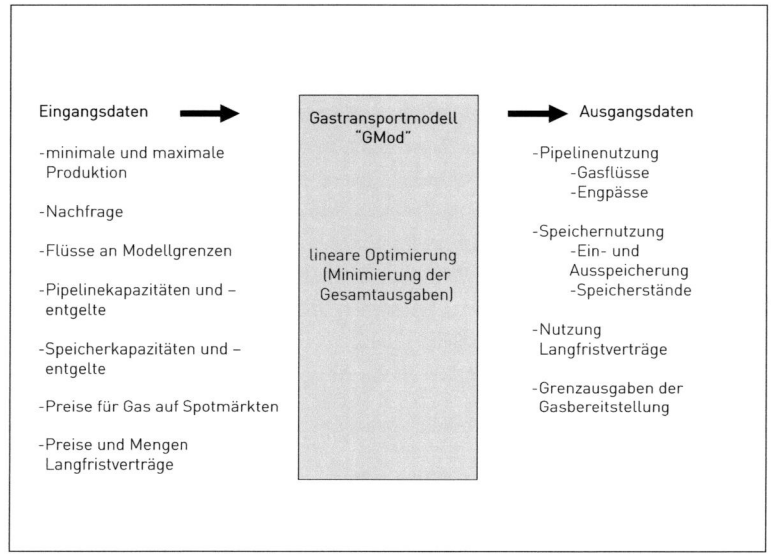

Abbildung 5.1: Eingangs- und Ausgangsdaten des Gastransportmodells
(Quelle: Eigene Darstellung)

Aus den absoluten Gasflüssen zwischen den Knoten des Modells und der Kenntnis der technischen Pipelinekapazitäten können physikalische Engpässe ermittelt werden. Weitere Ergebnisse sind Ein- und Ausspeicherung und die Speicherstände am Ende jedes Zeitsegments. Die Nutzung der Langfristverträge wird ebenfalls errechnet. Die Grenzausgaben geben an, welche Ausgaben im Modell entstehen, wenn eine zusätzliche Einheit Gas geliefert wird.

Modellergebnisse können durch den Vergleich mit veröffentlichten Daten plausibilisiert werden. Die dafür benötigten Daten liegen jedoch nur teilweise im erforderlichen Detaillierungsgrad vor. Netzbetreiber veröffentlichen beispielsweise keine Daten zu Gasflüssen im deutschen Gasmarkt.

5.4 Mathematische Beschreibung des Gastransportmodells

5.4.1 Modellelemente und Parameter

Im Modell wird das reale Gastransportsystem mittels eines Graphen abgebildet. Die Kanten des Graphen bilden Pipelines und LNG-Terminals ab[10]. Die Knoten des Graphen stellen Quellen und Senken dar und repräsentieren Gasproduktion, -verbrauch und -speicher.

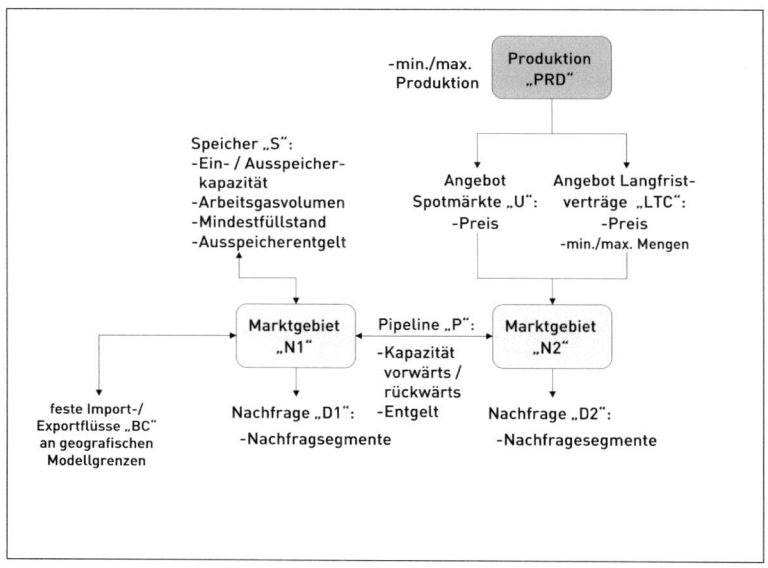

Abbildung 5.2: Schematische Modelltopologie (Quelle: Eigene Darstellung)

Einen Überblick über die Modellelemente mit den wichtigsten Parametern gibt Abbildung 5.2. Zentrale Elemente sind die Marktgebiete. Nachfragesegmente (im Sinne von Kundengruppen) fragen in den Marktgebieten Gas nach. Marktgebiete sind durch Pipelines miteinander verbunden. Gasproduktion kann entweder auf dem Spotmarkt oder über Langfristverträge angeboten werden. Gasproduktion ist

---

[10]LNG-Terminals sind wie Pipelines modelliert, da die Regasifizierungskapazität eine Beschränkung des Gasdurchsatzes eines LNG-Terminals darstellt, analog zur Kapazität einer Pipeline.

Marktgebieten bzw. Produktionsknoten zugeordnet. Norwegen, Russland und LNG-Produktion stellen im Modell Produktionsknoten dar, an denen kein Gas nachgefragt wird. Gasspeicher sind Marktgebieten zugeordnet. Das Modell bildet nicht das gesamte europäische Gastransportnetz ab. Daher bestehen an den geografischen Grenzen des Modells Koppelstellen zu nicht modellierten Märkten. Import- bzw. Exportflüsse zu nicht abgebildeten Ländern sind auf Basis historischer Lastflüsse festgelegt.

Die **Zeitsegmente** T des Modells können grundsätzlich in frei wählbarer Auflösung definiert werden. Da die Mehrzahl der Daten nur auf monatlicher Basis vorliegt, werden in der vorliegenden Arbeit Monate als Zeitsegmente definiert. Der erste Monat des Betrachtungszeitraums hat den Index t_i[11], der letzte Monat den Index t_f[12]. Parameter eines Zeitsegments ist

- die Dauer des Zeitsegments dt_t in Tagen, d. h. die Anzahl der Tage im Monat.

Ein **Gaswirtschaftsjahr** TY beginnt am 1. Oktober und endet am 30. September des folgenden Kalenderjahres. Das Gaswirtschaftsjahr 2001 beginnt am 1. Oktober 2001. Parameter eines Gaswirtschaftsjahres ist

- die Anzahl der Tage je Gaswirtschaftsjahr $days_{ty}$.

Die Anzahl der Tage je Gaswirtschaftsjahr wird erechnet aus der Zahl der Tage je Monat über alle Monate, die zum entprechenden Gaswirtschaftsjahr gehören:

$$days_{ty} = \sum_{t \in T_{TY_{t,ty}}} dt_t \tag{5.1}$$

Zentrale Modellelemente sind die **Knoten** N des Netzwerks. Ein Knoten kann eine Produktionsregion, einen Koppelpunkt von Pipelines (ein Hub an dem keine Nachfrage hängt) oder aber eine Entry-Exit-Zone, in der Gas nachgefragt wird, repräsentieren. Für Entry-Exit-Zonen wurde in Deutschland der Begriff *Marktgebiet* [vgl. BNetzA 2006e, S. 70] eingeführt.

Ein **Land** C ist eine Zusammenfassung von Knoten ($N_{C_{n,c}}$). Länder haben keine Bedeutung als Modellelemente. Sie werden lediglich zu Zwecken der Auswertung eingeführt. Die Definition von Ländern vereinfacht den Vergleich von Modellergebnissen mit veröffentlichten Flussdaten von Land zu Land.

Pipelines P verbinden die Knoten und stellen somit die Kanten des Netzwerks dar. Sie repräsentieren Ferngasleitungen und LNG-Terminals. Ferngasleitungen kön-

---

[11]i: initial
[12]f: final

nen bidirektional sein. LNG-Terminals können das Gas physisch nur in Importrichtung transportieren. Pipelines sind durch einen Start- und einen Endknoten eindeutig definiert ($P_{NSTART_{p,n}}$ und $P_{NEND_{p,n}}$). Reale Ferngasleitungen mit gleichen Start- und Endknoten können im Modell zu einer Pipeline zusammengefasst werden, sofern sie die gleichen Transportentgelte aufweisen. Pipelineparameter im Modell sind

- die Pipelinekapazität in Hauptflussrichtung $pcapf_{t,p}$,

- die Pipelinekapazität in Gegenstromrichtung $pcapb_{t,p}$,

- das Transportentgelt vom Start- zum Endknoten (Hauptflussrichtung) $pcf_{t,p}$,

- das Transportentgelt vom End- zum Startknoten (Gegenstromrichtung) $pcb_{t,p}$.

Speicher S repräsentieren Untertage-Speicher für Erdgas (Poren- und Kavernenspeicher). Porenspeicher S_{PORE_s} sind eine Untermenge der Speicher. Obertägige Speicherarten, wie Gasbehälter, werden aufgrund der geringen Speichervolumen nicht berücksichtigt[13]. Ein Gasspeicher ist einem Knoten zugeordnet ($S_{N_{s,n}}$). Speicher werden durch die folgenden Parameter beschrieben:

- Arbeitsgasvolumen $sv_{t,s}$,

- Einspeicherkapazität $scapi_{t,s}$,

- Ausspeicherkapazität $scapw_{t,s}$,

- Anfangsfüllstand sqi_s,

- Endfüllstand sqf_s,

- minimaler Füllstand pro Monat $sqmin_{t,s}$,

- Ausspeicherentgelt $scw_{t,s}$.

Der Arbeitspreis für das Ausspeicherentgelt ergibt sich dabei aus der Umrechnung von Leistungspreisen unter der Annahme eines typischen Verhältnisses[14] von Ein- und Ausspeicherleistung, Arbeitsgasvolumen und Benutzungsstunden.

Produktion PRD steht für die Förderung von Erdgas und ist einem Knoten zugeordnet ($PRD_{N_{prd,n}}$). Das produzierte Gas wird entweder über Langfristverträge oder an Spotmärkten verkauft. Die folgenden Parameter beschränken die Produktion:

---

[13]Im Vergleich zu Untertage-Speichern können obertägige Speicher vernachlässigt werden [vgl. Cerbe et al. 2004, S. 237 ff] und [Grewe 2005, S. 32 ff].

[14]D. h. ein Bündel von Speicherleistungen. Ein solches Bündel (englisch *bundle*) entspricht im Allgemeinen den technischen Möglichkeiten eines Speichers bzw. eines Portfolios von Speichern.

- maximale jährliche Produktion $prdqamax_{ty,prd}$,

- minimale tägliche Produktion $prdqdmin_{ty,prd}$,

- maximale tägliche Produktion $prdqdmax_{ty,prd}$.

Spotgasmengen[15] U sind einer Produktion zugeordnet ($U_{PRD_{u,prd}}$) und stellen die Gasmengen dar, die nicht über Langfristverträge vermarktet werden. Parameter ist

- der Preis für Spotgas $uc_{t,u}$.

Ein **Langfristvertrag**[16] LTC ist einer Produktion zugeordnet ($LTC_{PRD_{ltc,prd}}$), hat einen definierten Übergabepunkt (Knoten $LTC_{N_{ltc,n}}$) und Pipelines, die für den Transport genutzt werden können ($LTC_{P_{ltc,p}}$). Der Übergabepunkt des Langfristvertrags impliziert keine Destinationsklausel[17], da das Modell das Gas von diesem Punkt aus weiter transportieren kann. Modelltechnisch bedeutet dies, dass das Gas am Übergabepunkt von Gas aus Langfristverträgen zu Spotgas wird und damit weitergehandelt werden kann. Durch den Übergabepunkt wird lediglich der Umstand abgebildet, dass in den Ausgaben für die Gasbereitstellung aus Langfristverträgen die Ausgaben für den Transport bis zum Übergabepunkt bereits enthalten sind. Langfristverträge sind durch folgende Parameter definiert:

- Jahresmenge $ltcacq_{ty,ltc}$[18],

- minimale Abnahme je Zeitsegment $ltcmin_{t,ltc}$,

- maximale Abnahme je Zeitsegment $ltcmax_{t,ltc}$,

- Mindestabnahmeverpflichtung $ltctop_{ty,ltc}$[19],

- Preis $ltcc_{t,ltc}$.

---

[15]Die Abkürzung U ist in Anlehnung an den englischen Begriff *uncontracted gas* gewählt.

[16]englisch *long term contract*

[17]Anmerkungen zu Destinationsklauseln finden sich z. B. in [Lecarpentier 2006, S. 6]: „In the past, long-term contracts used to include a 'destination clause' prohibiting the importers signing that contract to resell the gas to any other country than the destination country specified in the contract, which virtually eliminated competition between operators." Destinationsklauseln sind in der Europäischen Union nicht mehr zulässig, da sie den Wettbewerb beschränken. Eine Betrachtung der Auswirkungen von Destinationsklauseln findet sich in [Neuhoff u. Hirschhausen 2006, S. 19 f].

[18]Die Abkürzung *acq* ist in Anlehnung an den englischen Begriff *annual contract quantity* gewählt.

[19]Die Abkürzung *top* ist in Anlehnung an den englischen Begriff *take-or-pay* gewählt.

Die **Nachfrage** D nach Gas ist den einzelnen Knoten zugeordnet ($D_{N_{d,n}}$). Parameter sind

- die Anzahl von Nachfragesegmenten $dsno_d$,

- die Nachfrage $dm_{t,d}$ je Zeitsegment.

Die Nachfrage kann in Nachfragesegmente DS unterteilt werden, die verschiedene Kundengruppen darstellen. Ein Nachfragesegment ist also eine Untermenge der Nachfrage. Nachfragesegmente dienen zur Abbildung von abschaltbaren Verbrauchern. Ein Nachfragesegment reduziert seine Nachfrage, wenn der Gaspreis eine bestimmte Schwelle übersteigt. Parameter der Nachfragesegmente sind:

- Nachfragereduktion, wenn der Preis eine definierte Preisschwelle übersteigt $dred_{t,d,ds}$,

- Preisschwelle für Nachfragesegment $dsc_{t,d,ds}$.

Import- /Exportflüsse[20] BC stellen exogen vorgegebene Gasflüsse an geografischen Grenzen des Modells dar und sind einem Knoten zugeordnet ($BC_{N_{bc,n}}$). Import- bzw. Exportflüsse werden nur an den geografischen Grenzen des Modells festgelegt, an denen in den nächsten drei bis vier Jahren nicht mit signifikanten Änderungen gegenüber historischen Werten zu rechnen ist. Der Parameter ist der

- Gasfluss an geografischen Grenzen des Modells $bcq_{t,bc}$.

5.4.2 Variablen

Im Folgenden werden die im Modell verwendeten Variablen beschrieben. Im Modell sind die Variablen für Gasflüsse, Ein- und Ausspeicherraten sowie Produktion in täglicher Auflösung dargestellt. Aufgrund der monatlichen Auflösung der Eingangsdaten wird das Modell in monatlicher Auflösung gerechnet. Alle Werte für die Tage innerhalb eines Monats sind daher gleich. In der Zielfunktion werden die täglichen Werte mit der Anzahl der Tage je Monat multipliziert. Auf diese Weise wird die unterschiedliche Länge der Monate berücksichtigt. Eine Pipeline mit einer Kapazität von 1 GW kann im Oktober 744 GWh, im November 720 GWh und im Februar 672 GWh transportieren (in einem Schaltjahr sind es im Februar 696 GWh).

Der tägliche Gasfluss je Pipeline und Zeitsegment ist die Summe aus dem Fluss *Spotgas* und dem Fluss *Gas aus Langfristverträgen*. Da die Pipelines gerichtet sind,

---

[20]englisch *boundary condition*

werden Flüsse in Hauptflussrichtung und Gegenstromrichtung unterschieden. Welche Richtung als *Hauptflussrichtung* bezeichnet wird, ist dem Modell vorgegeben und muss daher nicht zwangsläufig der realen Hauptflussrichtung entsprechen[21]. Zu einem bestimmten Zeitpunkt kann das Gas nur in eine Richtung fließen; entgegengerichtete Flüsse werden saldiert. Für die Kapazitätsrestriktion ist der resultierende physische Gasfluss entscheidend. Gasflüsse werden im Modell durch vier Variablen abgebildet:

- Fluss Spotgas in Hauptflussrichtung $UqF_{t,p}$,

- Fluss Spotgas in Gegenstromrichtung $UqB_{t,p}$,

- Fluss Gas aus Langfristvertrag in Hauptflussrichtung $LtcqF_{t,p,ltc}$,

- Fluss Gas aus Langfristvertrag in Gegenstromrichtung $LtcqB_{t,p,ltc}$.

Zum Ausgleich von Nachfrageschwankungen werden Gasspeicher eingesetzt. Gas kann mit unterschiedlicher Geschwindigkeit eingespeichert oder ausgespeichert werden. Die Speicherfüllstände können innerhalb der definierten Grenzen schwanken. Variablen der Speicher sind demnach:

- der Füllstand am Ende eines Zeitsegments $Sq_{t,s}$,

- die Einspeicherrate $SqI_{t,s}$[22],

- die Ausspeicherrate $SqW_{t,s}$[23].

Die Produktion von Gas wird im Modell unterschieden nach Gasmengen, die über Langfristverträge geliefert werden und Gasmengen, die als Spotgas vermarktet werden. Variablen der Gasproduktion sind:

- die Produktion Spotgasmengen $Uq_{t,u}$,

- die Produktion von Gas für Langfristverträge $Ltcq_{t,ltc}$.

Wenn der Käufer aus einem Langfristvertrag nicht die Mindestmenge[24] je Gaswirtschaftsjahr abnimmt, muss er dennoch die Mindestmenge bezahlen. Der Käufer

---

[21]Teilweise ist die Definition der Hauptflussrichtung in eine bestimmte Richtung auch gewählt, um die Auswertung von Gasflüssen von Land zu Land zu vereinfachen.

[22]Die Abkürzung I ist in Anlehnung an das englische Wort *inject* für einspeichern gewählt.

[23]Die Abkürzung W ist in Anlehnung an das englische Wort *withdraw* für ausspeichern gewählt.

[24]Diese sogenannte Take-or-Pay-Menge oder *minimum bill* beträgt üblicherweise 80 % der vereinbarten Jahresmenge.

versucht daher, die Mindestabnahmeverpflichtung zu erfüllen. In der Realität können solche Abnahmeverpflichtungen in Langfristverträgen auch zwischen Abnehmern und Produzenten nachverhandelt werden. Zu viel oder zu wenig bezogene Gasmengen werden dann im Folgejahr ausgeglichen (*carry forward* oder *make up*)[25]. Im Modell sind *carry forward* oder *make up* nicht berücksichtigt. Kann die Mindestabnahmeverpflichtung nicht eingehalten werden, wird dies durch die folgende Variable beschrieben:

- die Unterschreitung der Mindestabnahmeverpflichtung $LtcTopq_{ty,ltc}$.

Eine grundlegende Idee des Modells ist, dass stets die exogen vorgegebene Nachfrage nach Gas gedeckt werden muss. Im Normalfall wird die Nachfrage komplett befriedigt. Das Modell hat aber auch die Möglichkeit, die Nachfrage innerhalb gegebener Grenzen zu reduzieren. Dadurch werden abschaltbare Verbraucher abgebildet. Ab einer bestimmten Preisschwelle stellen einige Kundensegmente auf alternative Brennstoffe (z. B. Heizöl) um oder vermindern ihre Nachfrage, beispielsweise durch Verlagerung von industriellen Produktionsprozessen. Variablen der Nachfrage sind damit:

- die befriedigte Nachfrage $Dq_{t,d}$,

- die Nachfragereduktion je Nachfragesegment $Dsq_{t,d,ds}$.

Für die Gesamtausgaben des Systems wird die Variable $TotalCost$ eingeführt, die den Wert der Zielfunktion darstellt.

5.4.3 Zielfunktion

Das Modell $GMod$ ermittelt eine Lösung mit dem Ziel, die Gesamtausgaben des Systems zu minimieren unter Berücksichtigung aller Nebenbedingungen, insbesondere der Deckung der gegebenen Gasnachfrage. Die Gesamtausgaben $TotalCost$ ergeben sich nach Gleichung (5.2) aus der Summe über alle Zeitsegmente t der Ausgaben für Spotgas $UCost_t$, der Transportausgaben für Spotgas $UTransCost_t$, der Ausgaben für Gas aus Langfristverträgen $LtcCost_t$, der Ausgaben für Entry-Entgelte für Gas aus Langfristverträgen in das Liefer-Marktgebiet $LtcEntryCost_t$, der Ausgaben für die Gasspeicherung $SCost_t$ und der Ausgaben für die Nachfragereduktion $DRedCost_t$ multipliziert mit der Dauer der Zeitsegmente dt_t. Ein zusätzlicher Ausgabenblock

---

[25] [vgl. Hosius 2004, S. 44]: „Der Käufer ist aber berechtigt, bezahlte und nicht abgenommene Mengen in einem gewissen Umfang nachträglich zu beziehen."

sind die Ausgaben für die Unterschreitung von Mindestabnahmeverpflichtungen aus Langfristverträgen (Take-or-Pay) $LtcTopCost_{t,ty}$.

$$TotalCost = \sum_{t \in T} dt_t \cdot \begin{pmatrix} UCost_t \\ + \ UTransCost_t \\ + \ LtcCost_t \\ + \ LtcEntryCost_t \\ + \ SCost_t \\ + \ DRedCost_t \end{pmatrix} + LtcTopCost_{ty} \tag{5.2}$$

Die Ausgaben für Spotgas berechnen sich gemäß Gleichung (5.3) aus den Mengen multipliziert mit dem Spotpreis je Zeitsegment.

$$UCost_t = \sum_{u \in U} Uq_{t,u} \cdot uc_{t,u} \qquad \forall t \in T \tag{5.3}$$

Die Transportausgaben für Spotgas ergeben sich aus der Summe aller transportierten Mengen multipliziert mit den Transportentgelten nach Gleichung (5.4).

$$UTransCost_t = \sum_{p \in P} \left(UqF_{t,p} \cdot pcf_{t,p} + UqB_{t,p} \cdot pcb_{t,p} \right) \qquad \forall t \in T \tag{5.4}$$

Die Ausgaben für Gas aus Langfristverträgen errechnen sich aus den Mengen aus Langfristverträgen mal den Preisen (Gleichung (5.5)).

$$LtcCost_t = \sum_{ltc \in Ltc} Ltcq_{t,ltc} \cdot ltcc_{t,ltc} \qquad \forall t \in T \tag{5.5}$$

Die Ausgaben für Entry-Entgelte für Gas aus Langfristverträgen in die Liefer-Marktgebiete (Menge der Knoten $LTC_{N_{ltc,n}}$) werden nach Gleichung (5.6) ermittelt.

$$LtcEntryCost_t = \sum_{(ltc,n) \in LTC_{N_{ltc,n}}} \sum_{\substack{(ltc,p) \in LTC_{P_{ltc,p}} \\ (p,n) \in P_{NEND_{p,n}} \cup P_{NSTART_{p,n}}}} \begin{pmatrix} LtcqF_{t,p,ltc} \cdot pcf_{t,p} \\ + LtcqB_{t,p,ltc} \cdot pcb_{t,p} \end{pmatrix} \forall t \in T \tag{5.6}$$

Die Ausgaben für Gasspeicherung ergeben sich gemäß Gleichung (5.7) aus Ausspeicherrate mal Ausspeicherentgelt.

$$SCost_t = \sum_{s \in S} SqW_{t,s} \cdot scw_{t,s} \qquad \forall t \in T \tag{5.7}$$

Durch die Nachfragereduktion werden abschaltbare Verbraucher abgebildet. Die Ausgaben für die Nachfragereduktion berechnen sich nach Gleichung (5.8).

$$DRedCost_t = \sum_{ds \in DS} Dsq_{t,d,ds} \cdot dsc_{t,d,ds} \qquad \forall t \in T \qquad (5.8)$$

Die Ausgaben für die Unterschreitung von Mindestabnahmeverpflichtungen aus Langfristverträgen $LtcTopCost$ werden berechnet aus der zu wenig bezogenen Menge Gas $LtcTopq_{ty,ltc}$ mal dem mittleren Vertragspreis (Gleichung (5.9)).

$$LtcTopCost_{ty} = \sum_{ty \in TY} \sum_{ltc \in LTC} LtcTopq_{ty,ltc} \cdot \frac{\sum (ltcc_{ty,ltc} \cdot dt_t)}{\sum dt_t} \quad \forall (t,ty) \in T_{TY_{t,ty}} \ (5.9)$$

5.4.4 Nebenbedingungen

Nebenbedingungen bilden die technischen und ökonomischen Restriktionen von Gasproduktion, Langfristverträgen, Gasspeichern und Flüssen im Gastransportsystem ab. Von den realen Gegebenheiten wird dabei auf ein vertretbares Maß abstrahiert. Grundüberlegungen bei der Modellerstellung sind zum einen die Verfügbarkeit der Daten und zum anderen der Einfluss der Modellgenauigkeit auf die Modellergebnisse.

Knoten-Bilanzgleichungen

An jedem Knoten muss die Summe aus Gasproduktion, Verbrauch, Ein- und Ausspeicherung und Lieferungen zum und vom Knoten im Gleichgewicht sein. Ebenso muss an den Transitknoten der Langfristverträge der Saldo je Langfristvertrag aus zum Knoten transportierter Menge und vom Knoten weg transportierter Menge null ergeben. Dies gilt nicht am Endknoten (Liefer-Marktgebiet) eines Langfristvertrages.

Die Gasbilanz an den Knoten ergibt sich nach Gleichung (5.10).

$$\sum_{(u,prd) \in U_{PRD_{u,prd}}} \sum_{(prd,n) \in PRD_{N_{prd,n}}} Uq_{t,u} \; + \sum_{(ltc,n) \in LTC_{N_{ltc,n}}} Ltcq_{t,ltc} \; + \sum_{(s,n) \in S_{N_{s,n}}} (SqW_{t,s} - SqI_{t,s})$$

$$+ \sum_{(p,n) \in P_{NEND_{p,n}}} (UqF_{t,p} - UqB_{t,p}) \; + \sum_{(bc,n) \in BC_{N_{bc,n}}} bcq_{t,bc}$$

$$= \sum_{(d,n) \in D_{N_{d,n}}} Dq_{t,d} \; + \sum_{(p,n) \in P_{NSTART_{p,n}}} (UqF_{t,p} - UqB_{t,p})$$

$$\forall t \in T; \, \forall n \in N$$

$$(5.10)$$

Die Gasbilanz für Langfristverträge wird durch Gleichung (5.11) sichergestellt. An einem Knoten, der Startpunkt eines Langfristvertrages ist, muss die Gasproduktion für den Langfristvertrag gleich dem Gasfluss des Langfristvertrages vom Knoten weg sein. An Transitknoten muss entsprechend der Gasfluss im Langfristvertrag zum Knoten hin gleich dem Gasfluss im Langfristvertrag weg vom Knoten sein. Berücksichtigt werden nur die Pipelines p, die von einem Langfristvertrag ltc genutzt werden können ($LTC_{P_{ltc,p}}$). Die Gleichung gilt nicht am Übergabepunkt eines Langfristvertrages ($LTC_{N_{ltc,n}}$), an dem dieser endet.

$$\sum_{(ltc,prd)\in LTC_{PRD_{ltc,prd}}} \sum_{(prd,n)\in PRD_{N_{prd,n}}} Ltcq_{t,ltc} \quad + \sum_{(p,n)\in P_{NEND_{p,n}}} (LtcqF_{t,p,ltc} - LtcqB_{t,p,ltc})$$

$$= \sum_{(p,n)\in P_{NSTART_{p,n}}} (LtcqF_{t,p,ltc} - LtcqB_{t,p,ltc})$$

$$\forall (t\in T,\ n\in N,\ ltc\in LTC)\ mit\ (ltc,p)\in LTC_{P_{ltc,p}} \wedge (ltc,n)\notin LTC_{N_{ltc,n}}$$

$$(5.11)$$

Kapazitätsrestriktionen der Pipelines und LNG-Terminals

Die saldierten Gasmengen, die durch eine Pipeline transportiert werden, müssen zu jedem Zeitpunkt kleiner als die Kapazität der Pipeline sein. Eine Pipeline kann entweder in Hauptfluss- oder in Gegenstromrichtung betrieben werden. LNG-Terminals sind modelltechnisch eine Untermenge der Pipelines. Sie haben eine Kapazität von null in Gegenstromrichtung, da im Modell nur Regasifizierungsanlagen (Import), aber keine Verflüssigungsanlagen (Export) berücksichtigt werden. Der saldierte Gasfluss in Hauptfluss- oder Gegenstromrichtung wird durch die Pipelinekapazität beschränkt (Ungleichungen (5.12) und (5.13)).

$$UqF_{t,p} \ - \ UqB_{t,p} \quad + \sum_{(ltc,p)\in LTC_{P_{ltc,p}}} (LtcqF_{t,p,ltc} - LtcqB_{t,p,ltc})$$

$$\leq pcapf_{t,p}$$

$$\forall t\in T;\ \forall p\in P$$

$$(5.12)$$

$$UqB_{t,p} \ - \ UqF_{t,p} \quad + \sum_{(ltc,p)\in LTC_{P_{ltc,p}}} (LtcqB_{t,p,ltc} - LtcqF_{t,p,ltc})$$

$$\leq pcapb_{t,p}$$

$$\forall t\in T;\ \forall p\in P$$

$$(5.13)$$

Restriktionen und Bilanzgleichung der Gasspeicher

Durch die Ungleichung (5.14) wird sichergestellt, dass die Einspeicherrate eines Gasspeichers stets kleiner ist als die verfügbare Einspeicherkapazität.

$$SqI_{t,s} \leq scapi_{t,s} \qquad \forall t \in T; \, \forall s \in S \qquad (5.14)$$

Analog muss die Ausspeicherrate eines Gasspeichers stets kleiner sein als die Ausspeicherkapazität (Ungleichung (5.15)).

$$SqW_{t,s} \leq scapw_{t,s} \qquad \forall t \in T; \, \forall s \in S \qquad (5.15)$$

Für Porenspeicher gilt zusätzlich, dass die Ausspeicherrate $SqW_{t,s}$ mit sinkendem Füllstand $Sq_{t,s}$ abnimmt. Bei realen Speichern wird dieser Effekt durch eine Ausspeicherkennlinie beschrieben[26]. Im Modell wird für alle Porenspeicher eine vereinfachte Ausspeicherkennlinie in Anlehnung an reale Speicherkennlinien angenommen (siehe Abbildung 5.3). Bis zu einem Füllstand von $\frac{2}{3}$ des Arbeitsgasvolumens steht die volle Ausspeicherkapazität zur Verfügung, danach nimmt die Ausspeicherrate linear ab bis auf ein Niveau von 20 % der maximalen Ausspeicherkapazität (Ungleichung (5.16)).

$$SqW_{t,s} \leq scapw_{t,s} \cdot \left(0,2 + 1,2 \cdot \frac{Sq_{t,s}}{sv_{t,s}} \right) \qquad \forall t \in T; \, \forall s \in S_{PORE_s} \qquad (5.16)$$

Speicher dienen nicht nur dem Ausgleich von saisonalen Schwankungen der Nachfrage, sondern stellen auch ein Element der Versorgungssicherheit dar. Das Modell arbeitet mit perfekter Voraussicht und nutzt alle sich bietenden Optimierungsmöglichkeiten. In der Realität kennen Gasversorgungsunternehmen das zukünftige Verbrauchsverhalten sowie eventuelle Lieferunterbrechungen nicht. Daher setzen sie Gasspeicher nicht nur zur Optimierung, sondern auch als Sicherheitsreserve ein. Um diesem Umstand Rechnung zu tragen, werden dem Modell Mindestfüllstände für Speicher vorgegeben. Diese folgen einem typischen jahreszeitlichen Verlauf (siehe Abschnitt 6.6).

Ungleichung (5.17) stellt sicher, dass der Füllstand $Sq_{t,s}$ eines Speichers immer größer oder gleich dem definierten minimalen Füllstand ist.

$$Sq_{t,s} \geq sqmin_{t,s} \cdot sv_{t,s} \qquad \forall t \in T; \, \forall s \in S \qquad (5.17)$$

Gleichzeitig muss der Speicherfüllstand $Sq_{t,s}$ immer kleiner oder gleich dem maximalen Arbeitsgasvolumen $sv_{t,s}$ sein (Ungleichung (5.18)).

---

[26]Speicherkennlinien werden von Speicherbetreibern teilweise veröffentlicht [vgl. BEB 2006, S. 2].

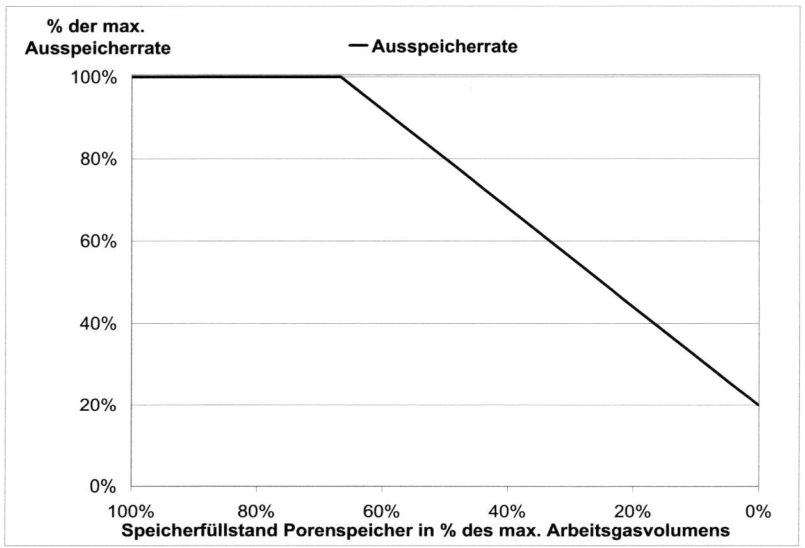

Abbildung 5.3: Ausspeicherrate von Porenspeichern in Abhängigkeit vom Speicherfüllstand (Quelle: Eigene Darstellung)

$$Sq_{t,s} \leq sv_{t,s} \qquad \forall t \in T; \ \forall s \in S \qquad (5.18)$$

Zu Beginn des Modellzeitraums ist der Anfangsfüllstand der Speicher (in Prozent des Arbeitsgasvolumens) gegeben. Der absolute Speicherinhalt zu Beginn wird durch Gleichung (5.19) berechnet. Bestehende Speicher sind im Allgemeinen zu Beginn des Gaswirtschaftsjahres vollständig gefüllt. Im Modellzeitraum neu hinzukommende Speicher sind zunächst leer und werden über die Zeit entsprechend der gegebenen Restriktionen befüllt.

$$Sq_{t,s} = sqi_s \cdot sv_{t,s} \qquad t = t_i; \ \forall s \in S \qquad (5.19)$$

Der Speicherfüllstand am Ende des Berechnungszeitraums des Modells muss gleich dem Endfüllstand des Speichers sein (Gleichung (5.20)). Im Allgemeinen ist der Endfüllstand 100 % des Arbeitsgasvolumens, da im Betrachtungszeitraum keine Speicher außer Betrieb genommen und entleert werden.

$$Sq_{t,s} = sqf_s \cdot sv_{t,s} \qquad t = t_f; \ \forall s \in S \qquad (5.20)$$

Die Bilanzgleichung für Speicher (Gleichung (5.21)) besagt, dass der Füllstand eines Speichers am Ende eines Zeitsegments t (ausgenommen das erste Zeitsegment im Modellzeitraum, siehe Gleichung (5.19)) gleich dem Füllstand am Ende des Zeitsegments $t-1$ plus Einspeicherung minus Ausspeicherung im Zeitsegment t ist.

$$Sq_{t,s} = Sq_{t-1,s} + (SqI_{t,s} - SqW_{t,s}) \cdot dt_t \qquad \forall t \in T \setminus \{t_i\} ; \forall s \in S \tag{5.21}$$

Beschränkungen der Gasproduktion

Die Gasproduktion ist beschränkt durch die Menge, die maximal je Gaswirtschaftsjahr produziert werden kann.

Das jährliche Produktionslimit wird beschrieben durch Ungleichung (5.22).

$$\sum_{(t,ty)\in T_{TY_{t,ty}}} dt_t \cdot \left(\sum_{(u,prd)\in U_{PRD_{u,prd}}} Uq_{t,u} + \sum_{(ltc,prd)\,\in LTC_{PRD_{ltc,prd}}} Ltcq_{t,ltc} \right)$$
$$\leq prdqamax_{ty,prd}$$
$$\forall ty \in TY; \ \forall prd \in PRD \tag{5.22}$$

Zusätzlich ist die Flexibilität der Produktion beschränkt durch die maximale und minimale tägliche Produktion. Durch diese Restriktionen wird der *Swing* der Produktion abgebildet (vgl. Abschnitt 3.1.1). Die maximale und minimale tägliche Produktion werden in Prozent der maximalen Jahresmenge dividiert durch die Anzahl der Tage im Jahr ausgedrückt.

Die Ungleichungen (5.23) und (5.24) beschränken die maximale und minimale tägliche Produktion.

$$\sum_{(u,prd)\in U_{PRD_{u,prd}}} Uq_{t,u} + \sum_{(ltc,prd)\,\in LTC_{PRD_{ltc,prd}}} Ltcq_{t,ltc} \leq prdqdmax_{ty,prd} \tag{5.23}$$
$$\forall (t,ty) \in T_{TY_{t,ty}}; \ \forall ty \in TY; \ \forall prd \in PRD$$

$$\sum_{(u,prd)\in U_{PRD_{u,prd}}} Uq_{t,u} + \sum_{(ltc,prd)\,\in LTC_{PRD_{ltc,prd}}} Ltcq_{t,ltc} \geq prdqdmin_{ty,prd} \tag{5.24}$$
$$\forall (t,ty) \in T_{TY_{t,ty}}; \ \forall ty \in TY; \ \forall prd \in PRD$$

Einschränkungen der Langfristverträge

Die Jahresmenge $ltcacq_{ty,ltc}$ stellt die maximale Abnahmemenge eines Langfristvertrages dar (Ungleichung (5.25)).

$$\sum_{(t,ty)\in T_{TY_{t,ty}}} Ltcq_{t,ltc} \cdot dt_t \leq ltcacq_{ty,ltc} \tag{5.25}$$

$$\forall ty \in TY; \ \forall ltc \in LTC$$

Die absolute Mindestabnahmeverpflichtung (Take-or-pay-Menge) ergibt sich aus der Jahresmenge $ltcacq_{ty,ltc}$ mal der Mindestabnahmeverpflichtung $ltctop_{ty,ltc}$, die in Prozent der Jahresmenge ausgedrückt wird. Die Variable $LtcTopq_{ty,ltc}$ stellt die Unterschreitung der Mindestabnahmeverpflichtung dar. Ungleichung (5.26) beschreibt diesen Zusammenhang. Die Ungleichung ist im Normalfall mit Gleichheit erfüllt, da auch nicht abgenommene Mengen unterhalb der Take-or-pay-Menge bezahlt werden müssen und der Wert der Variablen $LtcTopq_{ty,ltc}$ in die zu minimierenden Gesamtausgaben $TotalCost$ eingeht (siehe Gleichung (5.2)).

$$\sum_{(t,ty)\in T_{TY_{t,ty}}} Ltcq_{t,ltc} \cdot dt_t \ + \ LtcTopq_{ty,ltc} \geq ltcacq_{ty,ltc} \cdot ltctop_{ty,ltc}$$
$$\forall ty \in TY; \ \forall ltc \in LTC \tag{5.26}$$

Zusätzlich wird die Flexibilität der Langfristverträge durch die maximale und minimale tägliche Abnahmemenge beschränkt (*Swing*). Die täglich bezogene Gasmenge eines Langfristvertrages $Ltcq_{t,ltc}$ muss dabei kleiner bzw. größer als die Jahresmenge $ltcacq_{ty,ltc}$ dividiert durch die Zahl der Tage im Gaswirtschaftsjahr $days_{ty}$ mal dem Swing-Faktor $ltcmax_{t,ltc}$ bzw. $ltcmin_{t,ltc}$ sein (Ungleichungen (5.27) und (5.28)).

$$Ltcq_{t,ltc} \leq \frac{ltcacq_{ty,ltc}}{days_{ty}} \cdot ltcmax_{t,ltc} \tag{5.27}$$

$$\forall (t,ty) \in T_{TY_{t,ty}}; \ \forall ty \in TY; \ \forall ltc \in LTC$$

$$Ltcq_{t,ltc} \geq \frac{ltcacq_{ty,ltc}}{days_{ty}} \cdot ltcmin_{t,ltc} \tag{5.28}$$

$$\forall (t,ty) \in T_{TY_{t,ty}}; \ \forall ty \in TY; \ \forall ltc \in LTC$$

Nachfragerestriktionen

Die befriedigte Nachfrage $Dq_{t,d}$ plus die eventuelle Nachfragereduktion $Dsq_{t,d,ds}$ muss gleich der Nachfrage sein (Gleichung (5.29)). Die Nachfragereduktion wird über alle Nachfragesegmente DS aufsummiert bis zur Anzahl der Nachfragesegmente $dsno_d$.

$$Dq_{t,d} \;+\; \sum_{ds \leq dsno_d} Dsq_{t,d,ds} \;=\; dm_{t,d} \tag{5.29}$$

$\forall t \in T; \; \forall d \in D$

Die Ungleichung (5.30) stellt sicher, dass die reduzierte Nachfrage (Unterbrechung von Verbrauchern) kleiner ist als die mögliche Nachfragereduktion.

$$Dsq_{t,d,ds} \;\leq\; dred_{t,d,ds} \tag{5.30}$$

$\forall t \in T; \; \forall d \in D; \; \forall ds \leq dsno_d$

Nach der mathematischen Beschreibung des Gastransportmodells folgt im nächsten Kapitel die Vorstellung des Modellaufbaus und der verwendeten Datenquellen.

Kapitel 6

Modellaufbau und Datenbasis

In diesem Kapitel wird die Abbildung des realen Gastransportnetzes im Modell vorgestellt. Dabei wird erläutert, wie die realen Pipelines in die Modelltopologie überführt werden. Weiter wird im Einzelnen auf die verwendete Datenbasis für die verschiedenen Modellparameter eingegangen.

Die Datenhaltung des Modells $GMod$ ist mit einer Standardsoftware für Tabellenkalkulation[1] realisiert. Die Detailtiefe der verwendeten Daten orientiert sich an den Anforderungen des Modells, aber auch an den zur Verfügung stehenden Datenquellen. Es scheint wenig sinnvoll ein extrem detailliertes Modell aufzustellen, wenn dafür keine realen Daten verfügbar sind.

6.1 Annahmen

Dem Modell liegen die folgenden Annahmen zugrunde:

1. Langfristige Importverträge bleiben in Kraft.

   Viele Langfristverträge wurden im Jahr 2006 verlängert. So hat beispielsweise die E.ON Ruhrgas langfristige Lieferverträge mit Gazprom verlängert und neue Lieferverträge bis 2036 abgeschlossen[2]. Die Führung von Gazprom betont auch, „dass langfristige Lieferverträge die Basis von Gazproms Export-Geschäft" seien [zit. n. Energate (Red.) 2006b, S. 2]. „..., Gazexport believes that long-term gas supply contracts are the only guarantee of reliable deliveries to Europe and they should remain, therefore, the basis of Russian gas exports and the foundation of gas business in a liberalized market" [Gazprom Export 2007].

---

[1] Microsoft Excel 2002
[2] [Heren Energy (Red.) 2006b], [Energate (Red.) 2006a], [Dow Jones (Red.) 2006]

2. Ölpreise bestimmen direkt über Indexierung oder indirekt die Gaspreise.

Im betrachteten Zeitraum (bis 2010) ist ein Ende der Öl-Indexierung von Langfristverträgen nicht absehbar [vgl. CERA 2005, S. 10]. Zum einen zeigen Gasproduzenten kein Interesse an einer Abschaffung der Ölpreisbindung[3]. Zum anderen werden sich Gaspreise auch ohne eine explizite Bindung an den Preisen für Ölprodukte orientieren, da diese die Konkurrenzprodukte darstellen. Auch ein Teil der deutschen Gaswirtschaft vertritt die Meinung, die Ölpreisbindung solle beibehalten werden[4]. Die Ölpreisbindung wird also weder von Seite der Produzenten noch der Importeure in Frage gestellt[5]. Auch staatliche Institutionen gehen davon aus, dass Gaspreise größtenteils durch Langfristverträge auf der Basis von Ölprodukten bestimmt werden. Die belgische Regulierungsbehörde CREG beispielsweise schreibt dazu: „Actuellement, le prix de la molécule de gaz est toujours pour la plus grande partie déterminé en fonction de contrats long terme basés sur des produits pétroliers ..." [CREG 2006, S. 7 f]. Im Modell wird daher eine Kopplung des Gaspreises an die Preise von Konkurrenzenergieträgern (Schweröl, Leichtöl, z. T. Kohle) angenommen.

3. Der Netzzugang in Deutschland basiert auf dem Entry-Exit-Modell (Zweivertragsvariante).

Neue Netzzugangsverträge dürfen in Deutschland nur noch auf Basis der Zweivertragsvariante abgeschlossen werden. Die sogenannte *Einzelbuchungsvariante* ist nach der Entscheidung der Bundesnetzagentur vom 17.11.2006 unzulässig [BNetzA 2006b]. Mit dem Ablauf der Einspruchsfrist im Dezember 2006 ist die Entscheidung bestandskräftig [BNetzA 2006c].

4. Die einheimische Gasförderung geht zurück.

Alle Statistiken über die deutsche Gasförderung zeigen einen Rückgang der Fördermengen[6].

---

[3] „The leading exporters to Europe have made clear their preference for continued use of oil indexation" [Stoppard u. Srinivasan 2007, S. 7].

[4] „Die Preisbildung in langfristigen Importverträgen muss nach Auffassung der Gaswirtschaft auch künftig den Gegebenheiten der Beschaffungsmärkte Rechnung tragen. Die 'Ölpreisbindung' hat sich hierfür bewährt" [Beckervordersandforth u. Nowak 2006, S. 101].

[5] „... there is universal agreement with the proposition that the current major exporters and incumbent importers are 'comfortable' with traditional oil price linkage and are certainly not in a hurry to see it disappear" [Stern 2007, S. 23].

[6] vgl. [Pasternak et al. 2006, S. 32 ff] oder die Angaben des Wirtschaftsverbands Erdöl- und Erdgasgewinnung [WEG 2007]

5. Neue Infrastruktur, die bis 2010 in Betrieb geht, ist bereits heute bekannt.

Infrastrukturprojekte, wie der Bau von Transportpipelines, Gasspeichern oder LNG-Terminals, haben eine Vorlaufzeit von mehreren Jahren [vgl. Cerbe et al. 2004, S. 168]. „Der Planung neuer Leitungsverbindungen oder Speicheranlagen geht ein langer Entscheidungsprozess voraus. Eine Anpassung der Kapazität erfolgt daher nur langfristig" [Dörband 2005, S. 96]. Daher kann davon ausgegangen werden, dass bis 2010 keine Projekte mehr realisiert werden können, die 2007 noch nicht in der konkreten Planung sind. Das Modell enthält daher keine endogenen Zubauoptionen.

Die getroffenen Annahmen sind in der Gaswirtschaft weithin anerkannt. Sie stellen somit eine valide Basis für ein Mittelfristmodell dar.

6.2 Einheiten

Im Modell wird für Arbeit (Energiemenge) die Einheit GWh und für Leistung (Kapazität) die Einheit GW verwendet. Vor Aufruf eines Optimierungslaufs werden alle Volumeneinheiten von m^3 in GWh und alle Kapazitätseinheiten, die in m^3/h vorliegen, in GW umgerechnet[7]. Für die Umrechnung von Volumen in Energie werden Referenzbrennwerte verwendet (siehe Tabelle 6.1).

Die Verwendung volumetrischer Einheiten ist generell problematisch, da in der Gasindustrie zwei verschiedene Definitionen eines *Kubikmeters* existieren .

Oft werden Gasmengen nur in m^3 angegeben, ohne zu präzisieren, ob die Einheit sich auf Norm- oder Standardbedingungen bezieht. Üblicherweise wird in der Europäischen Union, mit Ausnahme Großbritanniens [vgl. Wright 2006, S. 115], die Einheit *Normkubikmeter* (Nm^3) verwendet, oft auch in der Schreibweise $m^3_{(n)}$. In den USA, Großbritannien und Norwegen wird dagegen die Einheit *Standardkubikmeter* (scm) benutzt. Die International Energy Agency (IEA) veröffentlicht alle Daten zu Gasmärkten in der Einheit scm. Gleichzeitig gibt die IEA die Daten auch in TJ an. Damit ist eine eindeutige Umrechnung in GWh möglich.

Volumetrische Einheiten werden mit Referenzbrennwerten, die von den jeweiligen Netzbetreibern veröffentlicht werden (siehe Tabelle 6.1), in Energieeinheiten umgerechnet. Der tatsächliche Brennwert kann um den Referenzbrennwert schwanken. Manche Netzbetreiber geben daher minimale und maximale Brennwerte an. Die

---

[7]Daten werden in den Einheiten gesammelt und im Modell eingegeben, in denen sie publiziert werden. Im Modell werden die Daten dann in die Einheiten umgerechnet, die im Optimierungslauf verwendet werden.

veröffentlichten Referenzbrennwerte sind stellenweise nicht konsistent. An manchen Koppelstellen gibt der eine Netzbetreiber einen anderen Brennwert als der angrenzende Netzbetreiber an. Aus Vorsichtsgründen wird in diesen Fällen stets der niedrigere Brennwert verwendet, um Transportkapazitäten nicht zu überschätzen. In der Realität kann der Brennwert an einem Punkt im Zeitverlauf schwanken, wenn sich die Mischung des an diesem Punkt transportierten Gases verändert. Im vorliegenden Mittelfristmodell wird die Annahme getroffen, dass der Referenzbrennwert an einem Knoten im Modellzeitraum gleich bleibt. Diese Annahme wird durch das Ergebnis gestützt, dass sich in den Modellläufen keine fundamentalen Verschiebungen zwischen den Gasquellen ergeben. Somit kann davon ausgegangen werden, dass mittelfristig die Mischungsverhältnisse und damit die Brennwerte relativ stabil bleiben.

Als Währungseinheit wird im Modell durchgängig Euro verwendet. Preise und Tarife in britischen Pfund oder US-Dollar werden in Euro umgerechnet. Für die Vergangenheit werden dafür monatliche Durchschnitte der Spotwechselkurse und für die Zukunft Terminwechselkurse verwendet.

Name im Modell	Marktgebiet bzw. Produktion	Referenzbrennwert in kWh/Nm^3
BY	Südbayern	11,2
BEBH	H-Gas Norddeutschland	11,8
BEBL	L-Gas Norddeutschland, deutsche L-Gas Produktion	9,8
EGTN	E.ON GT H-Gas Nord	11,8
EGTM	E.ON GT H-Gas Mitte	11,6
EGTS	E.ON GT H-Gas Süd	11,2
EGTL	E.ON GT L-Gas	10,1
EGMT	Erdgas Münster Transport, deutsche L-Gas Produktion	9,8
EWE	Verbundnetz Ems-Weser-Elbe	9,8
GU	Gas-Union Transport	11,2
GDFD	Gaz de France Deutschland	11,2
GVS	GVS-ENI D	11,2
VNG	ONTRAS	11,2
RWEN	RWE I (H-Gas Nord)	11,6
RWEL	RWE II (L-Gas)	10,0
RWES	RWE III (H-Gas Süd)	11,6
WIN1	WINGAS TRANSPORT I	11,2
WIN2	WINGAS TRANSPORT II	11,2
WIN3	WINGAS TRANSPORT III	11,2
GTSH	Niederländische H-Gas Produktion	11,4
GTSL	Niederländische L-Gas Produktion	9,8
PEGSW	Französische Produktion	12,0
NBP	Britische Produktion	11,6
NOR	Norwegische Produktion	11,8
RUS	Russische Produktion	11,2
LNG	Liquefied Natural Gas	11,7

Tabelle 6.1: Referenzbrennwerte in Marktgebieten und an Produktionsknoten (Quelle: Eigene Zusammenstellung nach Angaben der Netzbetreiber)

6.3 Modelltopologie

Das Modell besteht aus Knoten, die mit Pipelines oder über LNG-Terminals verbunden sind. Grundsätzlich ist die Modelltopologie flexibel, so dass sowohl Knoten als auch Pipelines oder LNG-Terminals durch den Anwender entfernt oder hinzugefügt werden können. Das Modell enthält keine endogenen Zubauoptionen.

Das Referenzszenario (REF) bildet den Status Quo des deutschen Gasmarktes zu Beginn[8] des Gaswirtschaftsjahres 2006/2007 ab. Der deutsche Markt ist in 19 Marktgebiete eingeteilt. In 14 Marktgebieten wird H-Gas geliefert, in fünf Marktgebieten L-Gas (siehe Tabelle 6.2). Die Definition der Markgebiete basiert auf den Erhebungsergebnissen zur Bildung von Marktgebieten, die von den Verbänden BGW und VKU veröffentlicht werden [BGW u. VKU 2007].

Die Marktgebiete sind über Koppelpunkte untereinander und mit ausländischen Transportleitungen verbunden. H-Gas Gebiete sind mit L-Gas Gebieten durch Gasmischanlagen verbunden, an denen Konvertierungskapazitäten von H-Gas zu L-Gas bestehen. Umgekehrt existieren keine Kapazitäten von L-Gas zu H-Gas. Abbildungen 6.1 und 6.2 zeigen die geografische Anordnung der deutschen H-Gas und L-Gas Marktgebiete. In der Realität überlappen diese Marktgebiete geografisch, wobei aber jeder Ausspeisepunkt und damit jeder Verbraucher nur einem Marktgebiet zugeordnet ist [vgl. BGW 2007].

6.4 Angebot

Das Modell umfasst die Gasproduktion der Länder Norwegen, Russland, Großbritannien, Niederlande, Deutschland und Frankreich sowie LNG-Importe aus Algerien, Nigeria sowie den Golfstaaten[9]. Die Zahlenwerte für das norwegische Gasangebot basieren auf den Angaben des norwegischen Öl- und Energieministeriums [MPE 2006]. Für die russischen Angebotsmengen wird die Annahme getroffen, dass das Unternehmen Gazexport, das ein staatlich garantiertes Monopol für Gasexporte aus Russland hat, im Betrachtungszeitraum nur im Rahmen von Langfristverträgen Gas in die Modellregionen liefert. Importe aus Russland sind daher auf die für die Modellregionen bestimmten Gasmengen beschränkt. D. h. das Produktionslimit für Russland entspricht der Summe der Vertragsmengen der Langfristverträge zwischen Russland und den Modellregionen. Die Daten für die britische Produktion stammen von Na-

---

[8]RWE legte zum 1. April 2007 ihre H-Gas Gebiete zusammen [Energate (Red.) 2007b].
[9]Daten zur Gasproduktion weltweit finden sich auch in [BP 2006, S. 24].

Name im Modell	Marktgebietsname	Betreiber	Gas- qualität
BY	Südbayern	Bayerngas	H-Gas
BEBH	H-Gas Norddeutschland	BEB, Dangas, Statoil, Hydro	H-Gas
BEBL	L-Gas Norddeutschland	BEB, ExxonMobil	L-Gas
EGTN	E.ON GT H-Gas Nord	E.ON Gastransport	H-Gas
EGTM	E.ON GT H-Gas Mitte	E.ON Gastransport	H-Gas
EGTS	E.ON GT H-Gas Süd	E.ON Gastransport	H-Gas
EGTL	E.ON GT L-Gas	E.ON Gastransport	L-Gas
EGMT	EGMT	Erdgas Münster Transport	L-Gas
EWE	Verbundnetz Ems-Weser-Elbe	EWE Netz	L-Gas
GU	Gas-Union Transport	Gas-Union Transport	H-Gas
GDFD	Gaz de France Deutschland Transport	Gaz de France Deutschland Transport	H-Gas
GVS	GVS-ENI D	Gasversorgung Süddeutsch- land, Eni Gas & Power Deutschland	H-Gas
VNG	ONTRAS	Ontras - VNG Gastransport	H-Gas
RWEN	RWE I (H-Gas Nord)	RWE Transportnetz Gas	H-Gas
RWEL	RWE II (L-Gas)	RWE Transportnetz Gas	L-Gas
RWES	RWE III (H-Gas Süd)	RWE Transportnetz Gas	H-Gas
WIN1	WINGAS TRANSPORT I	Wingas Transport	H-Gas
WIN2	WINGAS TRANSPORT II	Wingas Transport	H-Gas
WIN3	WINGAS TRANSPORT III	Wingas Transport	H-Gas

Tabelle 6.2: Deutsche Marktgebiete zu Beginn des Gaswirtschaftsjahres 2006/2007 mit den jeweiligen Transportnetzbetreibern und Gasqualitäten (Quelle: Eigene Zusammenstellung nach [BGW u. VKU 2007])

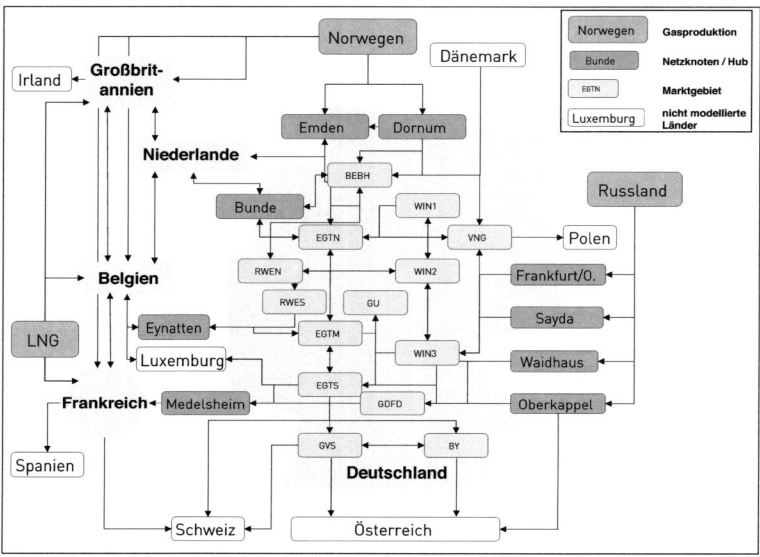

Abbildung 6.1: Modelltopologie H-Gas Netz (Quelle: Eigene Darstellung)

tional Grid, dem Transportnetzbetreiber in Großbritannien [National Grid 2006]. Für niederländische, deutsche und französische Produktion werden Daten der IEA [IEA 2006a] verwendet. Die niederländische Regierung hat die L-Gas Produktion im Groningen-Feld beschränkt. Der sogenannte „Groningen cap" setzt eine Obergrenze für die aggregierten Produktionsmengen der Jahre 2006 bis 2015 [Mulder u. Zwart 2006, S. 23]. Im Modell wird für die niederländische L-Gas Produktion eine maximale Produktionsmenge pro Jahr angenommen, die einem durchschnittlichen jährlichen Cap entspricht. Für die inländische Förderung in Deutschland wurden die Daten zusätzlich mit den Angaben des BGW und des Wirtschaftsverbands Erdöl- und Erdgasgewinnung (WEG) abgeglichen [BGW 2004, 2005, 2006; WEG 2006]. Die französischen Produktionsdaten wurden anhand der Statistiken des französischen Wirtschaftsministeriums verifiziert [Minéfi 2006].

Bei assoziierter Gasproduktion wird Gas zusammen mit Erdöl gefördert. Dadurch ist die Flexibilität der Gasproduktion eingeschränkt. Innerhalb der definierten Grenzen reagiert die Produktion jedoch durchaus auf Preissignale[10]. Der im Modell

---

[10]vgl. dazu die Meldung in [Heren Energy (Red.) 2007, S. 9-10]: „Players underline that

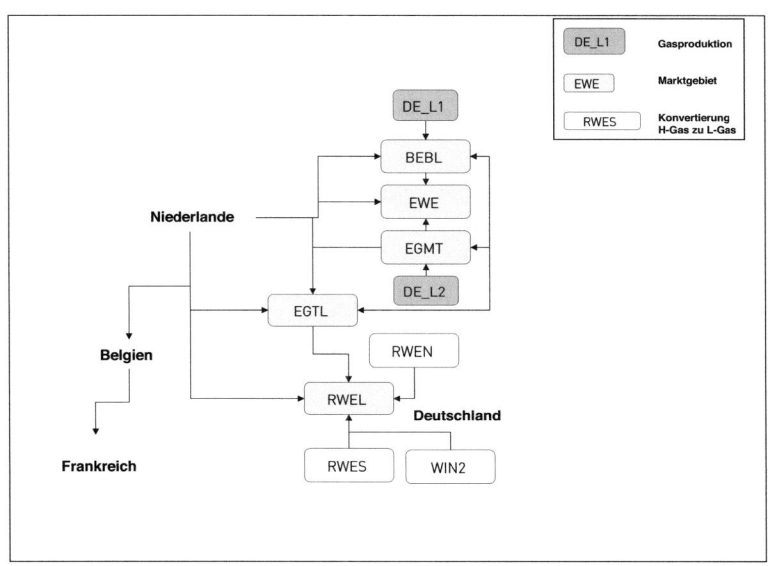

Abbildung 6.2: Modelltopologie L-Gas Netz (Quelle: Eigene Darstellung)

zulässige jährliche *Swing* der Produktion ist aus den verfügbaren monatlichen Produktionsdaten abgeleitet.

Für das Angebot an LNG wird die Annahme getroffen, dass die weltweite Produktionskapazität die Importkapazitäten Europas übersteigt. Daher wird darauf verzichtet, eine bindende Obergrenze für LNG-Produktion im Modell einzuführen. Der Import von LNG in die Modellregionen ist durch die Kapazität der LNG-Terminals (Regasifizierungsanlagen) beschränkt[11].

Das Gasangebot unterteilt sich in Mengen, die über Langfristverträge geliefert werden und Mengen, die direkt auf Spotmärkten verkauft werden. Die im Modell verwendete Liste der Langfristverträge basiert auf einer umfangreichen Datensammlung[12]. Die Summe der Vertragsmengen mit Gazprom bzw. Gazexport, der Export-

Norwegian gas is mainly associated, and therefore generally unresponsive to NBP price movements.(...)However, the reaction of Norwegian producers last week suggests they may have a larger degree of flexibility and perhaps be more price-responsive than many in the market have thus far believed."

[11][vgl. Holz et al. 2005, S. 5]: „LNG imports are bound by regasification capacity."

[12]U. a. wurden Pressemitteilungen, wie z. B. [VNG u. WIEH 2006], [GDF 2006] oder [Energate

gesellschaft für russisches Gas, wurden zusätzlich mit der Summe der Exporte von Gazprom in die Modellregionen abgeglichen [vgl. Stern 2005, S. 110]. Die Differenz zwischen Gesamtangebotsmengen und den Vertragsmengen der Langfristverträge ergibt die Gasmengen, die auf Spotmärkten angeboten werden.

Die Gaspreise im Modell werden aus Ölpreisen abgeleitet [vgl. Burger et al. 2007]. Schweröl (HSL) und leichtes Heizöl (HEL) sind die wichtigsten Produkte in den Preisformeln[13]. Das Bundesamt für Wirtschaft und Ausfuhrkontrolle (BAFA) veröffentlicht Notierungen für HSL und HEL.

6.5 Nachfrage

Daten zur Gasnachfrage außerhalb Deutschlands stammen aus den Statistiken der IEA [IEA 2006a]. Für Deutschland wird auf die Daten des Bundesamts für Wirtschaft und Ausfuhrkontrolle [BAFA 2006, 2007] und die Gasstatistiken, die der BGW jährlich für die Bundesrepublik Deutschland veröffentlicht [BGW 2004, 2005, 2006], zurückgegriffen. Der gesamtdeutsche Gasverbrauch wird auf die einzelnen Marktgebiete aufgeteilt. Dazu werden die Erhebungsergebnisse zur Bildung von Marktgebieten [BGW u. VKU 2007] und die Werte der Gasabgabe der einzelnen Gasversorgungsunternehmen verwendet. Die BGW Gasstatistik führt in Teil B für Orts- und Regionalgasversorgungsunternehmen und in Teil C für Ferngas- und Erdgasfördergesellschaften die Gasabgabe jedes Unternehmens detailliert auf. Wenn ein Gasversorgungsunternehmen nur einem Marktgebiet zugeordnet ist, wird die Gasabgabe dieses Unternehmens der Nachfrage in diesem Marktgebiet zugerechnet. Bei den Unternehmen, die mehreren Marktgebieten zugeordnet sind, bzw. bei denen die Zuordnung noch nicht zwischen den Netzbetreibern abgestimmt ist, werden Annahmen für die Zuordnung getroffen. Dabei werden teilweise auch bekannte Lieferbeziehungen zwischen Transport- und Verteilunternehmen berücksichtigt. Zwangsläufig resultierende Ungenauigkeiten bei der Aufteilung der Gesamtnachfrage auf die Marktgebiete stellen in diesem Fall keine Schwäche des Modellansatzes dar. Sie sind der Tatsache geschuldet, dass auch in der realen Welt die Zuordnung von Kunden zu Marktgebieten noch nicht eindeutig geklärt ist und noch keine Statistiken je Marktgebiet vorliegen. Daten je Bundesland, wie sie der BGW veröffentlicht, können nur Anhaltspunkte liefern, da Marktgebietsgrenzen und Landesgrenzen nicht übereinstimmen.

(Red.) 2006c], ausgewertet.

[13]vgl. [Stern 2007, S. 6] und [Schiffer 2005, S. 300 ff]

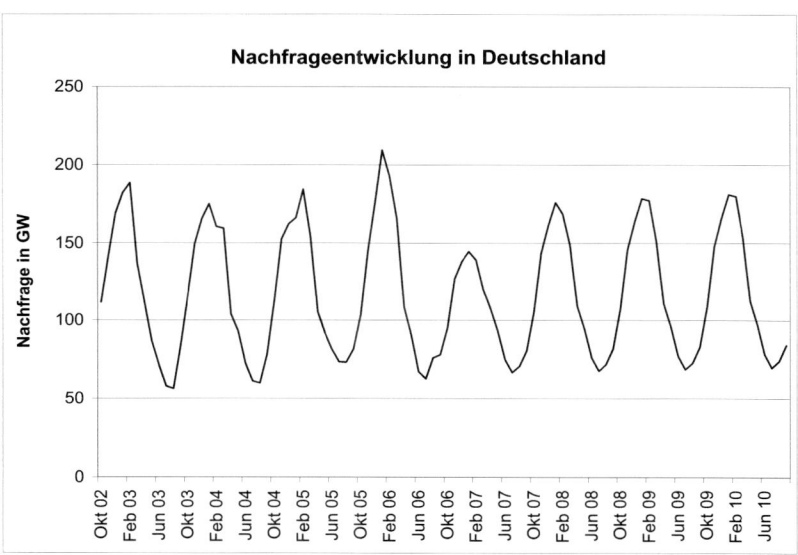

Abbildung 6.3: Gasnachfrage in Deutschland; bis März 2007 veröffentlichte Werte [BAFA 2006, 2007], ab April 2007 angenommene Werte; monatliche Werte in GW (Quelle: Eigene Darstellung)

Es wird angenommen, dass die Nachfrage nach Gas im Modellzeitraum jedes Jahr um 1,5 % steigt. Ausgangsbasis ist dabei ein Gaswirtschaftsjahr mit einem angenommenen normalen Verbrauch. Das Gaswirtschaftsjahr 2006/2007 stellt keinen brauchbaren Vergleichsmaßstab dar, da der Verbrauch aufgrund der milden Witterung außergewöhnlich niedrig war. Der kalte Winter 2005/2006 dagegen führte zu einem sehr hohen Verbrauch. Im angenommenen Nachfragewachstum ist sowohl wachsende Nachfrage von Gaskraftwerken als auch anderer Kundengruppen (Industrie, Haushalte) enthalten[14]. Gleichzeitig wird davon ausgegangen, dass die Nachfrage nach L-Gas stagniert und das gesamte Nachfragewachstum mit H-Gas gedeckt wird. In den

---

[14]Honoré geht von einem Nachfragewachstum in Deutschland von 0,8 % pro Jahr im Nicht-Elektrizitätssektor aus [Honoré 2006]. Auch die IEA geht von einem geringen Wachstum der Gasnachfrage außerhalb des Elektrizitätssektors aus: „Other sectors of the OECD countries' gas market (residential/commercial, industry) are already well developed and in several countries have reached saturation" [vgl. IEA 2006b, S. 34]. Die Nachfrage im Elektrizitätssektor ist die größte Unbekannte [vgl. Perlwitz 2007].

Ländern mit H- und L-Gas (Niederlande, Belgien, Frankreich, Deutschland) liegt das Wachstum der Nachfrage nach H-Gas daher über 1,5 %. Dadurch wird der Umstand abgebildet, dass lokale Verteilnetze und auch einzelne industrielle Verbraucher nach und nach von L-Gas auf H-Gas umstellen [vgl. Energate (Red.) 2007c].

Abbildung 6.3 zeigt die Nachfrageentwicklung in Deutschland in monatlicher Zeitauflösung. Die Werte sind als Leistungswerte in GW dargestellt. Der Einfluss der Witterung auf die Nachfrage ist deutlich zu sehen. Der kalte Winter 2005/2006 führte zu einem deutlichen Anstieg der Nachfrage, wogegen der milde Winter 2006/2007 für einen Rückgang der Nachfrage sorgte.

An den Grenzen zu Irland, Spanien, Luxemburg, Dänemark und der Schweiz werden dem Modell feste Gasflüsse vorgegeben, die auf historischen Flussdaten basieren. Bekannte vertragliche Lieferungen von Norwegen nach Polen, Tschechien und Österreich, bei denen Deutschland Transitland ist, werden ebenfalls als feste Exportflüsse berücksichtigt. Diese rein vertraglichen Lieferungen stellen sogenannte Gegenstromtransporte dar, d. h. physisch fließt kein Gas von Deutschland in diese Länder, sondern sie erhalten Gasmengen, die vertraglich für Deutschland bestimmt sind. Stattdessen werden physische russische Gaslieferungen nach Deutschland reduziert.

6.6 Speicher

Speicherdaten für Deutschland stammen vom Niedersächsischen Landesamt für Bodenforschung [Pasternak et al. 2005] bzw. der Nachfolgerbehörde, dem Landesamt für Bergbau, Energie und Geologie [Pasternak et al. 2006]. Gasspeicher sind im Modell einzeln abgebildet, da jeder Speicher unterschiedliche Ein- und Ausspeisekapazitäten und Arbeitsgasvolumen hat. Die Höhe der Speicherentgelte ist für alle Speicher im Modell gleich. Dies entspricht nicht den realen Gegebenheiten, da Speicherbetreiber sehr unterschiedliche Entgelte verlangen. Bei Modellläufen mit unterschiedlich hohen Speicherentgelten ergeben sich jedoch unrealistische Ergebnisse, da das Modell die teuren Speicher überhaupt nicht einsetzt und stattdessen weiter entfernte Speicher zur Deckung von Nachfragespitzen nutzt. Das Modell optimiert also Ausgaben für Speicher gegen Ausgaben für Transporte. In der Realität sind Speicherkapazitäten jedoch bereits über Jahre hinweg weitgehend ausgebucht[15]. Sie können daher nur

---

[15]Die Bundesnetzagentur schreibt dazu im Monitoringbericht 2006: „Freie Speicherkapazitäten sind nach Auskunft der Untertagespeicherbetreiber jedoch kaum verfügbar. Zu den Stichtagen 01.04.2006, 01.07.2006, 01.10.2006 und 01.01.2007 sind nur rund ein Prozent des Arbeitsgasvolumens der Untertagespeicher buchbar. Etwa die Hälfte der Untertagespeicher haben dabei nach Aussage der Speicherbetreiber überhaupt keine freien Kapazitäten verfügbar. Damit besteht eine

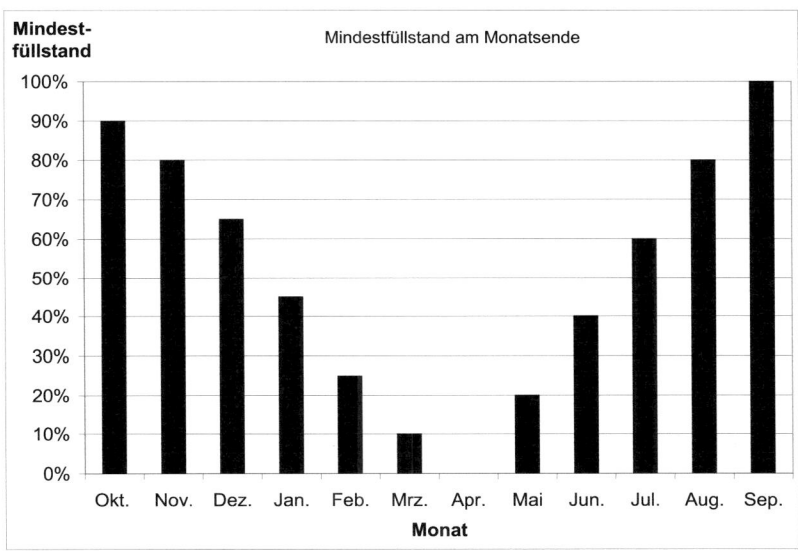

Abbildung 6.4: Mindestfüllstände der Gasspeicher am Ende eines Monats im Modell in Prozent des Arbeitsgasvolumens (Quelle: Eigene Darstellung)

sehr eingeschränkt durch fremde Händler zur Bezugskostenoptimierung eingesetzt werden[16].

Dem Modell werden minimale Speicherfüllstände vorgegeben (siehe Abbildung 6.4). Damit wird dem Umstand Rechnung getragen, dass Gasversorgungsunternehmen Speicher nicht nur zur Optimierung des Gasbezugs einsetzen, sondern Speicher auch ein wichtiges Element der Versorgungssicherheit darstellen. Da das Modell den Verbrauch in der Zukunft kennt (perfekte Voraussicht), würde das Modell Speicher vollständig nutzen, ohne Sicherheitsreserven für unerwartet hohen Verbrauch oder

---

Ausbuchung zu ca. 99 Prozent bis Anfang 2007. Zeitlich darüber hinausgehende Buchungen wurden nicht abgefragt" [BNetzA 2006e, S. 97].

[16]Eine Ausnahme stellt z. B. die Speicherauktion der E.ON Ruhrgas im Februar 2007 dar. Bei dieser Auktion wurden 20 Speicherpakete mit je einer maximalen Ausspeicherleistung von 8.350 Nm^3/h, einem Arbeitsgasvolumen von 10 Mio. Nm^3 und einer maximalen Einspeicherleistung von 2.982 Nm^3/h für das Speicherwirtschaftsjahr 2007/08 (beginnend ab April 2007) auf der Sekundärhandelsplattform „store-x" angeboten [E.ON Ruhrgas 2007b]; [vgl. Lohmann 2007a]. Das angebotene Arbeitsgasvolumen entspricht ca. 1 % des Arbeitsgasvolumens in Deutschland.

Lieferausfälle zu berücksichtigen. Gasspeicher müssen im Modell am Ende eines Gaswirtschaftsjahres am 30. September gefüllt sein. Modellrestriktionen legen ebenso fest, dass Speicher erst zum Ende des Winters im April vollständig geleert werden dürfen.

6.7 Transport

Reale Gastransportnetze bestehen aus Pipelines und Verdichterstationen. Für die Modellrechnungen werden nicht die gesamten technischen Parameter der Netzinfrastruktur (Rohrinnendurchmesser, Eingangs- und Enddruck der Pipelines, Rohrrauigkeit, Verdichterleistung, etc.) benötigt, sondern die technischen Kapazitäten der Pipelines. Verdichterstationen werden nicht abgebildet.

Für einen Außenstehenden ist es realistischerweise nicht möglich, die technischen Kapazitäten wie ein Netzbetreiber zu berechnen. Netzbetreiber verwenden hydraulische Modelle und ihnen stehen alle detaillierten technischen Informationen über Pipelines und Verdichter zur Verfügung. Die genaue Kenntnis der tatsächlichen technischen Kapazität ist für die Zwecke des vorliegenden Modells auch nicht nötig, da Netzbetreiber nur die von ihnen berechnete technische Kapazität anbieten. Die Transportkapazitäten im Modell basieren daher auf Angaben der Netzbetreiber.

Pipelines können im Modell einzeln eingegeben werden oder als aggregierte Werte für die Verbindung zwischen zwei Knoten. Da das Modell für die Optimierung nur mit aggregierten Kapazitäten einer Verbindung zwischen zwei Knoten rechnet, führt dies zum selben Ergebnis. Es bleibt dem Benutzer des Modells überlassen in welcher Genauigkeit Pipelinedaten eingegeben werden. In der Anwendung hat es sich als praktisch erwiesen, Daten möglichst in der Form einzugeben, in der die Daten vorliegen. Wenn Netzbetreiber Kapazitäten einzelner Pipelines veröffentlichen, so sind diese im Modell eingegeben.

Kapazitätsdaten an Koppelstellen zu ausländischen Netzbetreibern stammen von Gas Infrastructure Europe (GIE)[17] [GTE 2005b]. Entgeltdaten werden von den jeweiligen Netzbetreibern angegeben. Für Kapazitäts- und Entgeltdaten innerhalb Deutschlands werden die jeweiligen Veröffentlichungen der Netzbetreiber im Internet herangezogen[18]. Die Gasnetzzugangsverordnung verpflichtet Netzbetreiber, auf ihren Internetseiten netzbezogene Daten zu veröffentlichen [§20 Abs.1 GasNZV 2005].

---

[17] Verband der europäischen Infrastrukturbetreiber

[18] [E.ON Gastransport 2007a, b; Wingas Transport 2006; RWE Transportnetz Gas 2007a, c; BEB 2007a; ONTRAS - VNG Gastransport 2006; bayernets 2007; EGMT 2007; EWE Netz 2007; Gas-Union Transport 2007; GVS 2006; Eni D 2006; GDFDT 2007]

Für LNG-Terminals werden Daten von GIE verwendet [GLE 2005]. Im Modell sind die Terminals Montoir de Bretagne und Fos sur mer (Frankreich), Zeebrugge (Belgien) sowie Isle of Grain, South Hook und Dragon (Großbritannien) berücksichtigt. Die projektierten LNG Terminals in den Niederlanden werden nicht vor 2010 in Betrieb gehen [vgl. Gasunie 2007]. In Deutschland ist in Wilhelmshaven ebenfalls ein LNG-Terminal geplant. Mit einer Inbetriebnahme wird nicht vor 2010 gerechnet [vgl. E.ON Ruhrgas 2007a].

6.8 Berechnungszeitraum

Der Berechnungszeitraum kann für jeden Modelllauf vom Benutzer gewählt werden. Für die in dieser Arbeit behandelte Fragestellung wird ein Berechnungszeitraum vom 1. Oktober 2001 bis 30. September 2010 gewählt. Das Modell geht also vom Jahr 2007 aus gesehen drei Jahre in die Zukunft und stellt damit ein Mittelfristmodell dar. Für die Fragestellung der Marktgebietsaufteilung ist dieser Zeithorizont ausreichend. Nach dem Jahr 2010 werden in Europa einige große Pipelines und verschiedene LNG-Terminals in Betrieb gehen (u. a. die Nord Stream Pipeline). Bei Projekten dieser Größenordnung sind jedoch genaue Fertigstellungstermine mit Unsicherheit behaftet. Mit zunehmendem Erkenntnisgewinn wäre es aber durchaus wünschenswert, den Berechnungszeitraum des Modells auszuweiten. Die technischen Modellvoraussetzungen hierfür sind gegeben.

Der gewählte Berechnungszeitraum von drei Jahren in die Zukunft ergibt sich aus der Verfügbarkeit von Preisdaten, die eine Eingangsgröße des Modells darstellen. In Energiemärkten werden im Allgemeinen Preise für Lieferungen bis zu drei Jahre in die Zukunft quotiert[19]. Die Liquidität der Terminmärkte konzentriert sich auf diesen Zeitraum. Langfristverträge, wie sie in der Gaswirtschaft verbreitet sind, haben längere Laufzeiten (bis zu 30 Jahre). Die Gaspreise in den Langfristverträgen werden durch Preisformeln basierend auf Ölpreisen gebildet. Da auch Ölpreise nur für drei Jahre in der Zukunft vorliegen, lassen sich auch Gaspreise nur für die nähere Zukunft verlässlich abschätzen. Für den Berechnungszeitraum des Mittelfristmodells stehen ausreichende Preisinformationen zur Verfügung. Bei einer Ausweitung des Zeithorizonts müssten dagegen Annahmen über die Preisentwicklung getroffen werden.

[19]An der IntercontinentalExchange (ICE; die ICE hat im Juni 2001 die International Petroleum Exchange (IPE) übernommen) werden Natural Gas Futures für die nächsten zwölf Quartale oder sechs Halbjahre gehandelt [ICE 2007]. An anderen Märkten werden teilweise weiter in der Zukunft liegende Zeiträume quotiert. Die Liquidität nimmt aber am langen Ende deutlich ab.

Kapitel 7

Modellgestützte Analyse der Marktgebietsaufteilung

Mithilfe des in Kapitel 5 und Kapitel 6 vorgestellten Gastransportmodells wird die Frage untersucht, ob eine Reduzierung der Anzahl der Marktgebiete in Deutschland möglich ist. Das Referenzszenario in Abschnitt 7.1 bildet den Status Quo zu Beginn des Gaswirtschaftsjahres 2006/2007 ab. In Abschnitt 7.2 werden exemplarische Ergebnisse des Referenzszenarios dargestellt und anhand bekannter Daten auf Plausibilität geprüft. Die unterschiedlichen Ausprägungen der Szenarien werden in Abschnitt 7.3 erläutert. Abschnitt 7.4 enthält ausgewählte Ergebnisse der Szenarioläufe mit normaler Gasnachfrage. Zusätzlich werden alle Szenarien mit erhöhter Nachfrage gerechnet. Die entsprechenden Ergebnisse sind in Abschnitt 7.5 dargestellt. Abschließend folgt in Abschnitt 7.6 ein Vergleich der Szenarioläufe.

7.1 Definition des Referenzszenarios

Das Referenzszenario (REF) bildet die Marktgebietsaufteilung in Deutschland zu Beginn des Gaswirtschaftsjahres 2006/2007 ab (siehe Abschnitt 6.3). Beim Gastransport von einem Marktgebiet in ein anderes Marktgebiet wird an der Marktgebietsgrenze jeweils ein Exit- und ein Entry-Entgelt erhoben. Die Entgelte entsprechen den von den marktgebietsaufspannenden Netzbetreibern veröffentlichten Entgelten (siehe Abschnitt 6.7). Koppelkapazitäten zwischen Marktgebieten sind auf die von den Netzbetreibern angebotenen Kapazitäten beschränkt (siehe Abschnitt 6.7). Die Marktgebietsaufteilung ändert sich während des Betrachtungszeitraums nicht. Gasangebot, Nachfrage, Speicherkapazitäten sowie Pipelinekapazitäten und -entgelte werden im Referenzszenario nicht variiert. Die verwendete Datenbasis wurde bereits in Kapitel

6 vorgestellt. Die Motivation für das Referenzszenario ist die Darstellung des Status Quo zu Beginn des Gaswirtschaftsjahres 2006/2007.

In der vorliegenden Arbeit wird die Frage untersucht, welche Auswirkungen Veränderungen der Marktgebietsaufteilung nach sich ziehen. Gegenstand der Untersuchung sind insbesondere physikalische Kapazitätsengpässe. Vertragliche Engpässe (siehe Abschnitt 4.3.1) werden nicht betrachtet.

7.2 Ergebnisse des Referenzszenarios

Im Folgenden werden wesentliche Ergebnisse des Referenzszenarios vorgestellt und soweit möglich mit verfügbaren realen Daten verglichen.

Die Infrastruktur im Referenzszenario ist ausreichend, um die gegebene Nachfrage zu decken. In keinem Monat wird die exogen gegebene Nachfrage reduziert. Die Auslastung der Pipelines schwankt entsprechend der saisonal schwankenden Nachfrage. Stellenweise beträgt die Auslastung der Pipelines 100 %. Eine solche Situation, in der keine freien Kapazitäten mehr verfügbar sind, stellt nach der verwendeten Definition einen physikalischen Engpass dar. Gleichzeitig sind jedoch an anderen Stellen im Netz Kapazitäten nicht voll ausgelastet. Da Ausgaben minimiert werden, nutzt das Modell zuerst Pipelines mit geringeren Entgelten voll aus, bevor andere Pipelines eingesetzt werden.

Kapazitäten sind insbesondere zwischen den Marktgebieten von Wingas und E.ON Ruhrgas zeitweise voll ausgelastet. Das Unternehmen Wingas errichtete seine Pipelineinfrastruktur in Konkurrenz zu anderen Netzbetreibern. Das Netz der Wingas ist daher nur an wenigen Stellen mit Netzen anderer deutscher Transportnetzbetreiber verbunden. Dieser Umstand erklärt wiederum das Auftreten von Engpässen zwischen dem Wingas-Transportsystem und anderen Transportnetzen.

Exemplarisch werden im Folgenden Gasflüsse zwischen den im Modell abgebildeten Ländern, Produktion und Verbrauch jeweils getrennt nach H-Gas und L-Gas dargestellt. In den Abbildungen stellt die obere Zahl auf einem Knoten die Produktionsmenge und die untere Zahl den Gasverbrauch dar. Der Gasverbrauch entspricht genau der Gasnachfrage, wenn in keinem Nachfragesegment die Nachfrage reduziert wird. Die Zahlen auf den Pfeilen repräsentieren die Gasflüsse. Die Zahlenwerte sind jeweils die Summe je Gaswirtschaftsjahr gerundet auf ganze TWh. Falls die Summe der Flüsse zu und von einem Knoten, Produktion und Verbrauch nicht null ergibt, liegt dies an der Rundung auf ganze TWh in der Ergebnisdarstellung.

Abbildung 7.1 zeigt die Ergebnisse für das Gaswirtschaftsjahr 2002/2003, Abbildung 7.2 für 2007/2008, Abbildung 7.3 für 2008/2009 und Abbildung 7.4 für 2009/2010. Im Weiteren werden die Ergebnisse des Referenzszenarios mit den Ergebnissen der anderen Szenarien verglichen (siehe Abschnitt 7.4).

Bei den Importmengen aus Norwegen und Russland sowie der britischen Gasproduktion zeigen sich deutliche Veränderungen im Zeitablauf (siehe Abbildungen 7.1, 7.2, 7.3 und 7.4). Während die britische Inlandsproduktion 2002/2003 noch 1.183 TWh beträgt, erreicht sie 2007/2008 nur noch 906 TWh und sinkt danach kontinuierlich weiter auf 824 TWh (2008/2009) bzw. 743 TWh (2009/2010). Gleichzeitig steigen die Importmengen aus Norwegen und Russland an. Importe aus Norwegen betragen 2002/2003 840 TWh, Importe aus Russland 541 TWh. Von 2007 bis 2010 steigen die Mengen aus Norwegen von 1.009 TWh auf 1.256 TWh, die Importmengen aus Russland von 589 TWh auf 634 TWh.

Die monatlichen Werte der Importe aus Norwegen und Russland sowie der LNG-Lieferungen weisen im gesamten Modellzeitraum eine typische Saisonalität auf. Im Winter werden Langfristverträge innerhalb der vertraglichen Grenzen stark genutzt, während die Lieferungen im Sommer, unter Einhaltung der vertraglichen Mindestmengen, reduziert werden. Zusammen mit den Lieferungen von Spotgas sind Pipelines im Winter stark und im Sommer gering ausgelastet.

An fast allen Koppelstellen sind stabile Gasflüsse zu beobachten, die aufgrund des exogen vorgegebenen Nachfragewachstums steigen. Ausnahmen stellen die Flüsse zwischen den Niederlanden und Belgien sowie zwischen Belgien und Deutschland dar. Diese schwanken 2009/2010 relativ stark. Die Schwankungen stellen jedoch absolut keine großen Mengen dar.

Steigende Importe aus Norwegen, Russland und nicht zuletzt LNG-Importe gleichen den Rückgang der Gasförderung in Großbritannien, den Niederlanden, Deutschland und Frankreich aus. Abbildung 7.5 zeigt die Entwicklung des Gasaufkommens aller modellierten Länder. Durch den Neubau von LNG-Terminals erhöhen sich die LNG-Importkapazitäten in den modellierten Ländern ab Oktober 2007 sprunghaft. LNG-Importmengen in die Modellregionen steigen von 155 TWh im Gaswirtschaftsjahr 2002/2003 auf 323 TWh in 2007/2008, 352 TWh in 2008/2009 und 390 TWh in 2009/2010. Die zusätzlichen LNG-Mengen werden zu großen Teilen nach Großbritannien geliefert. Während in 2002/2003 noch keine LNG-Transporte den britischen Markt erreichen, steigen diese ab 2007 bis 2010 kontinuierlich von 74 TWh bis auf 157 TWh je Gaswirtschaftsjahr (siehe Abbildungen 7.1, 7.2, 7.3 und 7.4). Die LNG-Importe kompensieren teilweise den Rückgang der britischen Gasproduktion in der Nordsee.

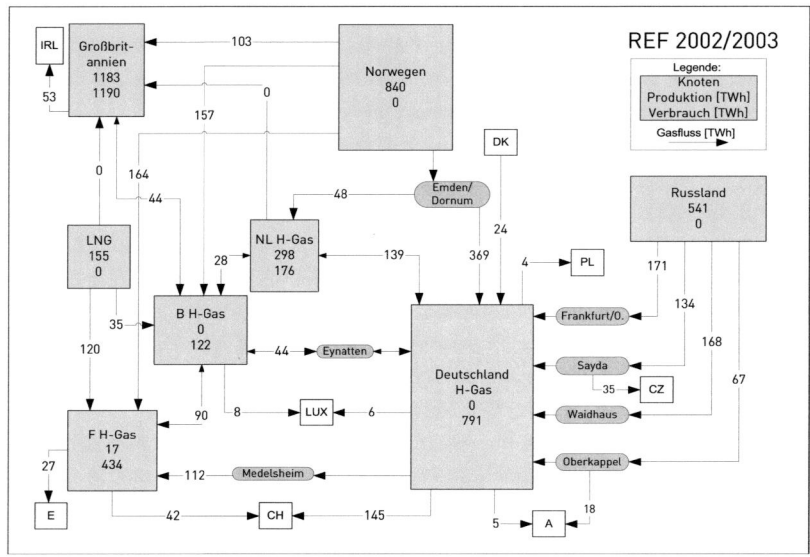

(a) Produktion, Verbrauch und Flüsse H-Gas

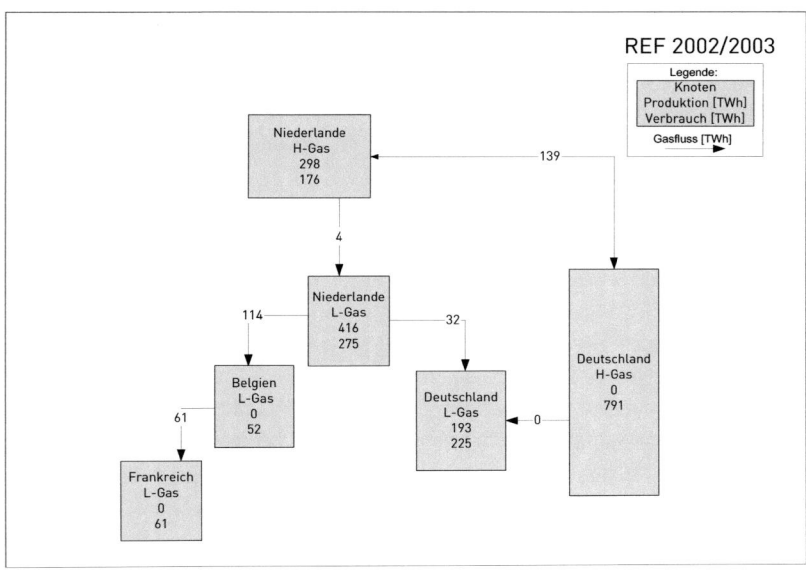

(b) Produktion, Verbrauch und Flüsse L-Gas

Abbildung 7.1: Szenario REF 2002/2003; auf Knoten Produktion und Verbrauch, auf Pfeilen Gasflüsse - Werte in TWh (Quelle: Eigene Darstellung)

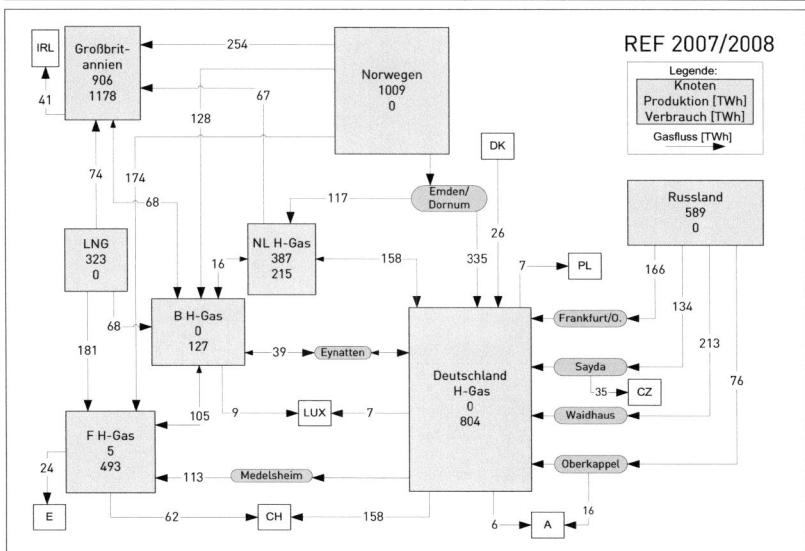

(a) Produktion, Verbrauch und Flüsse H-Gas

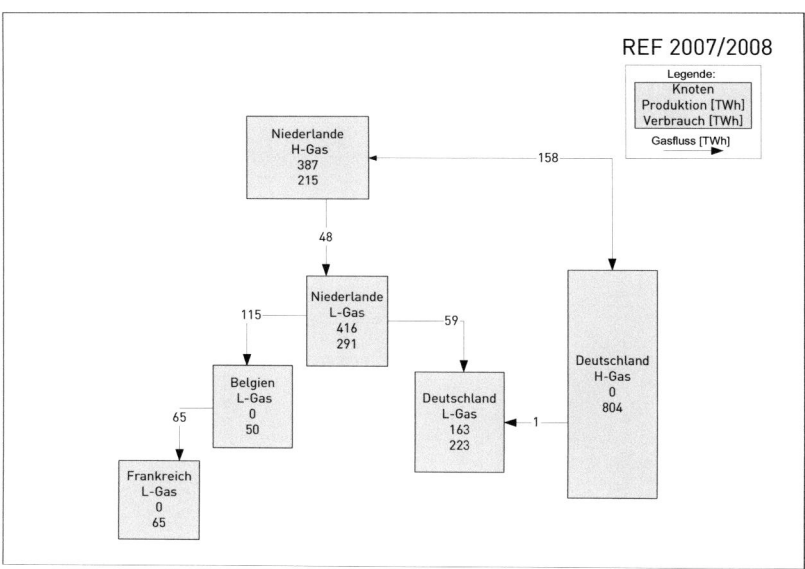

(b) Produktion, Verbrauch und Flüsse L-Gas

Abbildung 7.2: Szenario REF 2007/2008; auf Knoten Produktion und Verbrauch, auf Pfeilen Gasflüsse - Werte in TWh (Quelle: Eigene Darstellung)

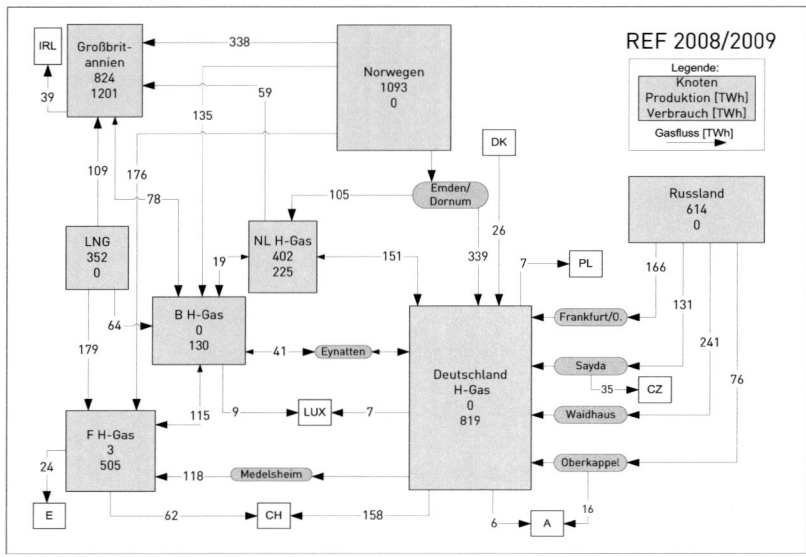

(a) Produktion, Verbrauch und Flüsse H-Gas

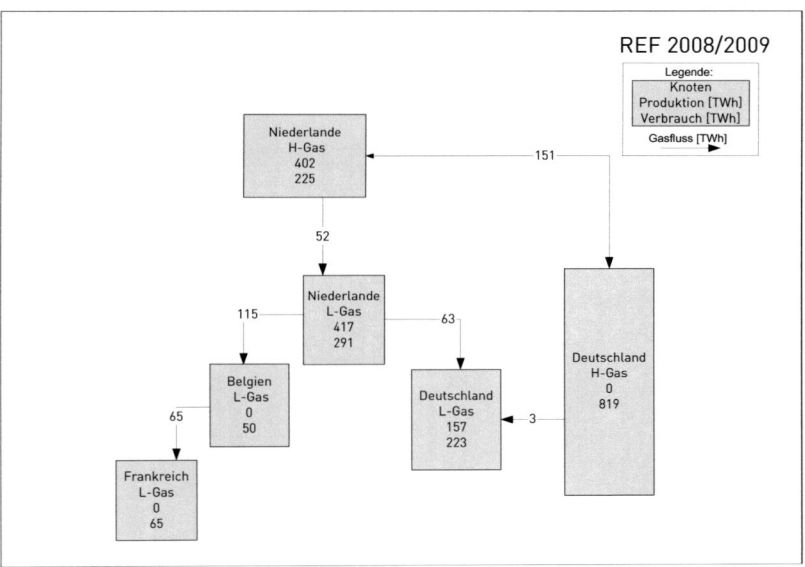

(b) Produktion, Verbrauch und Flüsse L-Gas

Abbildung 7.3: Szenario REF 2008/2009; auf Knoten Produktion und Verbrauch, auf Pfeilen Gasflüsse - Werte in TWh (Quelle: Eigene Darstellung)

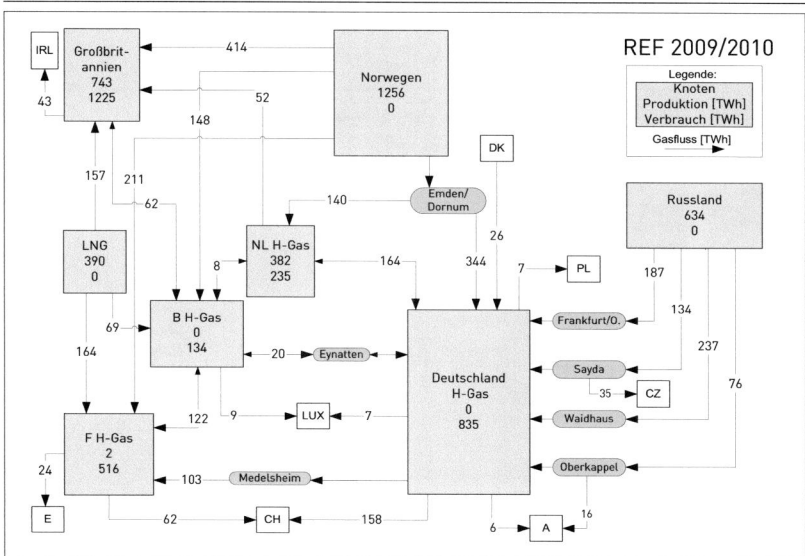

(a) Produktion, Verbrauch und Flüsse H-Gas

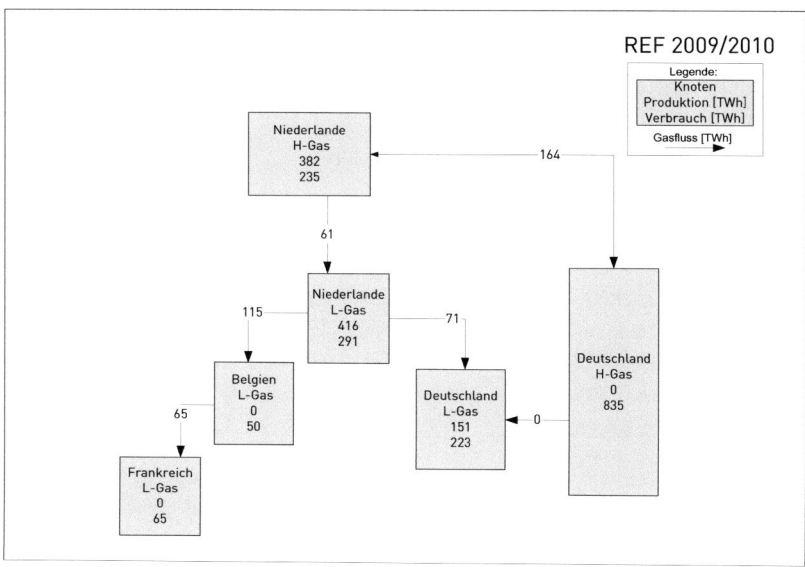

(b) Produktion, Verbrauch und Flüsse L-Gas

Abbildung 7.4: Szenario REF 2009/2010; auf Knoten Produktion und Verbrauch, auf Pfeilen Gasflüsse - Werte in TWh (Quelle: Eigene Darstellung)

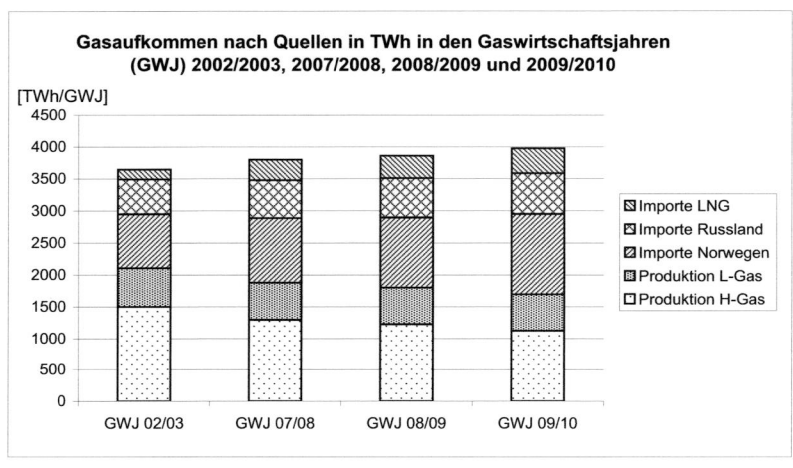

Abbildung 7.5: Szenario REF 2002/2003; Gasaufkommen aller modellierten Länder in TWh (Quelle: Eigene Darstellung)

Ein Vergleich der Modellergebnisse mit veröffentlichten Daten zeigt eine relativ gute Übereinstimmung. Statistiken zu Gasflüssen zwischen einzelnen Ländern sind jedoch kritisch zu interpretieren. Die Statistiken unterscheiden oft nicht sauber zwischen vertraglichen und physischen Lieferungen. Beispielsweise gibt es vertragliche Lieferungen von Norwegen nach Tschechien. Physisch wird jedoch nie Gas von Norwegen nach Tschechien transportiert, da die vertraglichen Lieferungen von Tschechien nach Deutschland bei Weitem größer sind und somit per Saldo ein physischer Fluss von Tschechien nach Deutschland resultiert. Die hier dargestellten Modellergebnisse sind immer physische Gasflüsse.

Verfügbare Daten für Deutschland geben Importe nach Deutschland ohne Transite an. Nach Angaben des Statistischen Bundesamts stammt das Gasaufkommen in Deutschland zu 16 % aus eigener Förderung, zu über 40 % aus Russland, zu knapp 20 % aus den Niederlanden, zu 22 % aus Norwegen und der Rest aus Dänemark sowie Großbritannien [Statistisches Bundesamt 2006, S. 20].

Gazprom gibt die Gaslieferungen aus Russland nach Deutschland im Jahr 2006 mit 36,8 Mrd. m^3 an [Gazprom Germania 2007]. Bei einem Brennwert von 11,2 kWh/m^3 entspricht dies 412 TWh, wobei es sich um vertragliche Mengen handelt, nicht um physische Flüsse. Die Werte für vertragliche Mengen können nicht direkt mit Modellergebnissen verglichen werden, da letztere stets physische Mengen darstellen. Die Exportmengen nach Frankreich und in die Schweiz lassen sich jedoch teilweise den Importen aus Norwegen und Russland zuordnen, da ein Großteil dieser Mengen über Langfristverträge geliefert wird. Im Referenzszenario werden im Kalenderjahr[1] 2006 559 TWh aus Russland geliefert. Die Exporte nach Frankreich betragen im gleichen Zeitraum 114 TWh. Diese Mengen stammen vertraglich aus Russland. Somit verbleiben 445 TWh für den deutschen Markt und Exporte in die Schweiz. Die Exporte in die Schweiz belaufen sich im Jahr 2006 auf 162 TWh. Um eine Übereinstimmung mit den von Gazprom angegebenen Lieferungen von 412 TWh für den deutschen Markt zu erreichen, müssten also 33 TWh der in die Schweiz exportierten Mengen vertraglich ebenfalls aus Russland stammen, was realistisch erscheint.

Auf dieselbe Weise wie exemplarisch für Russland dargestellt, lassen sich näherungsweise Netto-Importe aus den anderen Ländern ermitteln. Das auf diese Weise ermittelte Gasaufkommen im Referenzszenario entspricht annähernd den Angaben des Statistischen Bundesamts.

Eine weitere Möglichkeit Modellergebnisse zu plausibilisieren, besteht darin, den Einsatz der Gasspeicher im Modell mit veröffentlichten Daten zu vergleichen. Die Gasstatistik des Bundesamts für Wirtschaft und Ausfuhrkontrolle (BAFA) enthält monatliche Werte zum Saldo aus Ein- und Ausspeicherungen in Gasspeicher in Deutschland. In Abbildung 7.6 sind die Nutzung der Gasspeicher in Deutschland im Referenzszenario und die entsprechenden Werte aus der BAFA-Statistik einander gegenübergestellt. Die Daten sind als monatliche Werte in GW dargestellt; positive Werte zeigen an, dass in diesem Monat per Saldo Gas ausgespeichert wird, bei negativen Werten wird entsprechend per Saldo Gas eingespeichert. Im Ergebnis zeigt sich, dass die Modellergebnisse die Tendenz und die Größenordnung der tatsächlichen Speichernutzung gut treffen. Aus den angestellten Vergleichen lässt sich schließen, dass für den deutschen Markt die monatlichen Werte für Produktion, Importe und Exporte in Summe mit dem Modell gut abgebildet werden.

---

[1]Hier werden Werte eines Kalenderjahres verglichen. Ansonsten zeigen die Abbildungen immer Werte für die in der Gaswirtschaft üblichen Gaswirtschaftsjahre.

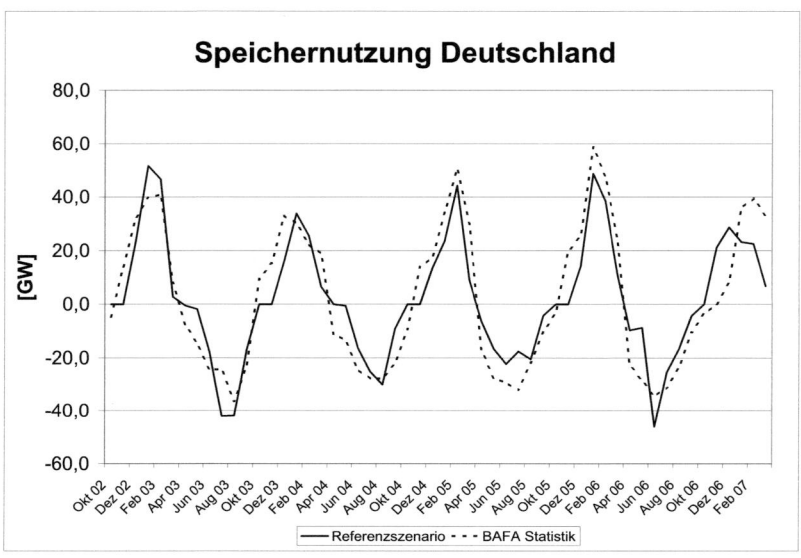

Abbildung 7.6: Speichernutzung in Deutschland, Vergleich Ergebnisse Referenzszenario mit veröffentlichten Werten [BAFA 2006, 2007]; positive Werte = Ausspeicherung, negative Werte = Einspeicherung, monatliche Werte in GW (Quelle: Eigene Darstellung)

7.3 Szenariodefinitionen

Mit Hilfe des Modells sollen die Auswirkungen einer unterschiedlichen Marktgebietsaufteilung untersucht werden. Ziel ist es, die Frage zu beantworten, ob der deutsche Gasmarkt mit nur je einem H-Gas- und einem L-Gas-Marktgebiet funktionieren kann. Dazu werden ausgehend vom Referenzszenario weitere Szenarien definiert. Da sich die Szenarien nur auf den deutschen Gasmarkt beziehen, wird in der folgenden Beschreibung nur noch von Marktgebieten gesprochen, auch wenn nur deutsche Marktgebiete gemeint sind.

In den Szenarien wird eine Reduzierung auf nur ein H-Gas- und ein L-Gas-Marktgebiet betrachtet. Da gezeigt werden kann, dass diese extreme Reduzierung möglich ist, wird auf die Darstellung möglicher anderer Konstellationen verzichtet. Dabei wird angenommen, dass sich die Höhe der Nachfrage nicht verändert. Ebenso verschiebt sich die Gasnachfrage nicht geografisch, da die Gasnachfrager ortsgebunden sind. Im Gegensatz zu Stromnetzen können in Gasnetzen die Energieflüsse durch die Netzbetreiber aktiv gesteuert werden. Es ist ausreichend bei der Auswertung der Szenarien die Gasflüsse an Außengrenzen zu betrachten. Eine Betrachtung der Gasflüsse innerhalb von Marktgebieten ist nicht erforderlich, da Netzbetreiber, die zusammen ein Marktgebiet bilden, die Gasflüsse innerhalb dieses Marktgebiets optimal steuern können. Wenn Gaslieferanten und Netzbetreiber unabhängig voneinander agieren (vgl. Abschnitt 2.3 zum Thema Entflechtung), haben Gaslieferanten keine Präferenzen bezüglich der Netzbetreiber, deren Netze sie für den Gastransport nutzen. Für den Fall, dass die Alternative der Nutzung unterschiedlicher Marktgebiete besteht, entscheiden Gaslieferanten nur nach der Höhe der Transportentgelte.

Die Lastflusssituation innerhalb Deutschlands wird maßgeblich durch Transitflüsse beeinflusst. Strenggenommen handelt es sich nicht um Transite, sondern um Im- und Exporte. Das nach Deutschland importierte Gas unterliegt keiner expliziten *Destinationsklausel*[2]. Der physische Fluss des Gases unterliegt keiner Beschränkung, auch wenn Langfristverträge ursprünglich zur Versorgung bestimmter Märkte bestimmt waren (z. B. Verträge zwischen Gazprom und Gaz de France für den französischen Markt).

Veränderungen der Marktgebiete führen auch zu Veränderungen der Entry- und Exit-Entgelte. Entgelte wiederum wirken sich auf Transitströme aus, da der Gastransport von Norwegen nach Frankreich über Deutschland oder über andere Länder möglich ist[3].

Die Szenarien unterscheiden sich in drei Punkten (siehe Tabelle 7.1): Erstens bezüglich Kapazitätsrestriktionen zwischen Marktgebieten, zweitens bezüglich der Entgelte zwischen Marktgebieten und drittens bezüglich der Entgelte an deutschen Außengrenzen. Alle weiteren Eingangsdaten, wie Nachfrage, Angebot sowie Kapazitäten und Entgelte außerhalb Deutschlands, sind in allen Szenarien identisch.

Per Definition bestehen innerhalb eines Marktgebietes keine Kapazitätsbeschränkungen. Dies bedeutet nicht, dass physisch Gas von jedem Punkt zu jedem Punkt transportiert werden kann, sondern dass Gaslieferanten innerhalb des Marktgebietes nur Exit-Kapazitäten bei Letztverbrauchern buchen müssen. Für den Transport innerhalb des Marktgebietes vom Entry-Punkt bis zum Exit-Punkt beim Verbraucher

---

[2]Destinationsklauseln sind in der Europäischen Union nicht mehr zulässig (siehe auch Fußnote 17 auf Seite 56 in Abschnitt 5.4.1).

[3]Von Norwegen direkt nach Frankreich (Franpipe nach Dünkirchen), über Belgien (Zeepipe nach Zeebrugge), über Deutschland, die Niederlande und Belgien (Norpipe I oder Europipe I nach Emden) oder über Deutschland (Norpipe I sowie Europipe I und II nach Emden bzw. Dornum).

Nr.	Szenario	Kapazitätsrestriktionen zwischen Marktgebieten	Entgelte zwischen Marktgebieten	Erhöhung der Entgelte an Außengrenzen
0	REF	Ja	Ja	Nein
1	NoRes-NoFee	Nein	Nein	Nein
2	NoRes-NoFee-Border+	Nein	Nein	Ja
3	NoRes	Nein	Ja	Nein
4	NoFee	Ja	Nein	Nein
5	NoFee-Border+	Ja	Nein	Ja

Tabelle 7.1: Die Szenarien unterscheiden sich bezüglich Kapazitätsrestriktionen und Entgelten (Quelle: Eigene Darstellung)

bestehen keine Restriktionen. Der Gaslieferant muss keine weiteren Transportentgelte bezahlen oder Kapazitäten buchen.

In Szenarien mit Kapazitätsrestriktionen zwischen Marktgebieten gelten für die Pipelinekapazitäten die Werte aus dem Referenzszenario. *Keine Kapazitätsrestriktionen* bedeutet modelltechnisch, dass die Pipelinekapazitäten zwischen Markgebieten gleicher Gasqualität unendlich groß sind. Kapazitätsrestriktionen zwischen Marktgebieten unterschiedlicher Gasqualität (H-Gas, L-Gas) sind in allen Szenarien unverändert, da bei der Konvertierung von Erdgas technische Restriktionen bestehen (vgl. Abschnitt 3.1.2).

Entweder werden Entgelte zwischen Marktgebieten mit den Werten wie im Referenzszenario erhoben oder keine Entgelte erhoben. *Keine Entgelte* bedeutet modelltechnisch, dass die Entgelte zwischen den verschiedenen H-Gas-Marktgebieten sowie zwischen den verschiedenen L-Gas-Marktgebieten auf null gesetzt werden. Somit sind sie für die Zielfunktion nicht mehr relevant. Die Entgelte an Koppelstellen zwischen Marktgebieten mit H-Gas und Marktgebieten mit L-Gas werden nicht verändert (Werte wie im Referenzszenario).

Entgelte an deutschen Außengrenzen sind wie im Referenzszenario (*keine Erhöhung*) oder sie werden angehoben (*Erhöhung*). Die Erhöhung der Entgelte an Außengrenzen dient dazu, entfallende Entgelte innerhalb Deutschlands zu kompensieren.

Die Kosten der Netzbetreiber für Errichtung und Betrieb des Gastransportnetzes werden durch die Re-Organisation der Marktgebiete nicht beeinflusst. Unter der Annahme[4], dass die Entgelte kostenbasiert sind, sollten sich die Gesamtausgaben für Gastransport im Modell nicht verändern, um eine Kostendeckung der Netzbetreiber sicherzustellen. Wenn Entgelte an Marktgebietsgrenzen wegfallen, müssen entsprechend Entgelte an anderen Stellen erhöht werden, um in Summe wieder auf gleiche Gesamtentgelte zu kommen. Eine exakte Gleichheit ist dabei nicht unbedingt notwendig. Im Modell werden Entgelte an Exit-Punkten zu Gasverbrauchern nicht berücksichtigt. Eine Kostendeckung der Netzbetreiber kann in der Realität auch dadurch erreicht werden, dass die Höhe dieser Exit-Entgelte angepasst wird.

Die drei Merkmale „Kapazitätsrestriktionen zwischen Marktgebieten", „Entgelte zwischen Marktgebieten" und „Erhöhung Entgelte an deutschen Außengrenzen" können jeweils die Ausprägung „ja" oder „nein" haben. Daraus ergeben sich theoretisch acht mögliche Kombinationen. Für den Fall, dass Entgelte zwischen Marktgebieten bestehen, werden jedoch nicht gleichzeitig Entgelte an Außengrenzen angehoben. Andernfalls würde dies zu höheren Gesamtentgelten führen, was nicht beabsichtigt ist. Die Anzahl der möglichen Kombination reduziert sich also um zwei, womit sich, inklusive des Referenzszenarios, sechs Szenarien ergeben (siehe Tabelle 7.1).

Eine Zusammenlegung von Marktgebieten unterschiedlicher Gasqualität zu einem gemeinsamen Marktgebiet für H- und L-Gas wird nicht untersucht. Da H- und L-Gas aufgrund der unterschiedlichen Eigenschaften nicht direkt gegeneinander austauschbar sind, bestehen physikalische Restriktionen[5]. Konvertierung von H-Gas zu L-Gas ist mit variablen Kosten verbunden, so dass auch geringe Veränderungen der Gasflüsse, die durch eine Re-Organisation des Marktes bedingt sind, zu höheren Gesamtausgaben führen können. Dieses Problem tritt innerhalb einer Gasqualität nicht auf, da die Kosten der Netzbetreiber im Wesentlichen Fixkosten sind.

Ausgehend vom Referenzszenario wird die Zusammenlegung von Marktgebieten simuliert. Die Aufhebung von Entgelten und Kapazitätsbeschränkungen innerhalb des H-Gas- bzw. L-Gas-Gebiets entspricht der Zusammenlegung zu je einem H-Gas- und L-Gas-Marktgebiet in Deutschland. Vorteile einer Reduzierung der Anzahl der Marktgebiete sind ein verringerter Abwicklungsaufwand für Gaslieferanten und die Bündelung der Marktliquidität an je nur einem virtuellen Handelspunkt für H-Gas und L-Gas.

---

[4]Anmerkung: Für das Gaswirtschaftsjahr 2006/2007 haben 13 deutsche Transportnetzbetreiber ihre Entgelte noch nicht kostenbasiert ermittelt (siehe Abschnitt 4.3.3).

[5][vgl. EC 2007a, S. 248]: „Differences in gas quality are in effect barriers to exchanges between zones."

Das Referenzszenario geht von einer realistischen Nachfrageentwicklung aus. Zusätzlich werden alle Szenarien mit einer erhöhten Nachfrage im Winter gerechnet (siehe Abschnitt 7.5). Die zukünftige deutsche Nachfrage liegt in diesen Szenarien in den Monaten Oktober, November, Dezember um 20 % und in den Monaten Januar, Februar, März um 30 % über der Nachfrage im Referenzszenario. Die Nachfrage in den Sommermonaten wird nicht angepasst, da in diesen Monaten nicht mit Engpässen im Gasversorgungssystem zu rechnen ist.

In Szenario 1 *NoRes-NoFee*[6] bestehen keine Kapazitätsrestriktionen und keine Entgelte zwischen Marktgebieten gleicher Gasqualität, Entgelte an Außengrenzen werden nicht erhöht (siehe Tabelle 7.1). Anhand der Ergebnisse des Szenariolaufs kann untersucht werden, welche Wirkung der Wegfall von Kapazitätsrestriktionen und Entgelten auf die Gasflüsse und damit gegebenenfalls auf physikalische Engpässe hat (siehe Abschnitt 7.4.1).

Szenario 2 *NoRes-NoFee-Border+*[7] hat wie Szenario 1 keine Kapazitätsrestriktionen und keine Entgelte zwischen den H-Gas-Marktgebieten sowie zwischen den L-Gas-Marktgebieten. Zusätzlich werden jedoch die Entgelte an Außengrenzen angehoben, um in Summe wieder auf eine ähnliche Höhe der von den Gaslieferanten zu bezahlenden Transportentgelte zu kommen. Das Szenario *NoRes-NoFee-Border+* ist, wie das Szenario *NoRes-NoFee*, in der Wirkung gleich der Reduzierung der Anzahl der Marktgebiete auf ein H-Gas- und ein L-Gas-Marktgebiet. Gleichzeitig bleibt die Summe der Ausgaben für Transporte annähernd gleich wie im Referenzszenario. Das Szenario 2 *NoRes-NoFee-Border+* zeigt die Wirkung der Reduzierung der Anzahl der Marktgebiete auf zwei Marktgebiete bei gleichzeitig unveränderten Gesamteinnahmen der Netzbetreiber (siehe Abschnitt 7.4.2).

In Szenario 3 *NoRes* werden lediglich die Kapazitätsrestriktionen aufgehoben, alle Entgelte jedoch gegenüber dem Referenzszenario unverändert gelassen. Anhand der Ergebnisse des Szenarios *NoRes* wird untersucht, welchen Einfluss Kapazitätsrestriktionen auf die Gasflüsse haben (siehe Abschnitt 7.4.3).

In Szenario 4 *NoFee* entsprechen Kapazitätsrestriktionen und Entgelte an Außengrenzen dem Referenzszenario. Jedoch werden keine Entgelte zwischen H-Gas- bzw. L-Gas-Marktgebieten erhoben. Das Szenario *NoFee* dient der Analyse der Wirkung von Entgelten auf die Gasflüsse (siehe Abschnitt 7.4.4).

Das Szenario 5 *NoFee-Border+* ist definiert wie das Szenario 2 *NoRes-NoFee-Border+* mit dem Unterschied, dass die Kapazitätsrestriktionen beibehalten werden.

---

[6] Der Name steht für *no capacity restrictions, no entry-exit-fees.*

[7] *Border+* steht für die Anhebung der Entry- bzw. Exit-Entgelte an deutschen Außengrenzen.

Ziel des Szenarios ist, wie beim Szenario 4 *NoFee*, die Wirkung von Entgelten zu untersuchen, allerdings bei angehobenen Entgelten an Außengrenzen (siehe Abschnitt 7.4.5).

7.4 Szenarien mit durchschnittlicher Nachfrage

Die im Folgenden beschriebenen Szenarioläufe beruhen auf der gleichen Datenbasis wie das Referenzszenario mit Ausnahme der oben beschriebenen Ausprägungen.

Die grafische Darstellung der Modellergebnisse besteht zum einen aus Jahressummen in TWh der Gasflüsse zwischen den im Modell abgebildeten Ländern, Produktion sowie Verbrauch aggregiert auf Länderebene getrennt nach den Gasqualitäten H-Gas und L-Gas. Zum anderen sind monatliche Gasflüsse in GW an exemplarisch ausgewählten Grenzübergangspunkten dargestellt. Während die Summen je Gaswirtschaftsjahr eine Analyse genereller Veränderungen in den Szenarien erlauben, dienen die je Monat genutzten Kapazitäten der Analyse von physikalischen Engpässen. In den Abbildungen sind monatliche Gasflüsse für den Zeitraum Oktober 2007 bis September 2010 dargestellt.

Für die Jahressummen wird aus Gründen der Übersichtlichkeit für jedes Szenario nur das Ergebnis eines Gaswirtschaftsjahres dargestellt. Das gewählte Gaswirtschaftsjahr 2008/2009 steht exemplarisch für die anderen Jahre. Ergebnisse der anderen Jahre sind ähnlich. Die Tendenz der Aussagen gilt grundsätzlich im gesamten Betrachtungszeitraum. Daher ist es ausreichend, die Ergebnisse der Szenarien beispielhaft anhand eines Jahres zu erläutern.

7.4.1 Szenario 1 NoRes-NoFee

Im Szenario 1 NoRes-NoFee bestehen keine Entgelte und Kapazitätsrestriktionen zwischen den deutschen H-Gas-Marktgebieten sowie zwischen den deutschen L-Gas-Marktgebieten. Mit dem Szenario wird untersucht, welche Auswirkungen sich ergeben, wenn Marktgebietsgrenzen entfallen. Die Summe der Transportausgaben sinkt, da Entgelte an Außengrenzen nicht erhöht werden.

Wesentliche Veränderungen gegenüber dem Referenzszenario sind erhöhte Importe nach und Exporte aus Deutschland (Transite) und eine teilweise Verschiebung des Gasaufkommens von Russland hin zu Norwegen. Abbildung 7.7 zeigt beispielhaft die Ergebnisse des Szenarios NoRes-NoFee im Gaswirtschaftsjahr 2008/2009. Transite durch Deutschland Richtung Frankreich erhöhen sich um 12 TWh von 118 TWh auf 130 TWh, was einer Steigerung um 10 % entspricht. Importe aus Norwegen über die

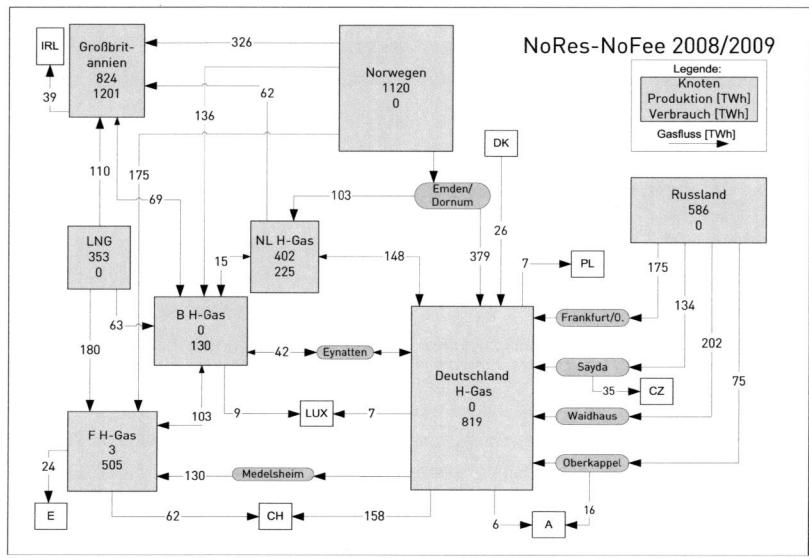

(a) Produktion, Verbrauch und Flüsse H-Gas

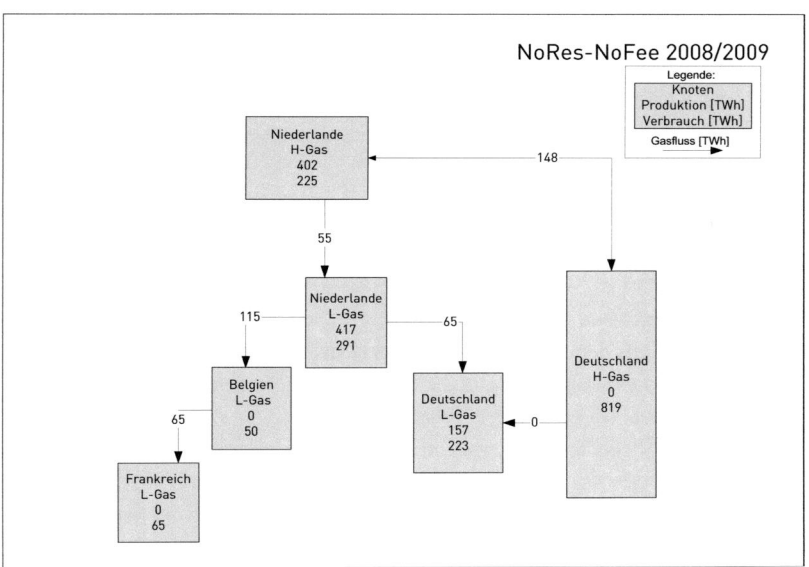

(b) Produktion, Verbrauch und Flüsse L-Gas

Abbildung 7.7: Szenario 1 NoRes-NoFee 2008/2009; auf Knoten Produktion und Verbrauch, auf Pfeilen Gasflüsse - Werte in TWh (Quelle: Eigene Darstellung)

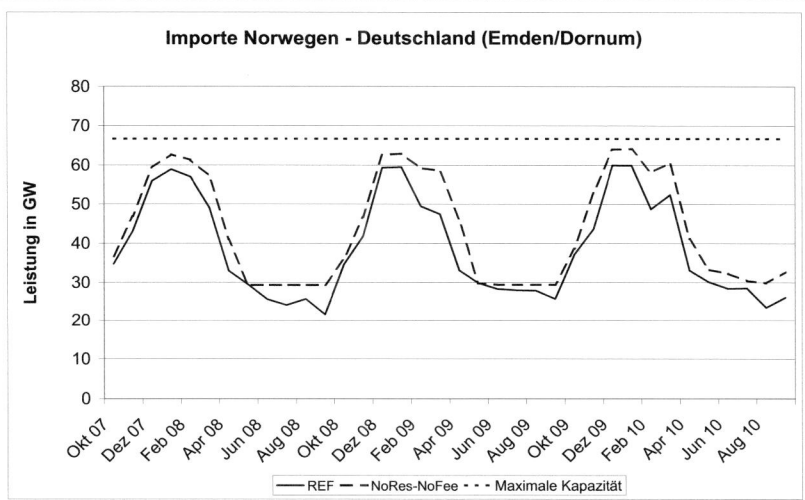

(a) Importe Norwegen - Deutschland (Emden/Dornum)

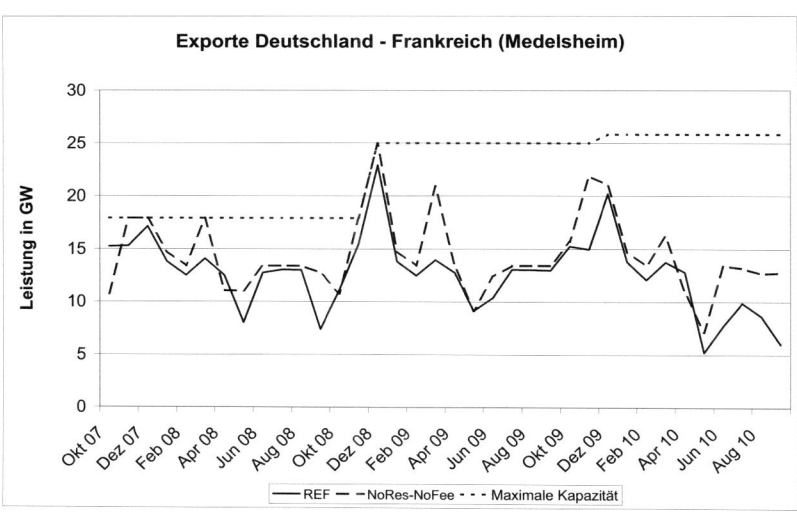

(b) Exporte Deutschland - Frankreich (Medelsheim)

Abbildung 7.8: Vergleich monatlicher Gasflüsse in Emden/Dornum bzw. Medelsheim im Referenzszenario und im Szenario 1 NoRes-NoFee; Gasflüsse und maximale Transportkapazität in GW (Quelle: Eigene Darstellung)

Importpunkte Emden und Dornum steigen in Summe um 40 TWh von 339 TWh auf 379 TWh, ein Plus von 12 %. Gleichzeitig gehen Importe aus Russland in Summe um 28 TWh von 614 TWh auf 586 TWh zurück, eine Reduzierung um 5 %. Zwischen den Regionen mit L-Gas ergeben sich nur geringe Verschiebungen. L-Gas-Importe aus den Niederlanden erhöhen sich von 63 TWh auf 65 TWh, das heißt um nur ca. 3 %. Gleichzeitig wird in Deutschland kein H-Gas in L-Gas konvertiert, im Referenzszenario waren es 3 TWh.

Die veränderten Gasflüsse (H-Gas) nach und von Deutschland wirken sich auch auf die angrenzenden Modellregionen aus. Der britische Gasmarkt erhält 12 TWh weniger aus Norwegen, gleichzeitig importiert Großbritannien 3 TWh mehr aus den Niederlanden (Balgzand-Bacton Pipeline, BBL) und exportiert 9 TWh weniger nach Belgien (Interconnector Bacton-Zeebrugge, IUK). Transite durch Belgien gehen in dem Umfang zurück, in dem sich Exporte von Deutschland nach Frankreich erhöhen. Belgien importiert rund 9 TWh weniger aus Großbritannien und rund 4 TWh weniger aus den Niederlanden, gleichzeitig reduzieren sich die Exporte nach Frankreich um 12 TWh. Eine leichte Verringerung der direkten Importe aus Norwegen um 1 TWh wird durch um 1 TWh erhöhte LNG-Lieferungen ausgeglichen. Über alle Modellregionen betrachtet reduzieren sich russische Produktionsmengen leicht zugunsten von norwegischer Produktion und LNG-Importen. Während die russische Produktion um 28 TWh gegenüber dem Referenzszenario zurückgeht, erhöht sich die norwegische Produktion um rund 23 TWh und LNG-Importe in Summe um rund 4 TWh. Bezogen auf das gesamte H-Gas-Aufkommen von 3.288 TWh entspricht diese Verschiebung einem Anteil von 0,85 %.

Wiederum nur exemplarisch werden an dieser Stelle monatliche Gasflüsse an ausgewählten Koppelpunkten dargestellt. Aus Gründen der Übersichtlichkeit werden die Gasflüsse nicht für alle Entry- und Exit-Punkte dargestellt, sondern nur an Punkten, an denen sich signifikante Änderungen ergeben. Es handelt sich zum einen um Import-Punkte für Flüsse aus Norwegen nach Deutschland und zum anderen um den Export-Punkt für Flüsse aus Deutschland nach Frankreich. Die Ergebnisse des Szenariolaufs sind den Werten aus dem Referenzszenario gegenübergestellt (siehe Abbildung 7.8). Bei den Importen aus Norwegen werden die beiden physischen Importpunkte Emden und Dornum zusammengefasst. In der Realität treffen an diesen Punkten mehrere Pipelines[8] aus der Nordsee aufeinander. Im Modell führen jedoch schon minimale Differenzen der Entry-Entgelte dazu, dass eine Pipeline voll genutzt wird, während die andere leer steht. Daher werden die Gasflüsse in Summe über

---

[8]Norpipe sowie Europipe I und II

die Entry-Punkte Emden und Dornum betrachtet. Die dargestellten Exporte aus Deutschland nach Frankreich werden über den Exit-Punkt Medelsheim[9] geliefert. Die Exit-Kapazität nach Frankreich erhöht sich im betrachteten Zeitraum aufgrund bereits angekündigter Ausbaumaßnahmen.

Die typische jahreszeitliche Saisonalität der Flüsse im Referenzszenario zeigt sich auch im Szenario 1 NoRes-NoFee. Die Importleistung in Emden/Dornum ist durchgehend höher als im Referenzszenario. Damit rückt die genutzte Leistung näher an die maximale Kapazität heran. Die Modellergebnisse zeigen noch keinen physikalischen Engpass. Bei einem durchgängig höheren Niveau der Flüsse steigt aber die Wahrscheinlichkeit physikalischer Engpässe. Bei den Exportflüssen in Medelsheim zeigt sich ein vergleichbares Bild. Die monatlichen Flussdaten weisen im Szenario 1 NoRes-NoFee jedoch etwas stärkere Ausschläge als im Referenzszenario auf. Zudem beträgt die Auslastung der Pipeline in einigen Monaten 100 %, so dass hier punktuell physikalische Engpässe zu beobachten sind.

7.4.2 Szenario 2 NoRes-NoFee-Border+

Wie im ersten Szenario NoRes-NoFee gibt es im Szenario 2 NoRes-NoFee-Border+ keine Kapazitätsrestriktionen und keine Entgelte zwischen deutschen H-Gas- sowie zwischen deutschen L-Gas-Marktgebieten. Die Entgelte an Entry- und Exit-Punkten an deutschen Außengrenzen werden jedoch gegenüber dem Referenzszenario angehoben. Das Szenario zeigt, wie der deutsche Gasmarkt mit einem H-Gas- und einem L-Gas-Marktgebiet funktioniert, wenn die Summe der Transportausgaben annähernd gleich bleibt.

Transite steigen im Szenario NoRes-NoFee-Border+ deutlich schwächer an als im Szenario NoRes-NoFee. Gegenüber dem Referenzszenario sind Transite durch Deutschland nur leicht erhöht. Abbildung 7.9 zeigt die Ergebnisse des Szenarios NoRes-NoFee-Border+ wiederum anhand des Beispiels der Gasflüsse im Gaswirtschaftsjahr 2008/2009. Das Gasaufkommen verschiebt sich wie im Szenario NoRes-NoFee leicht von Russland hin zu Norwegen und LNG-Importen.

Transite durch Deutschland Richtung Frankreich erhöhen sich um lediglich 2 TWh von 118 TWh auf 120 TWh. Der relative Anstieg beträgt also weniger als 2 %.

Importe aus Norwegen steigen um 16 TWh auf 355 TWh, was einem Zuwachs von weniger als 5 % entspricht. Importe aus Russland gehen wie im Szenario NoRes-

---

[9]Auf französischer Seite trägt dieser Grenzübergangspunkt den Namen *Obergailbach*.

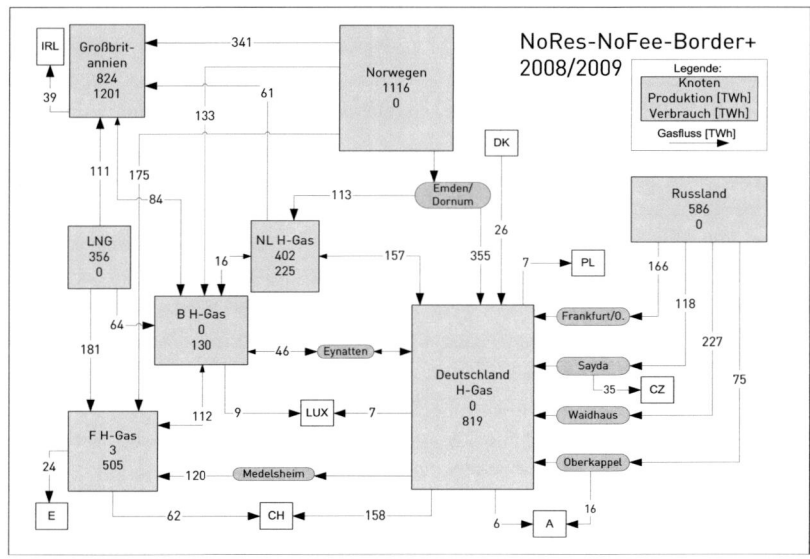

(a) Produktion, Verbrauch und Flüsse H-Gas

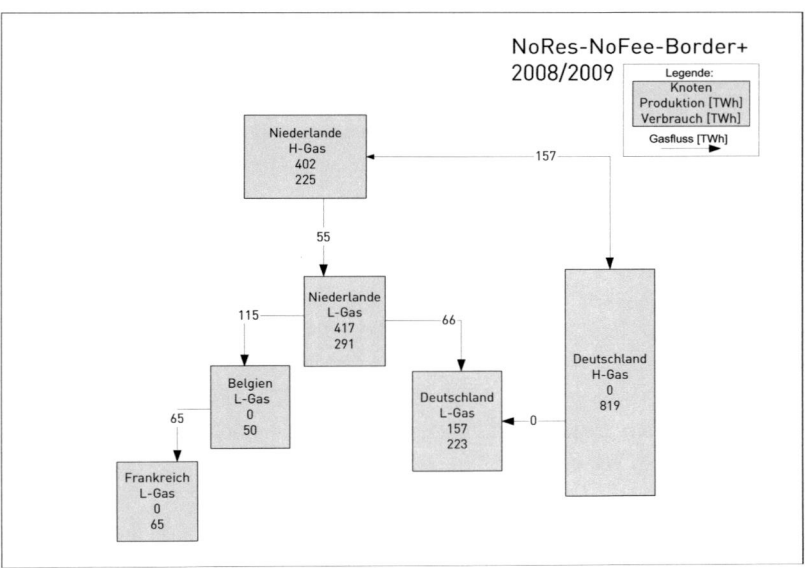

(b) Produktion, Verbrauch und Flüsse L-Gas

Abbildung 7.9: Szenario 2 NoRes-NoFee-Border+ 2008/2009; auf Knoten Produktion und Verbrauch, auf Pfeilen Gasflüsse - Werte in TWh (Quelle: Eigene Darstellung)

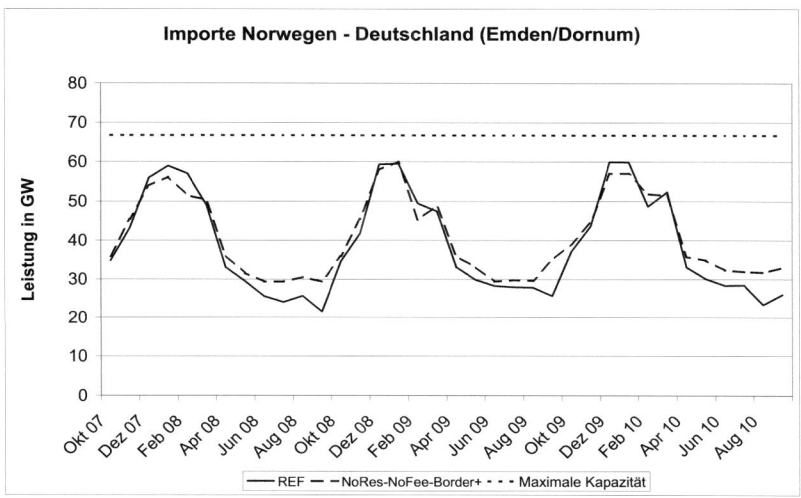

(a) Importe Norwegen - Deutschland (Emden/Dornum)

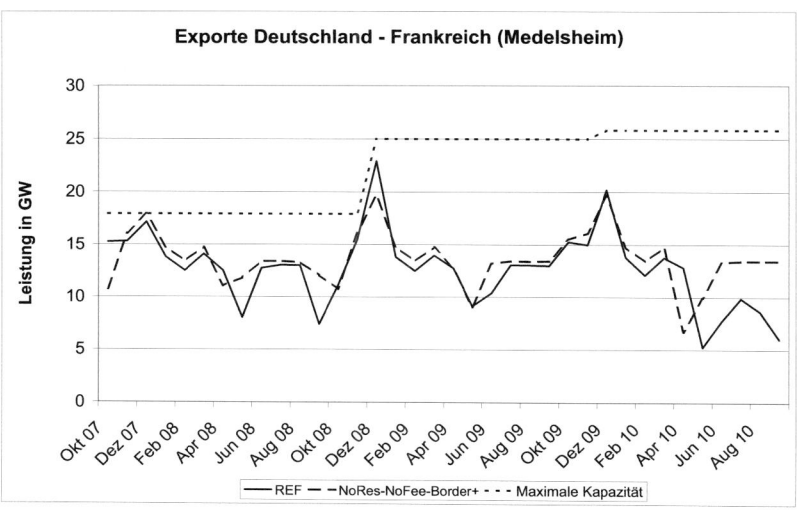

(b) Exporte Deutschland - Frankreich (Medelsheim)

Abbildung 7.10: Vergleich monatlicher Gasflüsse in Emden/Dornum bzw. Medelsheim im Referenzszenario und im Szenario 2 NoRes-NoFee-Border+; Gasflüsse und maximale Transportkapazität in GW (Quelle: Eigene Darstellung)

NoFee um 28 TWh zurück. Aus Belgien werden rund 5 TWh mehr importiert, aus den Niederlanden 6 TWh mehr (H-Gas). Zwischen den L-Gas-Gebieten ergeben sich wiederum nur geringe Verschiebungen. Daher wird im Weiteren auf eine explizite Beschreibung der Veränderungen im L-Gas-Markt verzichtet.

In den Modellregionen um Deutschland herum verändern sich die Gasflüsse gegenüber dem Referenzszenario nur wenig. Die größten relativen Abweichungen betreffen die Gasflüsse von und nach Belgien. Importe aus Großbritannien steigen um weniger als 8 %, Importe aus den Niederlanden gehen um rund 16 % zurück. Exporte nach Deutschland steigen um 12 % während die Exporte nach Frankreich um rund 3 % sinken. Die absoluten Veränderungen der Flüsse betragen jedoch maximal 6 TWh in einem Gaswirtschaftsjahr.

Die monatlichen Flussdaten ändern sich im Szenario 2 NoRes-NoFee-Border+ gegenüber dem Referenzszenario nur geringfügig (siehe Abbildung 7.10). Am Importpunkt Emden/Dornum sind die Lastspitzen im Winter sogar etwas niedriger. Die Wahrscheinlichkeit von Engpässen ist daher gegenüber dem Referenzszenario nicht erhöht.

Das Szenario 2 NoRes-NoFee-Border+ zeigt, wie die Zusammenlegung der deutschen H-Gas-Marktgebiete und der deutschen L-Gas-Marktgebiete zu je einem Marktgebiet aussehen könnte. Durch eine entsprechende Erhöhung der Entry-Exit-Entgelte an Außengrenzen wird der Umstand kompensiert, dass innerhalb Deutschlands Marktgebietsgrenzen entfallen. Im Ergebnis stellen sich im Szenario 2 NoRes-NoFee-Border+ ähnliche Gasflüsse wie im Referenzszenario ein. Netzbetreiber, die gemeinsam ein Marktgebiet betreiben, kooperieren per Definition bei der Steuerung der physischen Gasflüsse in ihrem Marktgebiet. Die Gasnachfrage wird durch eine Re-Organisation des Netzzugangs nicht beeinflusst. Ergeben sich daher keine wesentlichen Änderungen der Import- und Exportflüsse, sind die Netzbetreiber in der Lage, die Gasflüsse in ihrem Marktgebiet so zu steuern, dass keine physikalischen Engpässe auftreten.

7.4.3 Szenario 3 NoRes

Im Szenario 3 NoRes werden gegenüber dem Referenzszenario nur die Kapazitätsrestriktionen zwischen den H-Gas- sowie zwischen den L-Gas-Marktgebieten aufgehoben. Entgelte sind gegenüber dem Referenzszenario unverändert. Mit diesem Szenario wird die Wirkung von Kapazitätsrestriktionen untersucht.

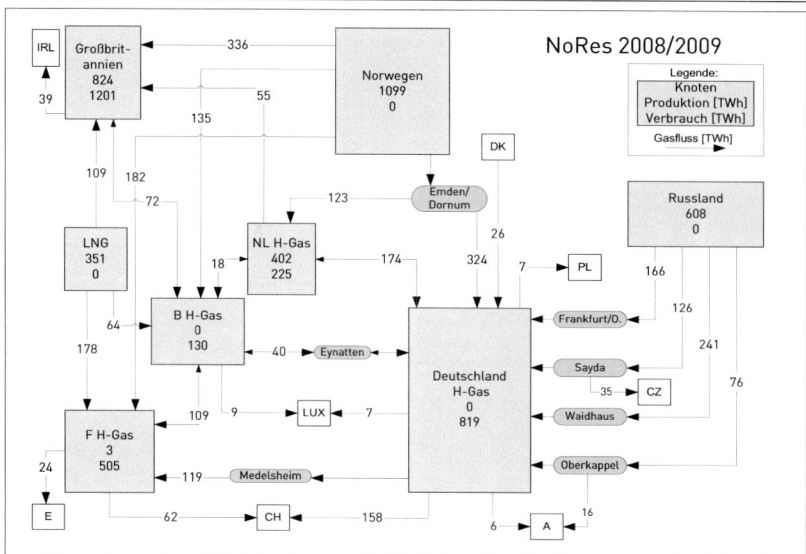

(a) Produktion, Verbrauch und Flüsse H-Gas

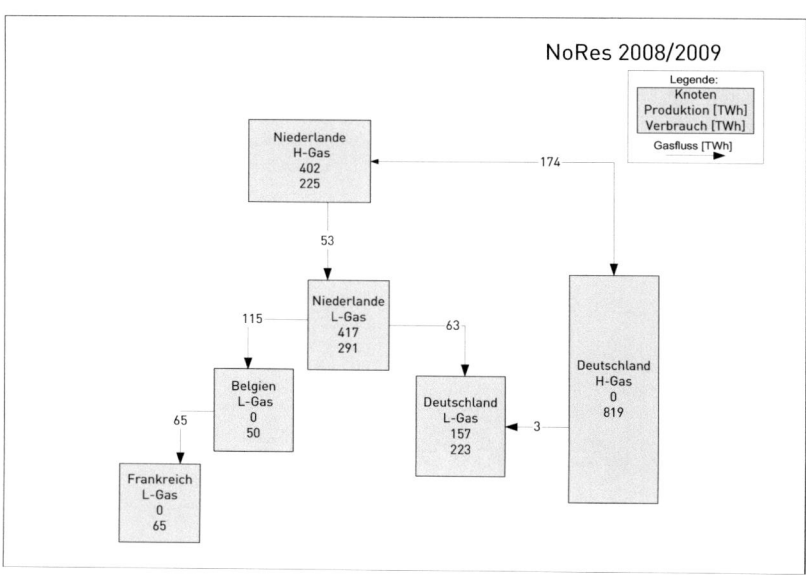

(b) Produktion, Verbrauch und Flüsse L-Gas

Abbildung 7.11: Szenario 3 NoRes 2008/2009; auf Knoten Produktion und Verbrauch, auf Pfeilen Gasflüsse - Werte in TWh (Quelle: Eigene Darstellung)

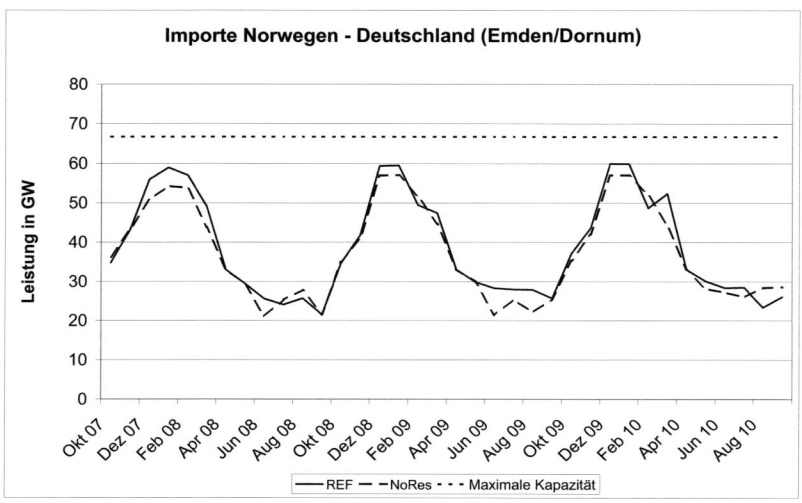

(a) Importe Norwegen - Deutschland (Emden/Dornum)

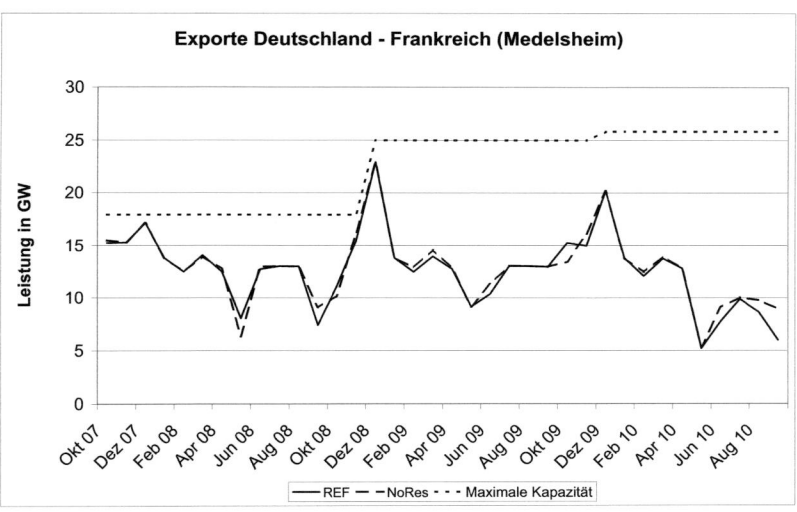

(b) Exporte Deutschland - Frankreich (Medelsheim)

Abbildung 7.12: Vergleich monatlicher Gasflüsse in Emden/Dornum bzw. Medelsheim im Referenzszenario und im Szenario 3 NoRes; Gasflüsse und maximale Transportkapazität in GW (Quelle: Eigene Darstellung)

Abbildung 7.11 zeigt die Ergebnisse für das Gaswirtschaftsjahr 2008/2009. Exporte aus Deutschland nach Frankreich verändern sich gegenüber dem Referenzszenario praktisch nicht (Erhöhung von 118 TWh auf 119 TWh). Bei den Importen nach Deutschland sind ebenfalls nur leichte Verschiebungen zu beobachten. Importe aus Russland gehen von 614 TWh auf 608 TWh zurück. Die direkten Importe aus Norwegen über Emden bzw. Dornum sinken ebenfalls und zwar von 339 TWh auf 324 TWh. Importe aus Belgien gehen minimal um 1 TWh zurück. Dagegen steigen die Importe aus den Niederlanden um 23 TWh von 151 TWh auf 174 TWh. Die Mengen, die in Summe von Norwegen nach Deutschland und in die Niederlande geliefert werden, bleiben mit 447 TWh, gegenüber 444 TWh im Referenzszenario, relativ stabil.

In den angrenzenden Regionen ergeben sich keine wesentlichen Veränderungen der Gasflüsse. Die Aufhebung von Kapazitätsrestriktionen innerhalb Deutschlands hat also keine relevanten Auswirkungen. Das lässt den Schluss zu, dass die Gasflüsse im Wesentlichen durch die Entgelte gesteuert werden.

Eine Analyse der monatlichen Gasflüsse zeigt, dass sich auch bei detaillierter Betrachtung keine relevanten Abweichungen gegenüber dem Referenzszenario ergeben (siehe Abbildung 7.12). Auch ohne Kapazitätsrestriktionen zwischen deutschen Marktgebieten gleicher Gasqualität stellen sich an deutschen Außengrenzen ähnliche Gasflüsse ein.

Netzbetreiber koordinieren innerhalb eines Marktgebietes die Gasflüsse. Die Nachfrage nach Gas wird durch die Zusammenlegung von Marktgebieten nicht beeinflusst. Wenn also alle H-Gas-Marktgebiete zu einem Marktgebiet und alle L-Gas-Marktgebiete zu einem Marktgebiet zusammengelegt werden und sich die Gasflüsse an den Außengrenzen dieser neuen Marktgebiete gegenüber einem Referenzszenario ohne physikalische Engpässe nicht verändern, treten auch innerhalb des vergrößerten H-Gas- und L-Gas-Marktgebietes keine Engpässe auf.

7.4.4 Szenario 4 NoFee

Als Gegenprobe zum Szenario 3 NoRes werden im Szenario 4 NoFee lediglich die Entgelte zwischen deutschen Marktgebieten gleicher Gasqualität auf null gesetzt. Physikalische Kapazitätsrestriktionen und Entgelte an Außengrenzen bleiben unverändert. Damit kann die Wirkung von Entgelten analysiert werden.

Die Ergebnisse des Szenarios NoFee zeigt Abbildung 7.13. Das Szenario 4 NoFee führt zu annähernd gleichen Ergebnissen wie das Szenario 1 NoRes-NoFee. Die physikalischen Kapazitätsbeschränkungen, die im Szenario NoFee im Vergleich zum Referenzszenario unverändert sind, haben also keinen wesentlichen Einfluss auf die Modellergebnisse.

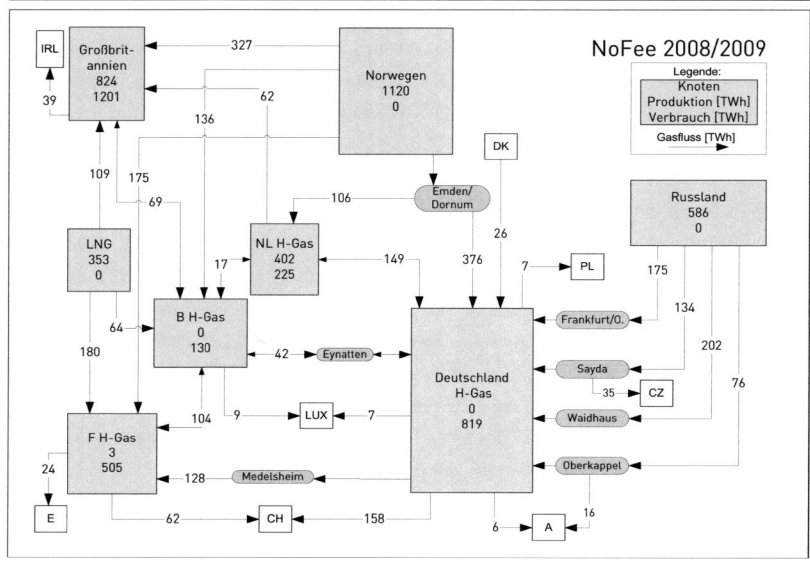

(a) Produktion, Verbrauch und Flüsse H-Gas

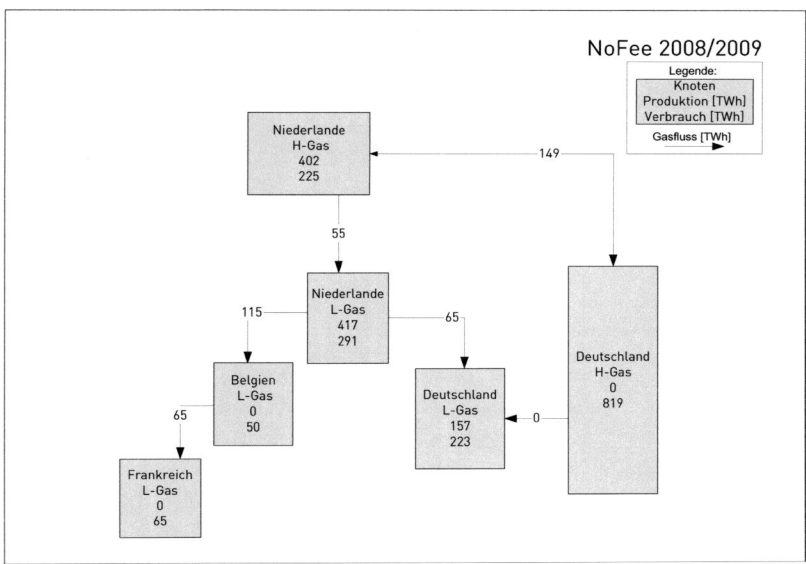

(b) Produktion, Verbrauch und Flüsse L-Gas

Abbildung 7.13: Szenario 4 NoFee 2008/2009; auf Knoten Produktion und Verbrauch, auf Pfeilen Gasflüsse - Werte in TWh (Quelle: Eigene Darstellung)

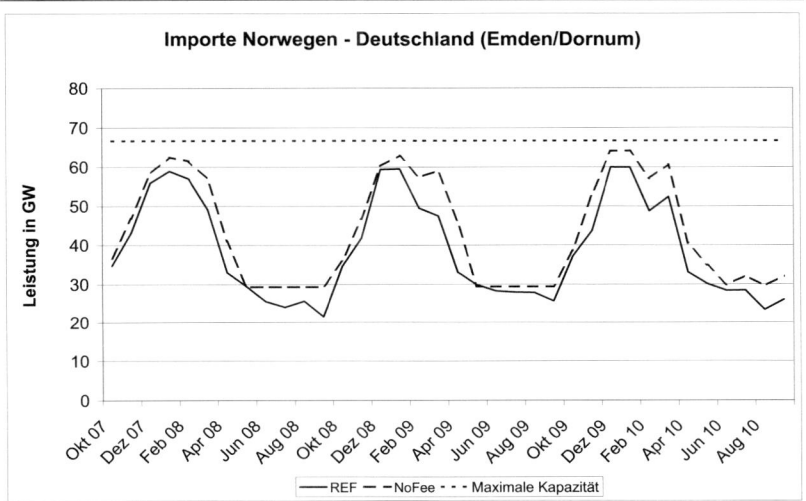

(a) Importe Norwegen - Deutschland (Emden/Dornum)

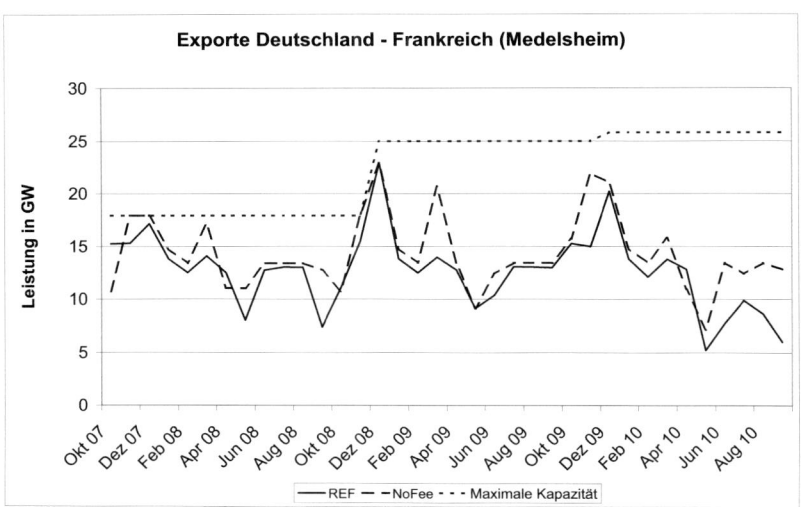

(b) Exporte Deutschland - Frankreich (Medelsheim)

Abbildung 7.14: Vergleich monatlicher Gasflüsse in Emden/Dornum bzw. Medelsheim im Referenzszenario und im Szenario 4 NoFee; Gasflüsse und maximale Transportkapazität in GW (Quelle: Eigene Darstellung)

Im Szenario 4 NoFee steigen die Transite durch Deutschland nach Frankreich gegenüber dem Referenzszenario um rund 8 % von 118 TWh auf 128 TWh. Zum Vergleich: Im Szenario 1 NoRes-NoFee beträgt der Anstieg der Transitmengen gegenüber dem Referenzszenario 10 %. Importe aus Norwegen erhöhen sich im Szenario 4 NoFee gegenüber dem Referenzszenario um 37 TWh von 339 TWh auf 376 TWh (im Szenario 1 NoRes-NoFee sind es 379 TWh). Die Importe aus Russland reduzieren sich im Szenario 4 NoFee wie auch im Szenario 1 NoRes-NoFee um 28 TWh.

In den Szenarien ohne Entgelte (NoFee) verbilligen sich Transporte durch Deutschland, wenn dabei Marktgebietsgrenzen überschritten werden. Dies betrifft insbesondere Transporte von Nord nach Süd, so auch Transite von Norwegen nach Frankreich, weswegen diese Transportmengen steigen. Die Gasflüsse außerhalb Deutschlands verändern sich im Szenario 4 NoFee annähernd gleich wie im Szenario 1 NoRes-NoFee.

Die monatlichen Gasflüsse verändern sich im Szenario 4 NoFee gegenüber dem Referenzszenario ebenfalls so wie im Szenario 1 NoRes-NoFee (siehe Abbildung 7.14). Die physikalischen Kapazitätsrestriktionen zwischen deutschen Marktgebieten haben also keinen Einfluss auf die Gasflüsse. Die Veränderung der Gasflüsse gegenüber dem Referenzszenario ist also durch die Streichung der Entgelte innerhalb Deutschlands bedingt.

7.4.5 Szenario 5 NoFee-Border+

Nach dem Vergleich der Szenarien NoRes-NoFee und NoFee werden an dieser Stelle noch analog dazu die Szenarien NoRes-NoFee-Border+ und NoFee-Border+ verglichen. Der Vergleich dient dazu festzustellen, ob auch bei erhöhten Entgelten an Außengrenzen (Border+) physikalische Kapazitätsrestriktionen zwischen den deutschen Marktgebieten keinen wesentlichen Einfluss auf Modellergebnisse haben.

Das Szenario 5 NoFee-Border+ liefert für das beispielhaft gewählte Gaswirtschaftsjahr 2008/2009 ein identisches Ergebnis wie das Szenario 2 NoRes-NoFee-Border+ (siehe Abbildung 7.15). Bei erhöhten Entgelten an Außengrenzen werden Gasflüsse also so stark durch die Entgelte gesteuert, dass die innerdeutschen physikalischen Kapazitätsrestriktionen keine Auswirkung mehr auf die Gasflüsse haben.

Auch die Analyse der monatlichen Gasflüsse (siehe Abbildung 7.16) bestätigt diese Schlußfolgerung. Im Szenario 5 NoFee-Border+ stellt sich, wie schon im Szenario 2 NoRes-NoFee-Border+, eine Situation ein, die den Betrieb nur je eines Marktgebietes für H-Gas und L-Gas in Deutschland ermöglicht, ohne physikalische Engpässe zu erzeugen.

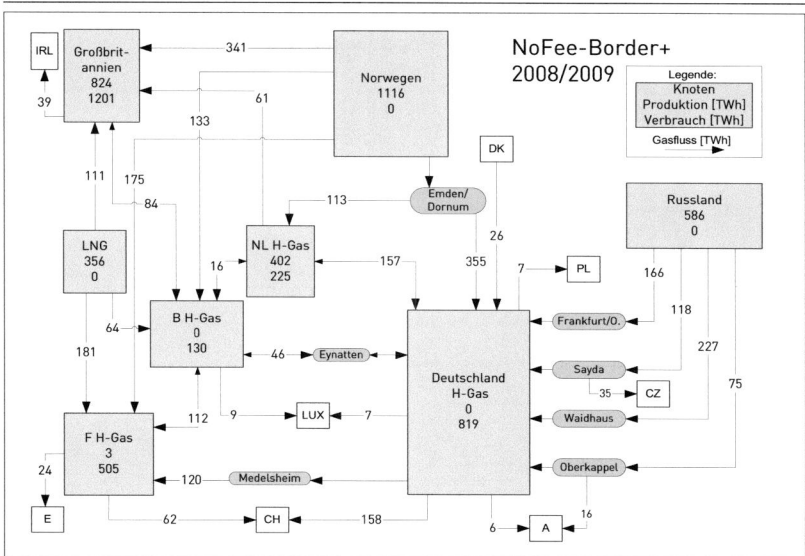

(a) Produktion, Verbrauch und Flüsse H-Gas

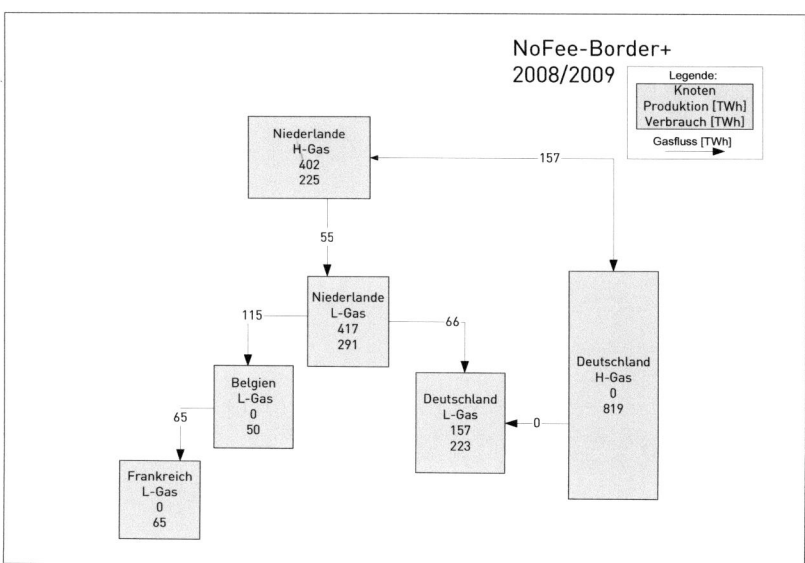

(b) Produktion, Verbrauch und Flüsse L-Gas

Abbildung 7.15: Szenario 5 NoFee-Border+ 2008/2009; auf Knoten Produktion und Verbrauch, auf Pfeilen Gasflüsse - Werte in TWh (Quelle: Eigene Darstellung)

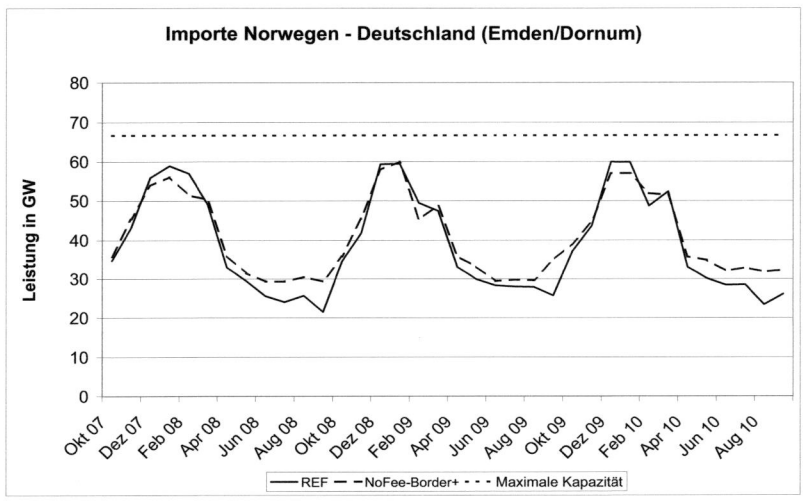

(a) Importe Norwegen - Deutschland (Emden/Dornum)

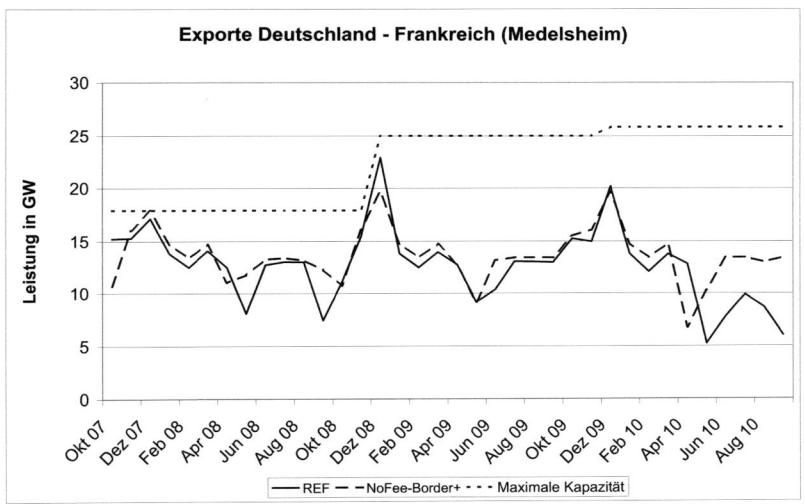

(b) Exporte Deutschland - Frankreich (Medelsheim)

Abbildung 7.16: Vergleich monatlicher Gasflüsse in Emden/Dornum bzw. Medelsheim im Referenzszenario und im Szenario 5 NoFee-Border+; Gasflüsse und maximale Transportkapazität in GW (Quelle: Eigene Darstellung)

7.5 Szenarien mit erhöhter Nachfrage im Winter

Die zukünftige Gasnachfrage ist nicht sicher zu prognostizieren. Auf lange Sicht ist die Gasnachfrage preiselastisch, das heißt, dass die Nachfrage auf Preissignale reagiert. Entscheidend ist dabei jedoch nicht nur die absolute Veränderung der Preise, sondern auch die relative Entwicklung der Gaspreise im Vergleich zu Konkurrenzenergieträgern.

Kurzfristig wird die Gasnachfrage nicht durch den Preis, sondern durch andere Faktoren wie Temperatur, Wirtschaftswachtsum etc. beeinflusst. Nur wenige Verbraucher haben die Möglichkeit kurzfristig auf andere Energieträger auszuweichen (vgl. die Ausführungen zu abschaltbaren Verbrauchern in Abschnitt 3.1.4).

Der wichtigste kurzfristige Einflussfaktor auf den Gasverbrauch ist die Temperatur. Ein Großteil des Gasverbrauchs dient zur Erzeugung von Raumwärme. Insbesondere der Verbrauch der Haushaltskunden ist temperaturgetrieben. Zudem können diese Kunden meist nicht auf andere Energieträger ausweichen.

Alle Szenarien werden zusätzlich als Extremszenarien mit einer erhöhten Nachfrage im Winter gerechnet. Dabei wird ein extrem kalter Winter mit entsprechend erhöhtem Verbrauch angenommen. Die Namen der so generierten Szenarien erhalten jeweils den Zusatz *COLD*. Die deutsche Nachfrage der kommenden Winter ist in den Monaten Oktober, November, Dezember 20 % und in den Monaten Januar, Februar, März 30 % höher als die Nachfrage im Referenzszenario[10]. In den Sommermonaten ist die Nachfrage in den Extremszenarien gegenüber dem Referenzszenario nicht erhöht. Zum einen ist die Nachfrage im Sommer nicht von der Temperatur abhängig, zum anderen sind die Monate von April bis September für die Beurteilung physikalischer Engpässe nicht relevant, da in diesen Monaten keine Lastspitzen auftreten. Abbildung 7.17 zeigt die Nachfrage in den Normalszenarien und in den Extremszenarien.

7.5.1 Referenzszenario mit erhöhter Nachfrage

Die oben dargestellten Szenarioläufe werden zusätzlich noch mit erhöhter Nachfrage gerechnet. Dazu wird (ceteris paribus) die Nachfrage in den Wintermonaten auf das Niveau eines Extremwinters angehoben. Das Referenzszenario mit erhöhter Nachfrage erhält den Namen *REF(COLD)*.

---

[10]Hier ist anzumerken, dass der Verbrauch nur in Deutschland und nicht gleichzeitig in den anderen modellierten Ländern erhöht wird. Eine Untersuchung einer zeitgleichen Verbrauchsspitze in ganz Europa würde sich als weiterer Anwendungsfall für das entwickelte Modell anbieten. Im Rahmen der vorliegenden Arbeit wird dieser Fall nicht dargestellt.

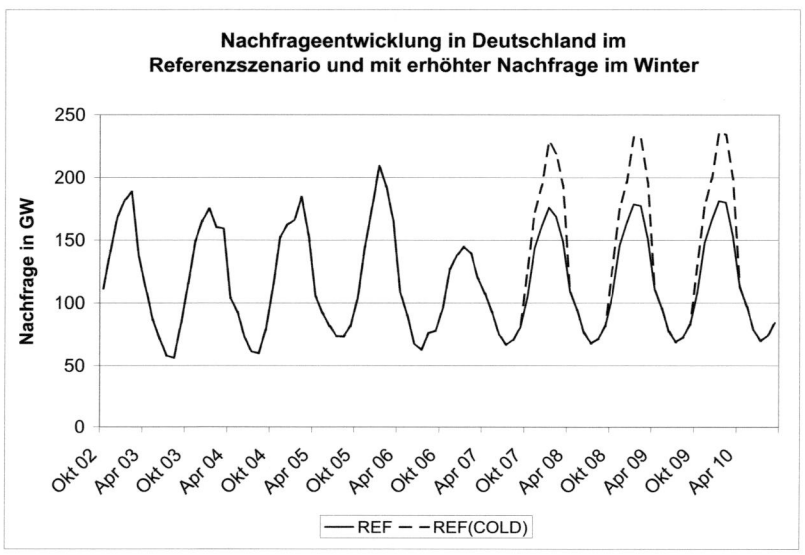

Abbildung 7.17: Entwicklung der Gasnachfrage in Deutschland; Oktober 2001 bis März 2007 veröffentlichte Werte [BAFA 2006, 2007], April 2007 bis September 2010 angenommene Werte Referenzszenario und mit erhöhter Nachfrage; monatliche Werte in GW (Quelle: Eigene Darstellung)

Abbildung 7.18 zeigt Produktion, Verbrauch und Gasflüsse getrennt nach H- und L-Gas im Szenario REF(COLD) analog zur bisherigen Darstellung exemplarisch für das Gaswirtschaftsjahr 2008/2009. Der Gesamtverbrauch (H- und L-Gas) in Deutschland ist gegenüber dem Referenzszenario um 171 TWh erhöht. Der zusätzliche Gasbedarf im Modell wird durch Importe aus Norwegen (plus 108 TWh) und Russland (plus 25 TWh) sowie über LNG-Lieferungen (plus 38 TWh) gedeckt. Importe nach Deutschland steigen entsprechend an, da eine Ausweitung der einheimischen Förderung aufgrund der gegebenen Produktionsrestriktionen nicht möglich ist. Die zusätzlichen Importmengen fließen im Szenario REF(COLD) über Frankfurt/Oder (plus ca. 21 TWh), Sayda (plus 3 TWh), Emden/Dornum (plus 43 TWh), aus den Niederlanden (plus 43 TWh) sowie über Eynatten (plus 13 TWh). Gleichzeitig sinken die Exporte nach Frankreich über den Grenzübergangspunkt Medelsheim um 7 TWh, was einer Reduktion um rund 6 % entspricht. Die veränderten Gasflüsse führen in

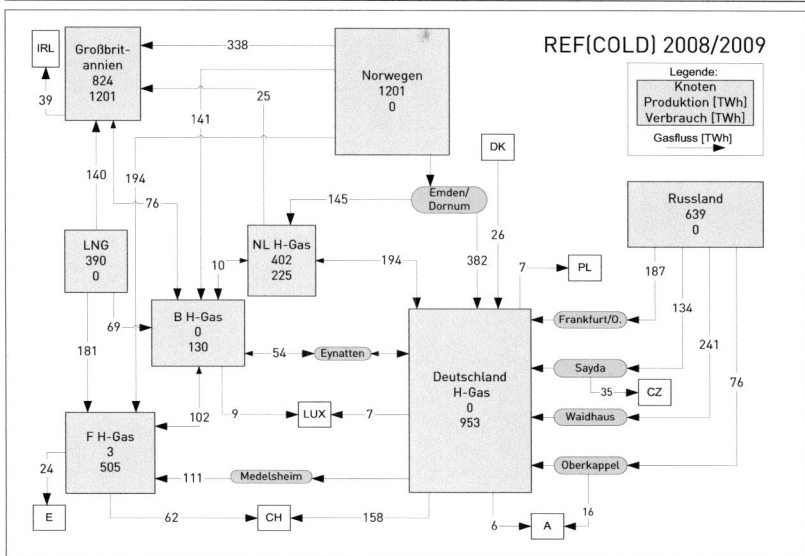

(a) Produktion, Verbrauch und Flüsse H-Gas

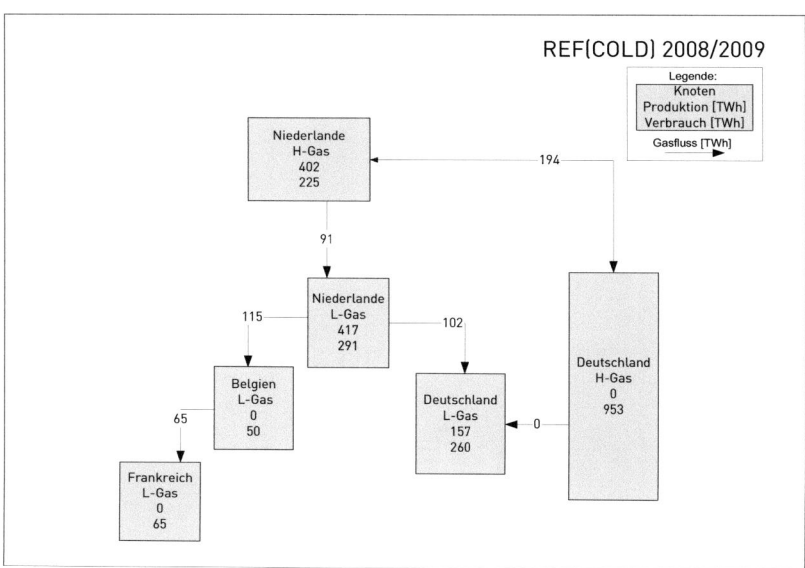

(b) Produktion, Verbrauch und Flüsse L-Gas

Abbildung 7.18: Szenario REF(COLD) 2008/2009; auf Knoten Produktion und Verbrauch, auf Pfeilen Gasflüsse - Werte in TWh (Quelle: Eigene Darstellung)

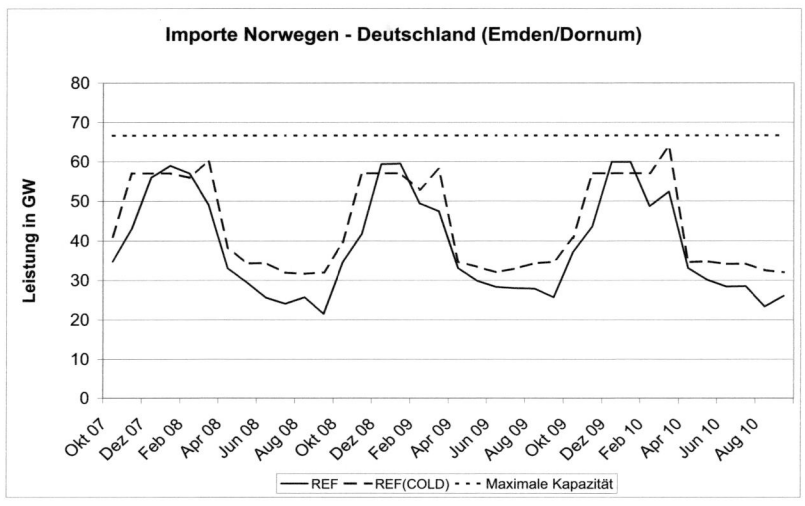

(a) Importe Norwegen - Deutschland (Emden/Dornum)

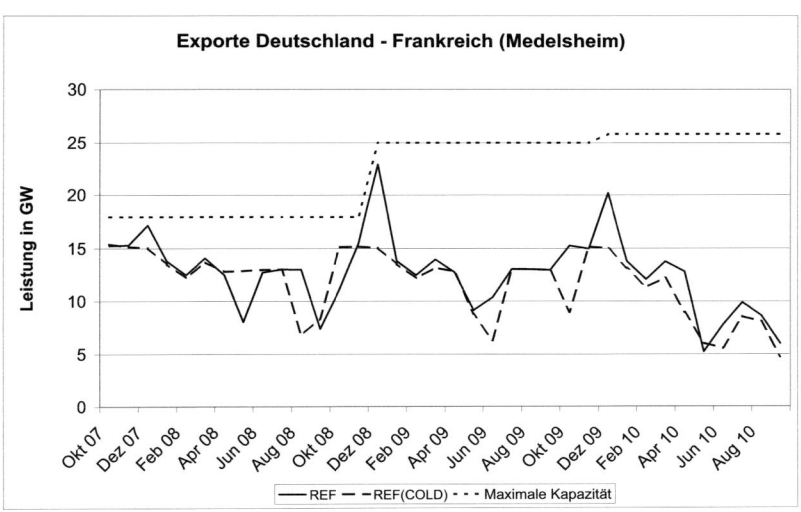

(b) Exporte Deutschland - Frankreich (Medelsheim)

Abbildung 7.19: Vergleich monatlicher Gasflüsse in Emden/Dornum bzw. Medelsheim im Referenzszenario und im Referenzszenario mit erhöhter Nachfrage; Gasflüsse und maximale Transportkapazität in GW (Quelle: Eigene Darstellung)

den anderen modellierten Ländern nicht zu Engpässen. Frankreich beispielsweise importiert 7 TWh weniger aus Deutschland und 13 TWh weniger aus Belgien. Dies wird durch steigende Direktimporte aus Norwegen (plus 18 TWh) und LNG-Lieferungen (plus 2 TWh) kompensiert.

Die veränderten Gasflüsse zeigen sich auch bei der Detailbetrachtung der monatlichen Gasflüsse. In Abbildung 7.19 sind wiederum exemplarisch die Flüsse an den Entry-Punkten Emden/Dornum und am Exit-Punkt Medelsheim dargestellt. Die Importleistung ist gegenüber dem Referenzszenario generell erhöht. Die Leistungsspitze tritt jeweils zum Ende des Winters im März auf. Dies erscheint plausibel, da gegen Ende des Winters die Ausspeicherleistung der Porenspeicher aufgrund des verringerten Füllstands abnimmt (vgl. Abbildung 5.3).

Bei den monatlichen Exportflüssen nach Frankreich fällt auf, dass die Leistungsspitzen in den Wintermonaten gekappt sind. Dies deutet darauf hin, dass im gewählten Extremszenario im Winter keine freien Gasmengen für den Export aus Deutschland zur Verfügung stehen. Diese Situation führt jedoch nicht zu Versorgungsengpässen in Frankreich, da die reduzierten Lieferungen im Winter durch einen verstärkten Einsatz der französischen Speicher ausgeglichen werden.

7.5.2 Szenario NoRes-NoFee(COLD)

Analog zu Szenario 1 NoRes-NoFee mit normaler Gasnachfrage (siehe Abschnitt 7.4.1) sind im Szenario NoRes-NoFee(COLD) Kapazitätsrestriktionen und Entgelte zwischen deutschen Marktgebieten gleicher Gasqualität aufgehoben. Die Nachfrage ist, wie oben beschrieben, auf das Niveau von Extremwintern erhöht.

Abbildung 7.20 zeigt die Ergebnisse im Szenario NoRes-NoFee(COLD). Gegenüber Szenario REF(COLD) verändert sich Folgendes: Produktionsmengen verschieben sich von Russland (minus 23 TWh) nach Norwegen (plus 23 TWh). LNG-Importe verändern sich nicht. Die Veränderungen fallen etwas geringer aus als zwischen den vergleichbaren Szenarien mit normaler Nachfrage (REF und NoRes-NoFee). Sie zeigen aber die gleiche Tendenz. Exporte von Deutschland nach Frankreich steigen um 6 TWh, also gut 5 %.

Beim Vergleich der monatlichen Flüsse in Abbildung 7.21 zeigen sich speziell in den Wintermonaten erhöhte Gasflüsse. Wie schon im Szenario NoRes-NoFee nähert sich die Pipelineauslastung der maximalen Kapazität, was ein erhöhtes Risiko physikalischer Engpässe bedeutet. Allerdings ist die Auslastung nicht gleichmäßig erhöht, sondern weist stärkere Schwankungen zwischen den einzelnen Monaten auf.

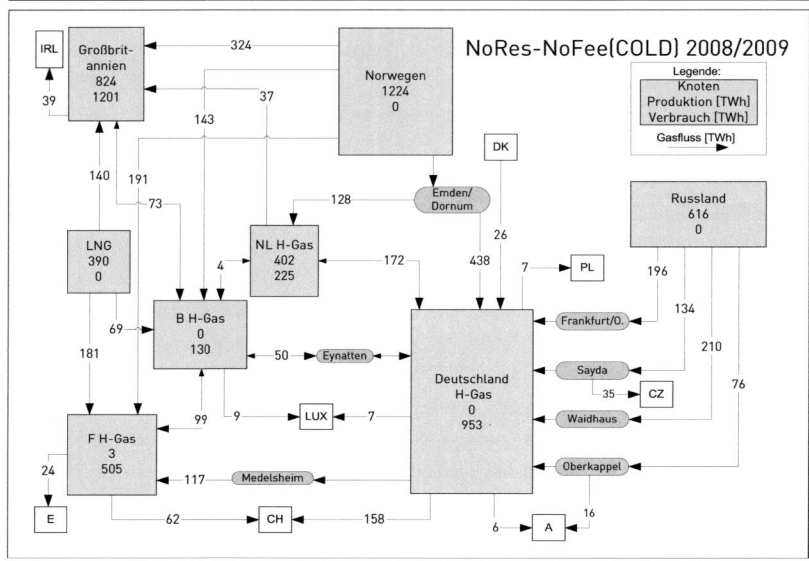

(a) Produktion, Verbrauch und Flüsse H-Gas

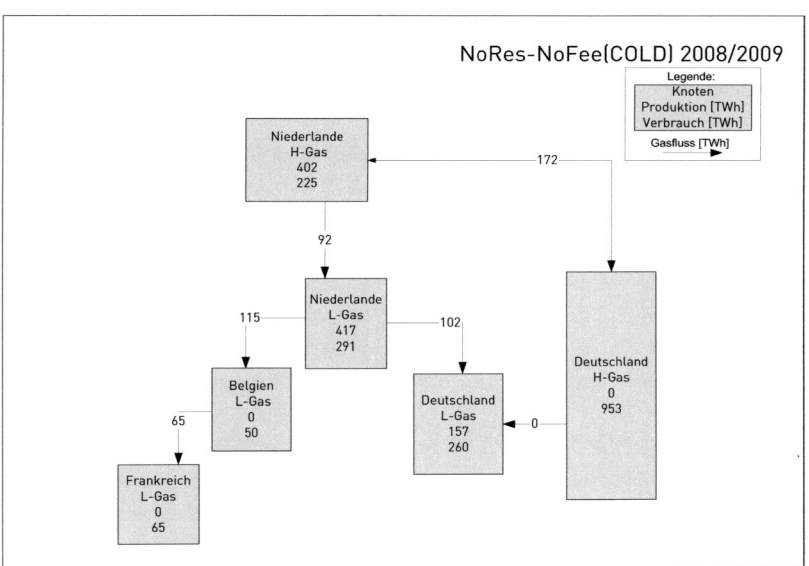

(b) Produktion, Verbrauch und Flüsse L-Gas

Abbildung 7.20: NoRes-NoFee(COLD) 2008/2009; auf Knoten Produktion und Verbrauch, auf Pfeilen Gasflüsse - Werte in TWh (Quelle: Eigene Darstellung)

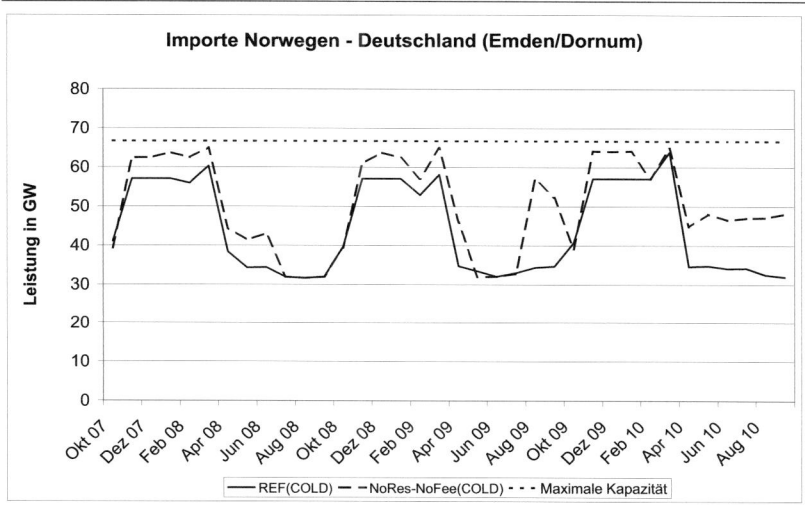

(a) Importe Norwegen - Deutschland (Emden/Dornum)

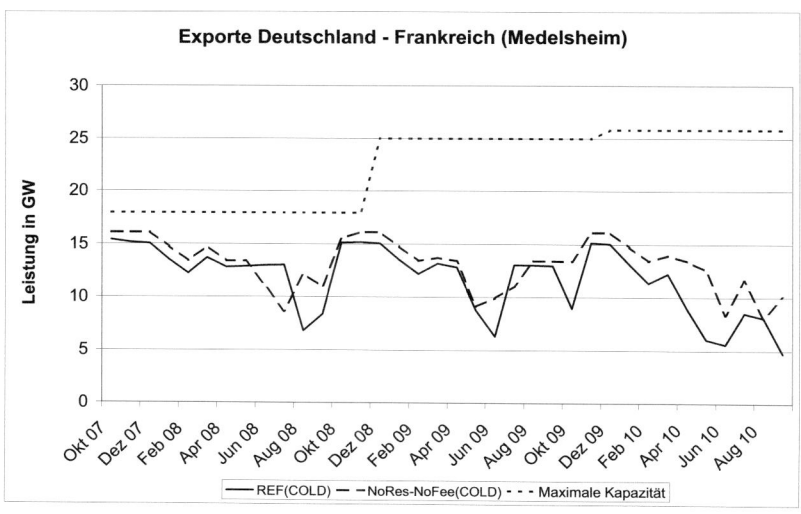

(b) Exporte Deutschland - Frankreich (Medelsheim)

Abbildung 7.21: Vergleich monatlicher Gasflüsse in Emden/Dornum bzw. Medelsheim im Szenario REF(COLD) und im Szenario NoRes-NoFee(COLD); Gasflüsse und maximale Transportkapazität in GW (Quelle: Eigene Darstellung)

7.5.3 Szenario NoRes-NoFee-Border+(COLD)

Im Szenario NoRes-NoFee-Border+(COLD) werden Entry- und Exit-Entgelte an deutschen Außengrenzen angehoben. Der einzige Unterschied zum Szenario 2 NoRes-NoFee-Border+ (siehe Abschnitt 7.4.2) ist wiederum nur die erhöhte Nachfrage.

Abbildung 7.22 zeigt die Ergebnisse des Szenarios NoRes-NoFee-Border+(COLD) im Gaswirtschaftsjahr 2008/2009. Gegenüber dem Szenario REF(COLD) ergeben sich nur geringe Veränderungen. Russische und norwegische Produktion gehen minimal zurück (minus 3 TWh bzw. minus 1 TWh), wogegen LNG-Importe um rund 3 TWh zulegen. Exporte von Deutschland nach Frankreich erhöhen sich nur leicht um 4 TWh, gleichzeitig importiert Frankreich je 2 TWh weniger aus Norwegen und Belgien. In den L-Gas Gebieten ergeben sich keine Veränderungen.

Monatliche Importleistungen an den exemplarisch betrachteten Entry-Punkten Emden/Dornum verändern sich gegenüber dem Szenario REF(COLD) nur in einzelnen Monaten (siehe Abbildung 7.23). Tendenziell bleiben die Flüsse gleich. Exporte nach Frankreich zeigen ebenfalls nur geringe Abweichungen. Eine Ausnahme stellt das Gaswirtschaftsjahr 2009/2010 dar. Hier gehen die Flüsse von Deutschland nach Frankreich zurück. Im gleichen Zeitraum erhält Frankreich mehr Gas aus LNG-Lieferungen (nicht abgebildet).

7.5.4 Szenario NoRes(COLD)

Im Szenario NoRes(COLD) sind gegenüber dem Szenario REF(COLD) nur physikalische Kapazitätsrestriktionen zwischen deutschen Marktgebieten gleicher Gasqualität aufgehoben.

Abbildung 7.24 zeigt die Ergebnisse des Szenarios NoRes(COLD) in der bekannten Darstellungsform. Gegenüber dem Szenario REF(COLD) ergeben sich nur geringe Veränderungen. Importe aus Russland steigen leicht um rund 5 TWh, während Importe aus Norwegen um rund 6 TWh fallen und LNG-Importe sich nicht verändern. In den Szenarien mit normalem Verbrauch (REF und NoRes) verschieben sich die Produktionsmengen in entgegengesetzter Richtung. Die Summe der Importe bleibt nahezu konstant. Lediglich zwischen den verschiedenen Entry-Punkten ins deutsche H-Gas-Netz treten leichte Verschiebungen auf. Die Importe in Eynatten und in Emden/Dornum gehen zurück, wogegen die Importe aus Russland und den Niederlanden steigen. Die absoluten Größenordnungen der Veränderungen zwischen dem Referenzszenario (REF) und dem Szenario ohne Kapazitätsbeschränkungen (NoRes) sind im Fall mit erhöhter Nachfrage (COLD) geringer als im Normalfall. Dies spiegelt den Umstand wider, dass das Gesamtsystem in den Extremszenarien weniger

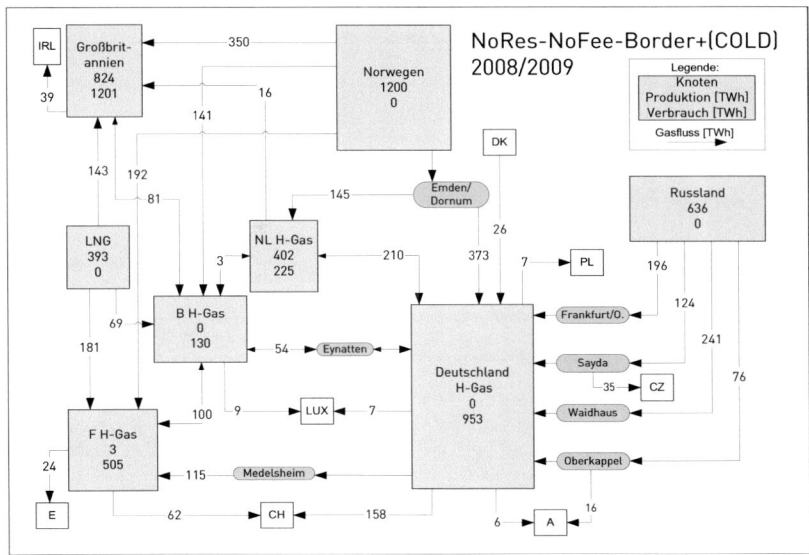

(a) Produktion, Verbrauch und Flüsse H-Gas

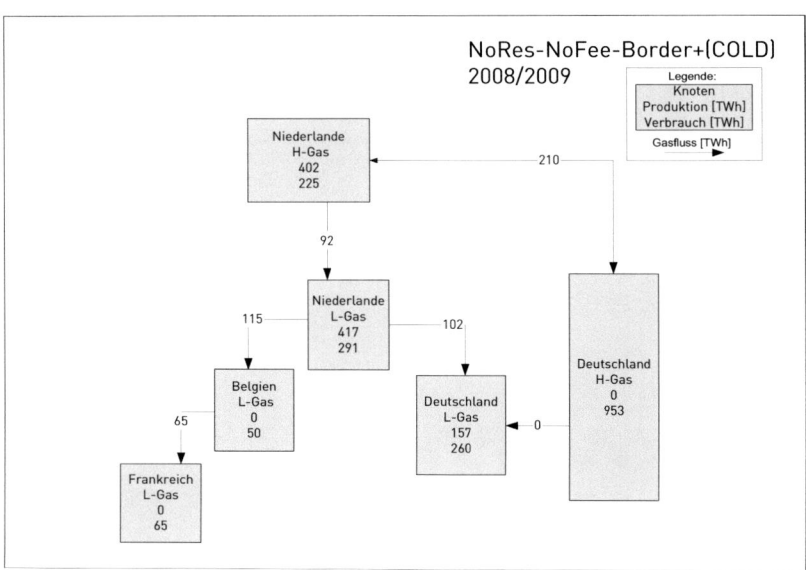

(b) Produktion, Verbrauch und Flüsse L-Gas

Abbildung 7.22: NoRes-NoFee-Border+(COLD) 2008/2009; auf Knoten Produktion und Verbrauch, auf Pfeilen Gasflüsse - Werte in TWh (Quelle: Eigene Darstellung)

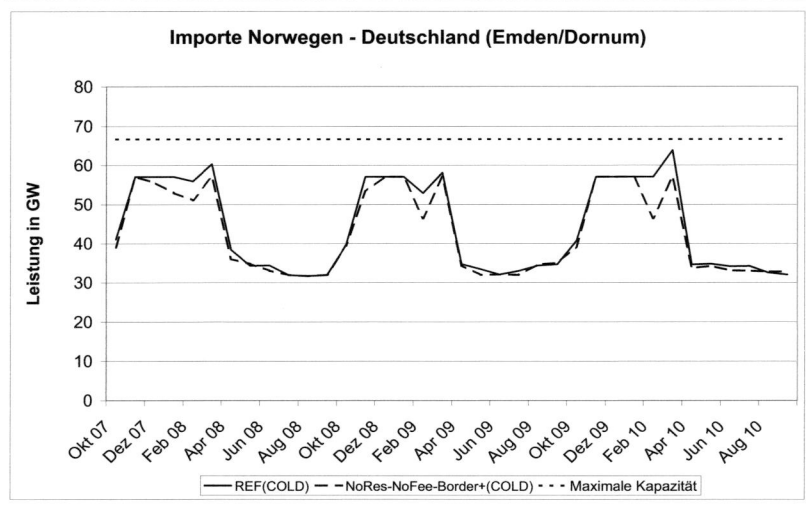

(a) Importe Norwegen - Deutschland (Emden/Dornum)

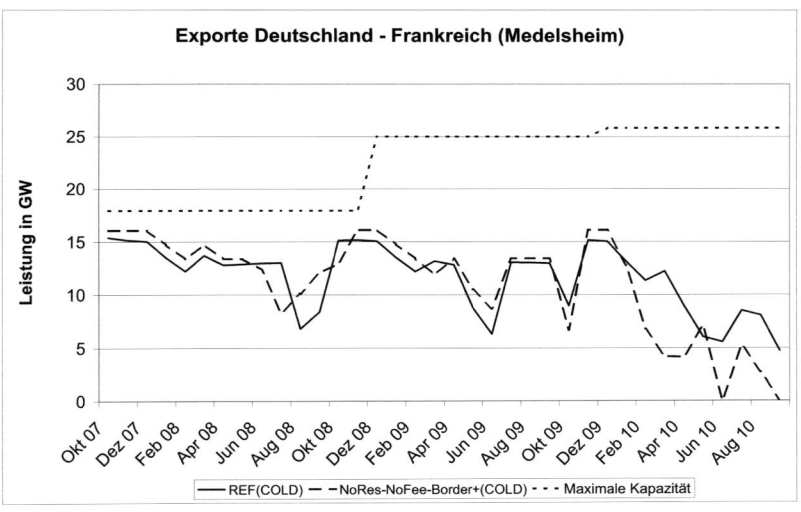

(b) Exporte Deutschland - Frankreich (Medelsheim)

Abbildung 7.23: Vergleich monatlicher Gasflüsse in Emden/Dornum bzw. Medelsheim im Szenario REF(COLD) und im Szenario NoRes-NoFee-Border+(COLD); Gasflüsse und maximale Transportkapazität in GW (Quelle: Eigene Darstellung)

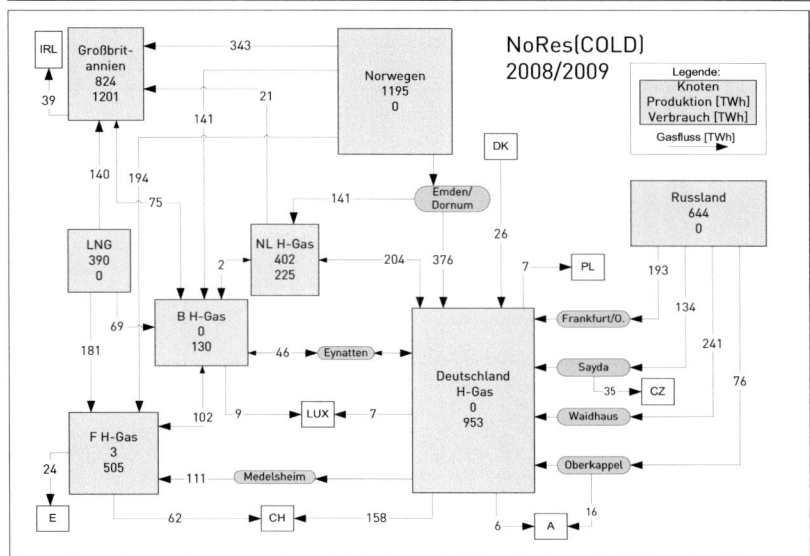

(a) Produktion, Verbrauch und Flüsse H-Gas

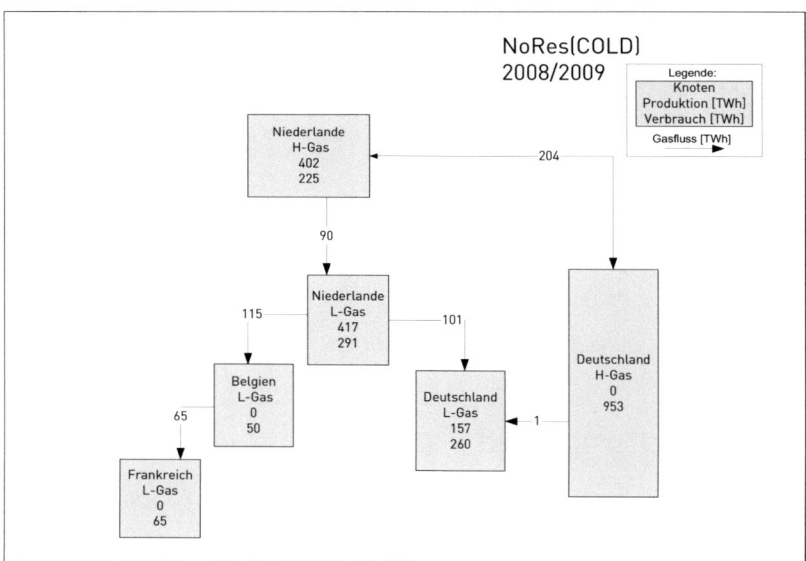

(b) Produktion, Verbrauch und Flüsse L-Gas

Abbildung 7.24: NoRes(COLD) 2008/2009; auf Knoten Produktion und Verbrauch, auf Pfeilen Gasflüsse - Werte in TWh (Quelle: Eigene Darstellung)

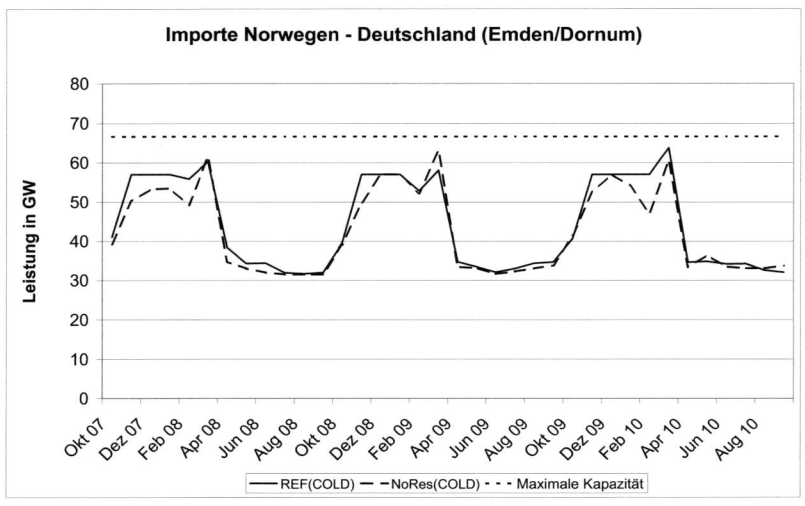

(a) Importe Norwegen - Deutschland (Emden/Dornum)

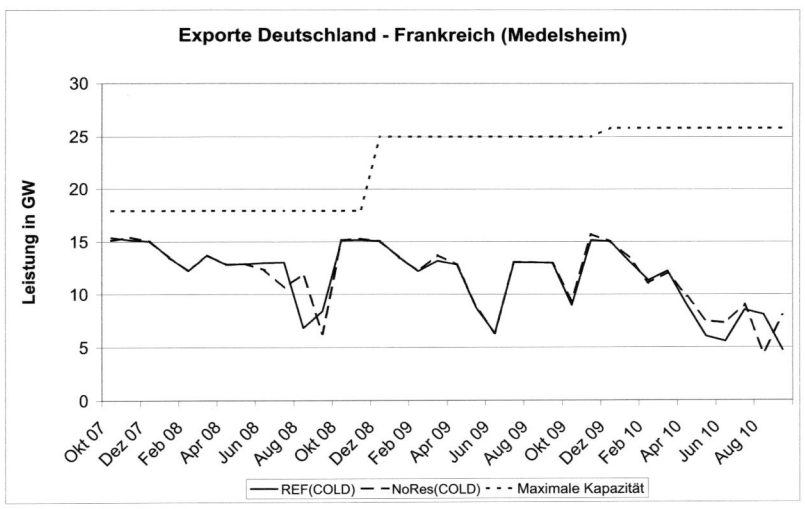

(b) Exporte Deutschland - Frankreich (Medelsheim)

Abbildung 7.25: Vergleich monatlicher Gasflüsse in Emden/Dornum bzw. Medelsheim im Szenario REF(COLD) und im Szenario NoRes(COLD); Gasflüsse und maximale Transportkapazität in GW (Quelle: Eigene Darstellung)

flexibel ist als unter Normalbedingungen. Es entspricht den Erwartungen, dass das Transportsystem bei einer höheren Auslastung eine geringere Flexibilität aufweist.

Eine Betrachtung der monatlichen Flussdaten (siehe Abbildung 7.25) bestätigt den Eindruck, dass bei erhöhter Gesamtnachfrage die Aufhebung von Kapazitätsrestriktionen innerhalb Deutschlands keinen wesentlichen Einfluss auf die Gasflüsse und damit physikalische Engpässe hat.

7.5.5 Szenario NoFee(COLD)

Mit dem Szenario NoFee(COLD) wird, wie schon mit dem Szenario 4 NoFee, untersucht, ob Entgelte oder physikalische Kapazitätsrestriktionen die Gasflüsse stärker beeinflussen, wobei im Szenario NoFee(COLD) wieder extrem kalte Winter mit entsprechend erhöhter Nachfrage unterstellt werden.

Das Gasaufkommen im Szenario NoFee(COLD) verschiebt sich, wie schon im Szenario NoRes-NoFee(COLD), von Russland nach Norwegen (siehe Abbildung 7.26). Russische Exporte sinken um 24 TWh, norwegische Exporte steigen um rund 23 TWh und LNG-Importe in die Modellregionen bleiben stabil gegenüber dem Szenario REF(COLD). Für den deutschen Markt ergeben sich wiederum Verschiebungen zwischen den Entry-Punkten. Importe über Emden/Dornum steigen um 47 TWh, während Importe aus Russland um 24 TWh, aus den Niederlanden um 11 TWh und aus Belgien um 4 TWh sinken. Exporte nach Frankreich steigen um 7 TWh, was in Summe erhöhte Transitmengen durch Deutschland bedeutet.

Die monatlichen Importflüsse im Szenario NoFee(COLD) zeigen deutlichere Lastspitzen als im Szenario REF(COLD) (siehe Abbildung 7.27).

Interessant ist auch der Vergleich mit dem Szenario NoRes-NoFee(COLD) (Abschnitt 7.5.2) sowie den Normalszenarien NoRes-NoFee (Abschnitt 7.4.1) und NoFee (Abschnitt 7.4.4). Im Vergleich zwischen NoFee(COLD) und NoRes-NoFee(COLD) bleiben zwar Importe aus Norwegen und Russland sowie Exporte nach Frankreich in Summe annähernd gleich, die Verschiebungen zwischen den Entry-Punkten fallen jedoch im Vergleich zu Szenario REF(COLD) unterschiedlich hoch aus. In den Szenarien mit erhöhter Nachfrage wirken sich also Kapazitätsrestriktionen innerhalb Deutschlands stellenweise auf die Gasflüsse aus. Anders verhält es sich in den Normalszenarien. Zwischen Szenario 1 NoRes-NoFee und Szenario 4 NoFee ändern sich die Ergebnisse nur geringfügig (siehe Abschnitt 7.4.4). Bei extrem erhöhter Nachfrage wirkt sich also die Aufhebung von Kapazitätsrestriktionen auf die Gasflüsse aus. Dies entspricht auch den Erwartungen, da das Transportsystem näher am Kapazitätsmaximum betrieben wird.

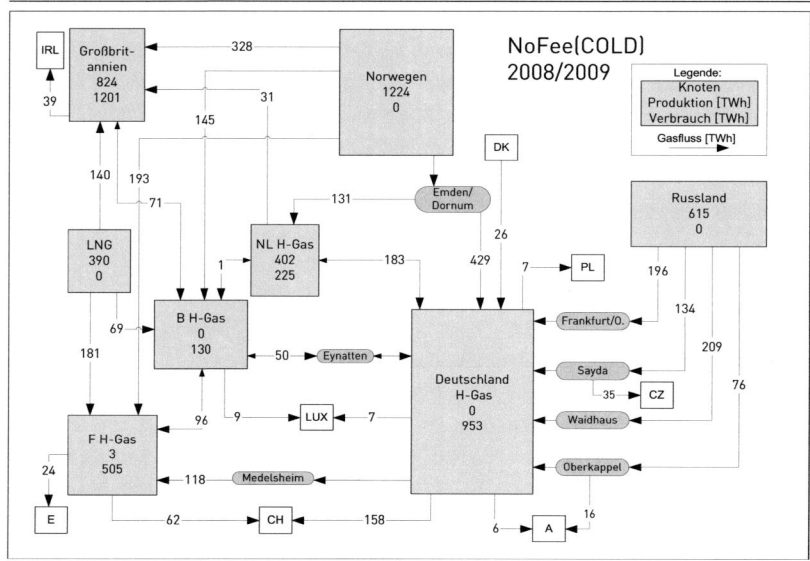

(a) Produktion, Verbrauch und Flüsse H-Gas

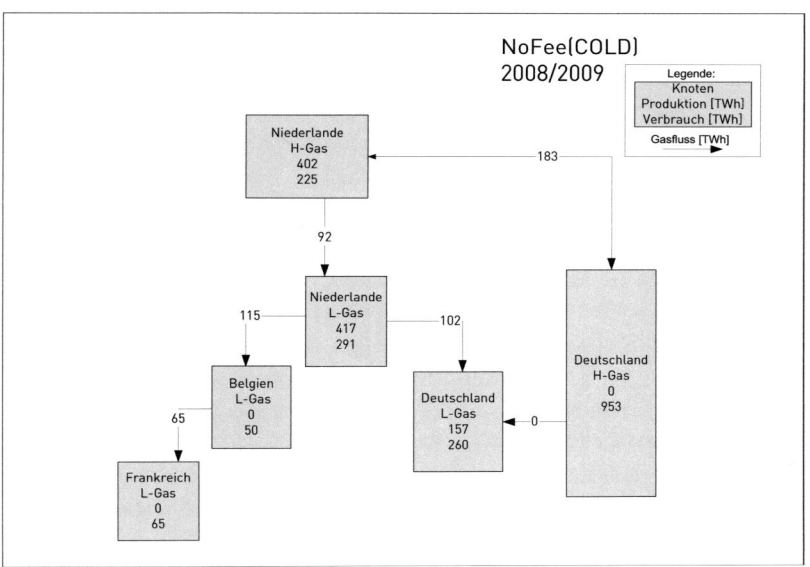

(b) Produktion, Verbrauch und Flüsse L-Gas

Abbildung 7.26: NoFee(COLD) 2008/2009; auf Knoten Produktion und Verbrauch, auf Pfeilen Gasflüsse - Werte in TWh (Quelle: Eigene Darstellung)

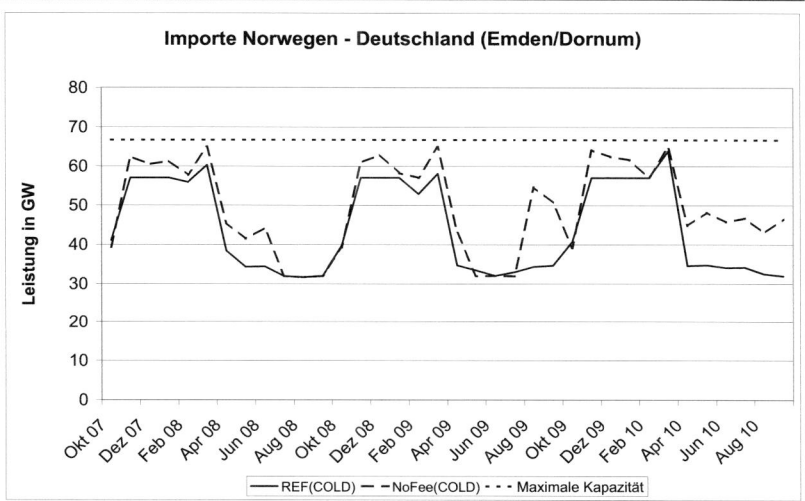

(a) Importe Norwegen - Deutschland (Emden/Dornum)

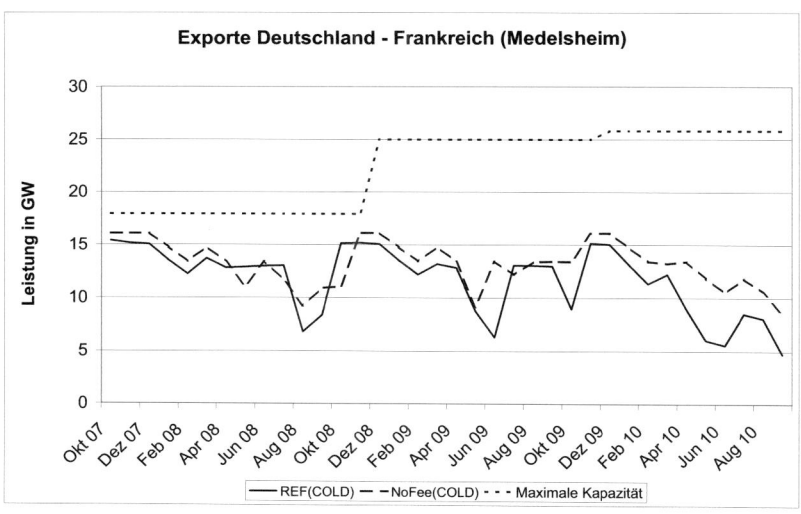

(b) Exporte Deutschland - Frankreich (Medelsheim)

Abbildung 7.27: Vergleich monatlicher Gasflüsse in Emden/Dornum bzw. Medelsheim im Szenario REF(COLD) und im Szenario NoFee(COLD); Gasflüsse und maximale Transportkapazität in GW (Quelle: Eigene Darstellung)

7.5.6 Szenario NoFee-Border+(COLD)

Das Szenario NoFee-Border+(COLD) dient der Vollständigkeit halber dazu, zu prüfen, ob die oben getroffenen Feststellungen bezüglich Kapazitätsrestriktionen auch bei erhöhten Entgelten an Außengrenzen gelten.

Abbildung 7.28 zeigt den exemplarischen Ausschnitt aus den Ergebnissen von Szenario NoFee-Border+(COLD). Gegenüber dem Szenario REF(COLD) ergeben sich nur geringe Verschiebungen. Die Ergebnisse sind ähnlich wie in Szenario NoRes-NoFee-Border+(COLD). Das heißt, dass bei erhöhten Entgelten an Außengrenzen auch in den Extremszenarien die physikalischen Kapazitätsrestriktionen zwischen Marktgebieten gleicher Gasqualität keine wesentliche Rolle spielen.

Die monatlichen Gasflüsse an den beispielhaft gewählten Entry- und Exit-Punkten Emden/Dornum und Medelsheim zeigt Abbildung 7.29. Im Vergleich zum Szenario REF(COLD) sind nur in einzelnen Monaten leichte Abweichungen zu erkennen. Auch in den Extremszenarien können durch entsprechende Erhöhung der Entgelte an Außengrenzen, auch ohne Entgelte zwischen deutschen Marktgebieten gleicher Gasqualität, ähnliche Gasflüsse wie im vergleichbaren Referenzszenario erreicht werden.

7.6 Vergleich der Szenarioläufe

Nachdem in den vorangegangenen Abschnitten ausgewählte Detailergebnisse dargestellt wurden, werden im Folgenden die wesentlichen Erkenntnisse aus dem Vergleich der Szenarioläufe zusammengefasst.

In den Szenarien variieren Entry- und Exit-Entgelte sowie Kapazitätsbeschränkungen, die im Modell die Nebenbedingungen des Netzzugangs darstellen. In den Szenarien mit erhöhter Nachfrage wird zusätzlich noch die Nachfrage angepasst, um das modellierte Transportsystem unter erhöhter Auslastung zu testen.

Insgesamt zeigt sich, dass in allen Szenarien das Gasaufkommen und damit die Gasflüsse vergleichsweise stabil bleiben. Abbildung 7.30 zeigt das Gasaufkommen in den verschiedenen Szenarien im exemplarisch betrachteten Gaswirtschaftsjahr 2008/2009. Im Gesamtmodell ergeben sich nur geringe Veränderungen.

Gasflüsse in und um Deutschland werden durch veränderte Kapazitätsbeschränkungen und Entgelte beeinflusst. Wesentliche Treiber sind die Entgelte, wogegen Kapazitätsbeschränkungen nur eine geringe bindende Wirkung haben. In den Extremszenarien mit erhöhter Nachfrage verstärkt sich der Einfluss wegfallender Kapazitäts-

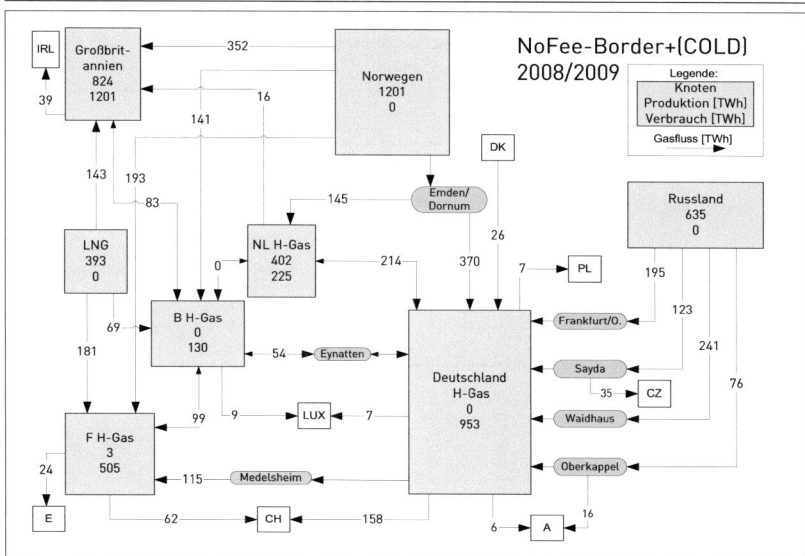

(a) Produktion, Verbrauch und Flüsse H-Gas

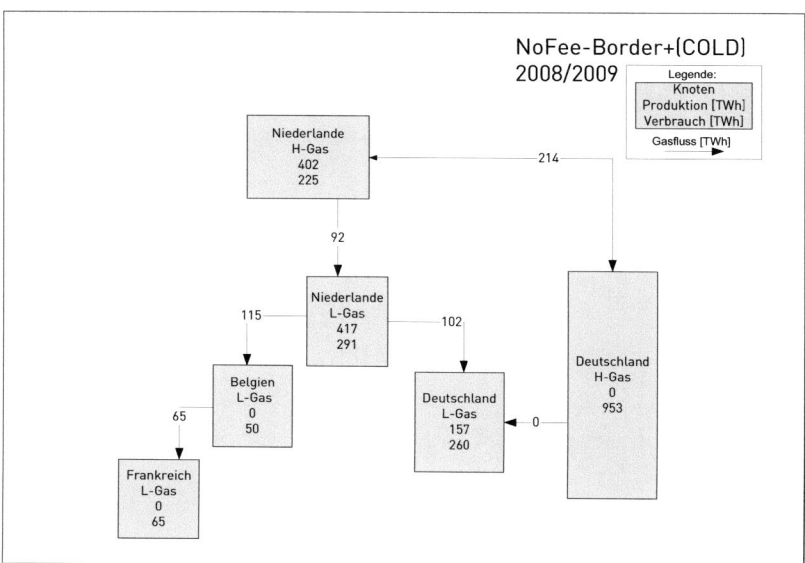

(b) Produktion, Verbrauch und Flüsse L-Gas

Abbildung 7.28: NoFee-Border+(COLD) 2008/2009; auf Knoten Produktion und Verbrauch, auf Pfeilen Gasflüsse - Werte in TWh (Quelle: Eigene Darstellung)

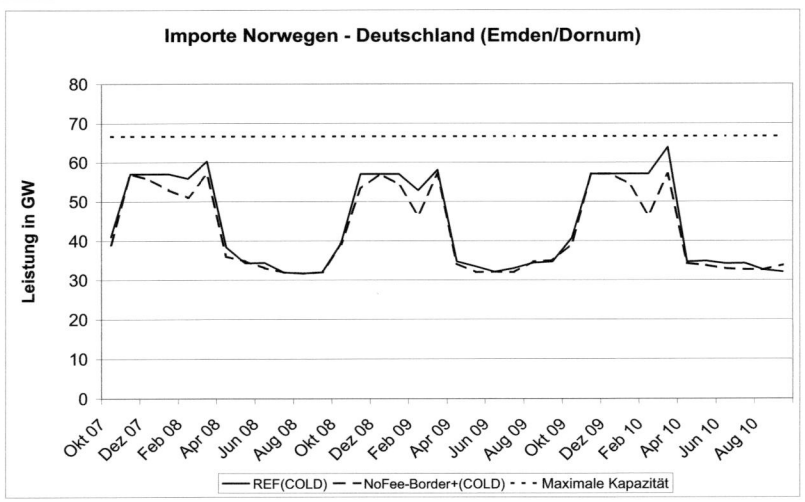

(a) Importe Norwegen - Deutschland (Emden/Dornum)

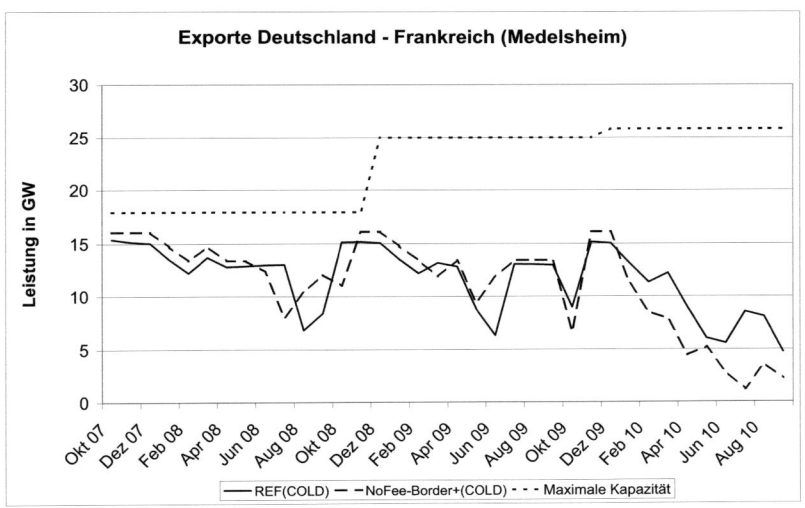

(b) Exporte Deutschland - Frankreich (Medelsheim)

Abbildung 7.29: Vergleich monatlicher Gasflüsse in Emden/Dornum bzw. Medelsheim im Szenario REF(COLD) und im Szenario NoFee-Border+(COLD); Gasflüsse und maximale Transportkapazität in GW (Quelle: Eigene Darstellung)

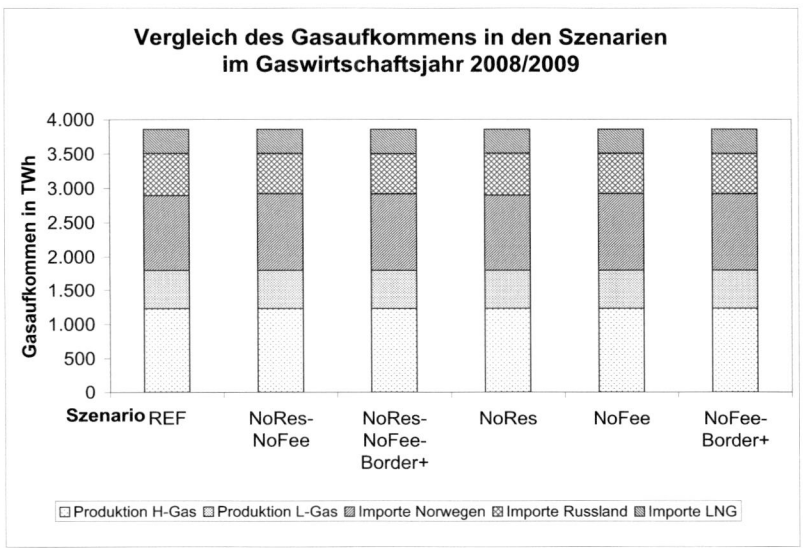

Abbildung 7.30: Vergleich des Gasaufkommens in den verschiedenen Szenarien im Gaswirtschaftsjahr 2008/2009 - Werte in TWh (Quelle: Eigene Darstellung)

restriktionen, da das Transportsystem insgesamt näher an den Kapazitätsgrenzen operiert.

Die simulierten Veränderungen der Kapazitätsbeschränkungen und Entgelte stellen eine Reduzierung der Anzahl der Marktgebiete im deutschen Gasmarkt auf ein H-Gas- und ein L-Gas-Marktgebiet dar. Die Ergebnisse der Szenariorechnungen zeigen, dass diese Re-Organisation des Marktes nicht zu physikalischen Engpässen führt. Bei zentraler Steuerung, wie sie im vorgestellten Optimierungsmodell angelegt ist, kann das Transportsystem mit nur zwei Marktgebieten betrieben werden. Diese Aussage gilt grundsätzlich auch bei einer extrem hohen Auslastung der Netze, wie sie in den Extremszenarien mit erhöhter Nachfrage simuliert wird. Die Variation von Entgelten und Kapazitätsrestriktionen führt in diesen Szenarien zu geringeren Änderungen als in den Normalszenarien, da das Gesamtsystem weniger Flexibilität aufweist.

Modellergebnisse beruhen jedoch stets auf bestimmten, zum Teil vereinfachenden, Annahmen und sind daher entsprechend zu interpretieren. Beispielsweise wird in den Szenarien mit erhöhter Nachfrage deutlich mehr Gas aus Norwegen geliefert.

Die im Modell gewählten Nebenbedingungen der norwegischen Produktion erlauben eine solche Produktionsausweitung (vgl. Abschnitt 6.4). Neuere Aussagen des norwegischen Energieministeriums bestätigen die Modellannahmen bezüglich der norwegischen Produktionskapazitäten[11].

Mit Hilfe des Modells kann nicht verifiziert werden, dass 19 Marktgebiete in Deutschland fundamental durch Kapazitätsengpässe begründet sind. Das Szenario 2 NoRes-NoFee-Border+ stellt eine Situation dar, in der der deutsche Gasmarkt mit nur einem H-Gas- und einem L-Gas-Marktgebiet funktioniert. Eine Zusammenlegung der bislang bestehenden Marktgebiete ist in diesem Szenario für Lieferanten in Summe ausgabenneutral. Vorteile einer Zusammenlegung von Marktgebieten sind: Der Aufwand der Gaslieferanten für die Belieferung von Kunden verringert sich. Kunden sind eindeutig einem Marktgebiet zugeordnet, da sich keine Marktgebiete einer Gasqualität mehr überlappen. Handelsaktivitäten konzentrieren sich auf einen virtuellen Handelspunkt für H-Gas und einen für L-Gas. Unter den im Modell verwendeten Annahmen sind jeweils ein Marktgebiet für H-Gas und L-Gas im liberalisierten deutschen Gasmarkt möglich.

---

[11] „Norwegen wird in den kommenden acht Jahren seine Gasexporte in die EU von derzeit 84 auf 125 bis 140 Milliarden Kubikmeter pro Jahr aufstocken" [zit. n. Energate (Red.) 2007a].

Kapitel 8

Schlussfolgerung und Ausblick

In diesem Kapitel wird zunächst das entwickelte Transportmodell für den deutschen Gasmarkt kritisch gewürdigt, bevor dann die Schlussfolgerungen aus den Szenarioläufen zusammengefasst werden. Abschließend folgt ein Ausblick auf weitere Forschungsmöglichkeiten sowie auf die weitere Entwicklung des deutschen Gasmarktes.

8.1 Kritische Würdigung des entwickelten Transportmodells

Im Rahmen dieser Arbeit wird das Gastransportmodell *GMod* entwickelt, mit dem die verschiedenen Marktgebiete des deutschen Gasmarktes und angrenzender Länder detailliert abgebildet werden. Modellergebnisse sind u. a. Gasflüsse aus denen sich physikalische Engpässe ableiten lassen. Physikalische Engpässe stellen eine Begründung für die Unterteilung des Marktes in Marktgebiete dar. Somit ist das Modell als Instrument zur Untersuchung der Auswirkungen einer Reduzierung der Anzahl der Marktgebiete geeignet.

Das in der vorliegenden Arbeit entwickelte Modell ist ein multi-regionales, zeitabhängiges Transportmodell zur Abbildung des Gastransportsystems in Deutschland, Frankreich, Belgien, den Niederlanden und Großbritannien. Die Methodik des Modells basiert auf einer mehrperiodigen, linearen Optimierung. Die verwendete Datenbasis umfasst einen mittelfristigen Zeithorizont bis 2010. Kapazitätserweiterungen sind dem Modell exogen vorgegeben. Marktgebiete sind durch physikalische Kapazitätsrestriktionen an Marktgebietsgrenzen sowie Entry- und Exit-Entgelte definiert. Aufgrund der detaillierten Abbildung der deutschen Marktgebiete eignet sich das Modell zur Analyse der Ausgestaltung des Netzzugangs im deutschen Gasmarkt.

Mit dem Modell $GMod$ wird erstmals eine Methodik zur quantitativen Analyse der Wirkung von Marktgebietsgrenzen im deutschen Gasmarkt vorgestellt. Die Diskussion über die Anzahl der Marktgebiete konzentriert sich bislang auf qualitative Argumente: Eine Reduzierung der Anzahl der Marktgebiete würde die Entwicklung eines liquiden Gasmarktes unterstützen. Zu nennen wären hierbei unter anderem eine Verringerung des Abwicklungsaufwands für Gaslieferanten und eine Konzentration der Handelsaktivitäten auf weniger virtuelle Handelspunkte.

Befürworter der Beibehaltung einer hohen Zahl von Marktgebieten plädieren aus Sicht der Netzbetreiber für eine Einteilung des Marktes anhand von Eigentumsgrenzen. Eine fundamentale Analyse, ob die derzeitige Zahl von Marktgebieten für die Funktionsfähigkeit des deutschen Gasmarktes notwendig ist, liegt bislang nicht vor.

In vergleichbaren Arbeiten wurde gezeigt, dass Optimierungsmodelle für die Untersuchung von Energiemärkten geeignet sind. Auch für die Anwendung auf Gasmärkte gibt es mehrere Beispiele[1]. Diese Ansätze haben einen größeren geografischen Abbildungsbereich als das vorgestellte Transportmodell $GMod$. Der Detaillierungsgrad dieser Modelle reicht jedoch für die spezielle Fragestellung des Netzzugangs im deutschen Gasmarkt nicht aus.

Das vorgestellte Transportmodell hat eine andere Ausrichtung als vergleichbare Modelle. Die Stärken des vorgestellten Modellansatzes liegen in der Verwendung monatlicher Daten, der detaillierten Abbildung des physischen Transportsystems und der expliziten Berücksichtigung von Langfristverträgen.

Monatliche Daten dienen der Abbildung der starken saisonalen Schwankungen der Gasnachfrage. Das Transportsystem wird detailliert mit allen Marktgebieten und Grenzübergangspunkten, getrennt nach H- und L-Gas, abgebildet. Dabei werden veröffentlichte Daten für physikalische Transportkapazitäten sowie Entry- und Exit-Entgelte verwendet. Der kontinentaleuropäische Gasmarkt ist durch Langfristverträge geprägt. Diese stellen daher wichtige Einflussgrößen dar. Aufgrund der expliziten Berücksichtigung von Langfristverträgen im Modell können Gasflüsse realitätsnah bestimmt werden.

Die Datenbasis umfasst Parameter des Gasangebots, der Nachfrage, der Speicher und der Transportinfrastruktur. Das in Europa angebotene Gas wird zu einem großen Teil in Langfristverträgen geliefert und zu einem kleineren Teil auf Spotmärkten verkauft. Die Kapazität der Gasproduktion beschränkt das Gesamtangebot. Preise sind jeweils für Langfristverträge und Gas auf Spotmärkten vorgegeben. Dabei wird die Annahme zugrunde gelegt, dass Preise sich nicht kostenbasiert bilden, sondern an die

---

[1] [Perner 2002], [Seeliger 2006], [Perlwitz 2007], [Lochner u. Bothe 2007]

Preise für Ölprodukte gekoppelt sind. Diese Annahme wird sowohl durch Aussagen von Gasproduzenten als auch von Importeuren gestützt. Die monatliche Gasnachfrage wird auf die einzelnen Marktgebiete aufgeteilt. Gasspeicher sind mit ihren wesentlichen technischen und ökonomischen Parametern Ein- und Ausspeicherleistung, Arbeitsgasvolumen und Speicherentgelten abgebildet. Die Transportinfrastruktur wird durch alle Koppelpunkte zwischen Marktgebieten mit ihren physikalischen Kapazitäten sowie Entry- und Exit-Entgelten repräsentiert.

Auf eine Abbildung der Verteilnetze wird verzichtet. Dies ist für die Untersuchung der Frage der Marktgebietseinteilung nicht notwendig, da die vertikalen Gasflüsse vom Transportnetz hin zu den Endverbrauchern durch eine Re-Organisation des Netzzugangs nicht beeinflusst werden.

Der verwendete Ansatz eines optimierenden Fundamentalmodells unterliegt bei der Abbildung der Realität jedoch bestimmten Einschränkungen. Kritisch zu bewerten sind die unternehmensübergreifende Optimierung, die Annahme „perfekter Voraussicht" sowie Einschränkungen bei der Datenqualität.

Die Optimierung des Gesamtsystems bedeutet die Annahme eines perfekten Marktes mit einer zentralen Steuerung der Gasflüsse. Dabei werden Marktmacht und Marktimperfektionen nicht berücksichtigt. In der Realität kann nicht davon ausgegangen werden, dass alle Marktteilnehmer stets über vollständige Informationen verfügen. Zudem agieren in der aktuellen Marktstruktur nicht alle Netzbetreiber unabhängig von Gaslieferanten. Die Netzbetreiber in Deutschland optimieren die Gasflüsse noch nicht global in einer zentralen Leitwarte, sondern jeder Transportnetzbetreiber optimiert lokal seinen Teil der Netzinfrastruktur.

Bei der Berechnung einer optimalen Lösung liegen dem Modell alle Daten vor (perfekte Voraussicht). Dadurch werden beispielsweise Gasspeicher optimal eingesetzt, wogegen in der realen Welt der Speichereinsatz aufgrund der unsicheren Nachfrage in der Zukunft ex-ante nicht eindeutig prognostiziert werden kann. Eingangsdaten für das Modell liegen nicht immer in der benötigten Qualität und Granularität vor. Beispielsweise enthalten offizielle Statistiken noch keine Aggregation der Daten je Marktgebiet. Generell ist die Transparenz der Gasmärkte gering, so dass ein Vergleich von Modellergebnissen mit realen Flussdaten nur eingeschränkt möglich ist.

8.2 Schlussfolgerungen aus der Analyse der Szenarien

Die Aufteilung des deutschen Marktes in Marktgebiete wird durch physikalische Kapazitätsengpässe begründet. Bestehen zwischen Teilnetzen dauerhaft physikalische Engpässe, bilden sich Teilmärkte heraus, in denen sich ein unterschiedliches Preisniveau einstellen kann. Ob die derzeit bestehende Einteilung des deutschen Marktes in Marktgebiete gerechtfertigt ist, wurde bislang nicht quantitativ untersucht.

Mit Hilfe des in dieser Arbeit entwickelten Transportmodells wird in Szenarioläufen die Zusammenlegung von Marktgebieten untersucht. Bei sonst gleichen Eingangsdaten wird ein Marktgebiet für H-Gas und ein Marktgebiet für L-Gas simuliert. Auf die Zusammenlegung von Marktgebieten unterschiedlicher Gasqualität wird aufgrund der bestehenden technischen Restriktionen verzichtet. Zur Analyse der Wirkung von Kapazitätsrestriktionen und Entgelten werden diese Nebenbedingungen im Modell in verschiedenen Kombinationen eingesetzt. Durch die Re-Organisation der Marktgebiete sollte die Höhe der Gesamtausgaben für Gastransporte nicht verändert werden. Daher wird zusätzlich mit einer Anhebung von Entry- und Exit-Entgelten an Außengrenzen gerechnet. Außerdem werden alle Szenarien auch mit hoher Nachfrage (Extremwinter) gerechnet.

Eine Untersuchung der Gasflüsse in den Szenarien zeigt, dass sich durch eine Re-Organisation der Marktgebiete (Zusammenlegung zu je einem H-Gas- und einem L-Gas-Marktgebiet) keine grundlegenden Veränderungen der Gasflüsse ergeben und keine neuen physikalischen Engpässe erzeugt werden. Somit könnten Marktgebiete eigentumsübergreifend zusammengelegt werden. Durch eine große Anzahl von Marktgebieten ergeben sich Probleme, die der Bildung eines liquiden Gashandelsmarktes entgegenstehen: Keine eindeutige Zuordnung von Endkunden durch Überlappung von Marktgebieten, ein erhöhter Abwicklungsaufwand für Lieferanten[2] und eine Zersplitterung der Marktliquidität. Eine Reduzierung der Anzahl von Marktgebieten würde zu einer Lösung dieser Probleme beitragen. Gasflüsse werden sich durch Veränderungen bei den Markgebieten, also einer Re-Organisation des Zugangs zu Gasnetzen, nicht grundlegend ändern. Aussagen von Experten aus der Praxis stützen diese Schlussfolgerung: „Allerdings rechnet doch niemand damit, dass alle Kunden, die heute mit russischem Gas beliefert werden, demnächst norwegisches Gas erhalten wollen oder umgekehrt. Und Händleraktivitäten werden nicht zu einer vollständigen Veränderung der physikalischen Flüsse führen" [Homann u. Kaufmann 2007, S. 24].

---

[2][vgl. Lohmann 2007b],[vgl. EC 2007a, S. 248]

8.3 Ausblick auf weitere Forschungsvorhaben

Neben der Untersuchung der bearbeiteten Fragestellung zur Marktgebietseinteilung bietet sich das entwickelte Transportmodell für weitergehende Analysen an. Bereits mit dem bestehenden Modell können weitere Fragestellungen untersucht werden. Darüber hinaus sind eine Ausweitung der betrachteten Regionen und der Datenbasis sowie methodische Erweiterungen möglich.

Mit Hilfe des in dieser Arbeit vorgestellten Modells können beispielsweise die Auswirkungen von Lieferunterbrechungen untersucht werden. Dazu können exogen Kapazitätsbeschränkungen verändert werden. Zudem bieten die Auslastungsgrade der Pipelines in den Modellergebnissen Hinweise darauf, an welchen Stellen bei steigender Nachfrage zukünftig Kapazitäten zugebaut werden sollten.

Die bislang nur auf Deutschland bezogene Analyse kann auf eine europäische Sichtweise erweitert werden. Dazu müssen bisher nicht abgebildete Länder ebenfalls in das Modell integriert werden.

Um längerfristige Entwicklungen zu untersuchen, kann der Zeithorizont des Modells erweitert werden. Die Modellstruktur muss hierfür nicht angepasst werden. Die Beschränkung besteht vielmehr in der Verfügbarkeit belastbarer Daten. Bei einer Ausweitung des Betrachtungszeitraums können auch die Wirkungen neuer, großer Infrastrukturprojekte, wie der Nord Stream Pipeline oder der geplanten Nabucco Pipeline, untersucht werden. Außerdem kann der Detaillierungsgrad des Modells erhöht werden. Derzeit liegen die Eingangsdaten überwiegend in monatlicher Auflösung vor. Die Zeitstruktur des Modells ist flexibel. Bei entsprechender Datenverfügbarkeit würde es sich also anbieten, wöchentliche oder tägliche Zeitschritte zu wählen. Eine höhere Zahl von Zeitschritten hat längere Rechenzeiten zur Folge. Aufgrund beschränkter Rechenleistung können daher bei höherer zeitlicher Auflösung nur kürzere Zeiträume betrachtet werden. Eine Abbildung von stündlichen oder gar viertelstündlichen Zeitschritten, wie im Strommarkt, erscheint im Gasmarkt nicht zielführend, da untertägige Schwankungen schon durch den Leitungspuffer ausgeglichen werden.

Das bestehende Modell könnte zudem methodisch erweitert werden. Die bislang exogen gegebene Nachfrage könnte mit Hilfe von Nachfrageelastizitäten endogenisiert werden. Außerdem könnten Entscheidungen über Kapazitätserweiterungen und Zubauten modellendogen getroffen werden.

8.4 Aspekte der zukünftigen Entwicklung des deutschen Gasmarktes

Die Frage der Zusammenlegung von Marktgebieten und damit der Vereinfachung des Netzzugangs ist von großer Aktualität. Dies drückt sich nicht zuletzt in Aktivitäten und Ankündigungen deutscher Transportnetzbetreiber aus. Zum 1. April 2007 legt die RWE Transportnetzgas die H-Gas-Marktgebiete RWE I und RWE II zusammen [RWE Transportnetz Gas 2007b]. Der Netzbetreiber Wingas Transport vereinigt zum 1.10.2007 seine bislang drei Marktgebiete zu einem Marktgebiet [Wingas Transport 2007]. Ebenfalls zum 1.10.2007 reduziert E.ON Gastransport die Zahl der Marktgebiete durch Zusammenlegung der drei H-Gas-Marktgebiete Nord, Mitte und Süd [E.ON 2006]. Weitere Marktgebietszusammenlegungen sind angekündigt. E.ON Gastransport und RWE Transportnetz Gas legen zum 1.10.2008 ihre L-Gas Gebiete zusammen [RWE AG 2007]. Ebenso kooperieren BEB, Erdgas Münster Transport, Exxon Mobil Gastransport Deutschland sowie EWE NETZ und vereinigen ebenfalls zum 1. Oktober 2008 ihre L-Gas Marktgebiete [BEB 2007b]. Die Netzbetreiber arbeiten an weiteren Lösungen für eigentumsübergreifende Marktgebiete. Ende 2007 hat sich die Zahl der Marktgebiete bereits von den im Referenzszenario betrachteten 19 Marktgebieten auf 14 reduziert. Die Bundesnetzagentur strebt eine einstellige Zahl von Marktgebieten an.

Die konkreten Aktivitäten von Transportnetzbetreibern zeigen, dass eine eigentumsübergreifende Kooperation und Zusammenlegung von Marktgebieten nicht nur theoretisch, sondern auch praktisch möglich ist. Ein Bewusstseinswandel der Netzbetreiber drückt sich auch in Veröffentlichungen zum Thema Kapazitätsberechnungen und Marktgebiete aus [vgl. Böhmer 2007].

Für die weitere Entwicklung des deutschen Gasmarktes ist der Zugang zu Gasnetzen jedoch nur ein Thema. Weitere Aspekte sind der Zugang zu Gasspeichern, die Entgeltbildung in regulierten Bereichen und die Entwicklung von Angebot und Nachfrage. Gasspeicher sind ein unverzichtbarer Bestandteil der Strukturierung von Gaslieferungen. Ein diskriminierungsfreier Zugang zu Speichern ist daher ein wichtiges Element für einen funktionierenden Markt. Die Entgeltbildung in regulierten Bereichen wird sich ebenfalls weiterentwickeln. Die Bundesnetzagentur hat bereits die Ablösung kostenbasierter Entgelte durch eine Anreizregulierung angekündigt.

Die Entwicklung der Gasnachfrage ist insbesondere bezüglich der Nachfrage aus dem Kraftwerkssektor mit Unsicherheit behaftet. Die Rahmenbedingungen im Gasmarkt werden entscheidenden Einfluss darauf haben, ob und in welchem Umfang Stromerzeuger in Gaskraftwerke investieren [vgl. Perlwitz et al. 2006b].

Perlwitz et al. stellen in ihrer Bewertung von Gashandelsplätzen im Jahr 2004 fest, dass „noch nicht von einem einheitlichen liberalisierten europäischen Erdgasbinnenmarkt gesprochen werden" kann [Perlwitz et al. 2004]. Die europäischen Märkte entwickeln sich kontinuierlich weiter. Bedingt durch die Einführung von Entry-Exit-Systemen hat die Bedeutung virtueller Handelspunkte gegenüber physischen Hubs zugenommen.

Energiemärkte allgemein und speziell der Gasmarkt lassen sich nicht auf eine rein nationale Perspektive reduzieren. Die größten Angebotsländer für Gas, Norwegen und Russland, liegen außerhalb der EU. Die Regulierungsvorschriften der EU greifen in diesen Ländern nicht. Insbesondere der russische Monopolist Gazprom zweifelt Pläne der EU bezüglich der Entflechtung von Gasversorgern an [vgl. Heren Energy (Red.) 2006a]. Eine Änderung der starren Haltung von Gazprom gegenüber der Liberalisierung der Gasmärkte ist nicht zu erwarten. Daher bleibt die Frage: „With how few players on the supply side will liberalisation in Europe work?" [Bensdorp 2007, S. 9].

Zudem stellt sich die Frage nach der möglichen Bildung eines Anbieterkartells („Gas-OPEC"). Das *Gas Exporting Countries Forum* (GECF) wird in diesem Zusammenhang manchmal als Vorstufe zu einer Gas-OPEC betrachtet [Hallouche 2006]. Aufgrund der Heterogenität der Mitgliedsländer[3] scheint es jedoch fraglich, ob ein solches Anbieterkartell zustande kommt [vgl. Perlwitz 2007, S. 23 f]. Zudem erschwert die Öffnung der Gasmärkte die Bildung eines Kartells [vgl. Funk et al. 1995, S. 184 ff]. Ein Wettbewerbsmarkt für Gas liegt nicht im Interesse der Produzenten, da der Anreiz für die Importeure steigt, gute Konditionen zu verhandeln.

In letzter Zeit sind verstärkte Anstrengungen von Produzenten zu beobachten, sich in der Wertschöpfungskette weiter Richtung Endkunden (*downstream*) zu entwickeln. Auf der anderen Seite steht das Bestreben vieler Gaslieferanten, in die Gasproduktion (*upstream*) einzusteigen.

Die Beziehungen zwischen den Marktteilnehmern im europäischen Gasmarkt unterliegen nicht zuletzt auch politischen Einflüssen. Der deutsche und der europäische Gasmarkt entwickeln sich im Spannungsfeld von Technik, Ökonomie und Politik.

---

[3]Regelmäßige Teilnehmer sind Ägypten, Algerien, Brunei Darussalam, Indonesien, Iran, Katar, Libyen, Malaysia, Nigeria, Norwegen, Oman, Russland, Trinidad und Tobago, Venezuela sowie die Vereinigten Arabischen Emirate.

Kapitel 9

Zusammenfassung

Die europäischen Märkte für Erdgas sind starken Veränderungen unterworfen. Diese resultieren zum einen aus Veränderungen von Gasangebot und -nachfrage, zum anderen aus den Bestrebungen der Europäischen Union zur Öffnung der Gasmärkte.

Die Gasproduktion in der Europäischen Union, in Ländern wie Großbritannien, den Niederlanden, Deutschland und Frankreich, geht kontinuierlich zurück. Bei gleichzeitig steigender Nachfrage nach Gas führt dies zu verstärkten Importen aus Norwegen und Russland sowie LNG Importen. Deutschland ist das Land in Europa mit der größten Gasnachfrage und gleichzeitig ein wichtiges Transitland für Gasflüsse von Ost nach West und von Nord nach Süd. Der deutsche Gasmarkt wird durch überregionale Ferngasgesellschaften dominiert. Die Marktstruktur ist geprägt durch den dreistufigen Aufbau der Gasnetze (Transport-, Regional- und Verteilnetze). Kunden wurden in der Vergangenheit durch integrierte Gasversorger beliefert, die gleichzeitig Netzbetreiber und Gaslieferant waren. Damit war ein Verbraucher automatisch Kunde des Gasversorgers, an dessen Netz er angeschlossen ist.

Wesentliche Treiber für die Veränderung der Marktstruktur stellen die Vorgaben der Europäischen Union zur Liberalisierung des Gasmarktes dar. Die Europäische Union hat sich zum Ziel gesetzt, die Voraussetzungen für Wettbewerb im europäischen Gasmarkt zu schaffen. Die entsprechenden Richtlinien wurden in Deutschland im Sommer 2005 im Energiewirtschaftsgesetz (EnWG) umgesetzt. Zur gleichen Zeit nahm die Bundesnetzagentur als nationale Regulierungsbehörde ihre Arbeit auf. Der bislang zwischen den Gaslieferanten und den Netzbetreibern verhandelte Netzzugang wurde aufgrund rechtlicher Vorgaben ersetzt durch einen regulierten Netzzugang.

Für einen effektiven Wettbewerb im Gasmarkt müssen mehrere Voraussetzungen gegeben sein. Auf der Angebotsseite muss es mehrere Anbieter geben, die um die Belieferung von Kunden konkurrieren. Kunden müssen bereit sein, ihren Gaslieferanten zu wechseln. Gaslieferanten müssen ausreichende Möglichkeiten zur Strukturierung von Gaslieferungen (z. B. Zugang zu Gasspeichern) und diskriminierungsfreien Zugang zu Gasnetzen haben.

Die vorliegende Arbeit beschränkt sich auf den Aspekt *Netzzugang*. Das EnWG sieht vor, dass Gaslieferanten auf der Grundlage nur je eines Einspeise- und eines Ausspeisevertrages Zugang zu Gasnetzen erhalten, auch wenn mehrere Netzbetreiber am Transport des Gases beteiligt sind (Entry-Exit-System). Separate Transportverträge mit jedem beteiligten Netzbetreiber sind nicht mehr notwendig.

Das EnWG erlaubt den Netzbetreibern, das deutsche Gasversorgungssystem in Marktgebiete zu unterteilen, sofern dauerhafte Engpässe im Netz vorliegen. Ein Marktgebiet entspricht einer Entry-Exit-Zone, innerhalb derer Ein- und Ausspeisungen bilanziert werden (analog einer Regelzone im Strommarkt) und Gas mit nur je zwei Netzzugangsverträgen vom Einspeisepunkt zum Ausspeisepunkt transportiert werden kann. Im Oktober 2006 bildeten die Netzbetreiber in Deutschland 19 Marktgebiete. Allerdings wurde kein Nachweis erbracht, dass diese Marktgebiete durch dauerhafte Kapazitätsengpässe begründet sind. Durch die hohe Anzahl von Marktgebieten ergeben sich Probleme, die der Bildung eines liquiden Gashandelsmarktes entgegenstehen. Der Abwicklungsaufwand für die Belieferung von Endkunden ist sehr hoch. Zudem überlappen die Marktgebiete geografisch, so dass die Zuordnung von Endkunden zu Marktgebieten nicht eindeutig ist. Jedes Marktgebiet verfügt über einen virtuellen Handelspunkt. Die Marktliquidität ist daher auf eine Vielzahl von Handelspunkten verteilt.

Es stellt sich also die Frage, ob die derzeitige Aufteilung der Netze in Marktgebiete begründet ist. Wissenschaftliche Untersuchungen zu dieser speziellen Fragestellung liegen bislang nicht vor.

Zur Bearbeitung der Fragestellung wurde das multi-regionale, zeitabhängige Transportmodell *GMod* entwickelt. Die Methodik des mehrperiodigen Modells basiert auf einer linearen Optimierung. Marktgebiete sind durch physikalische Kapazitätsrestriktionen sowie Entry- und Exit-Entgelte definiert. Mit dem Modell wird das Gastransportsystem der Länder Deutschland, Frankreich, Belgien, Niederlande und Großbritannien als Entry-Exit-System mit den einzelnen Marktgebieten abgebildet. Importe und Exporte zu angrenzenden Ländern außerhalb der betrachteten Region sind auf Basis historischer Lastflüsse exogen vorgegeben. Der Modellaufbau berücksichtigt die Gasgruppen H-Gas und L-Gas mit ihren unterschiedlichen Brennwerten.

Zugrunde gelegte Annahmen sind, dass langfristige Importverträge bestehen bleiben, Gaspreise nicht kostenbasiert gebildet werden, sondern an Preise für Ölprodukte gebunden sind, die einheimische Gasförderung weiter zurückgeht und relevante Infrastrukturprojekte bekannt sind. Kapazitätserweiterungen sind im Modell exogen vorgegeben. Die verwendete Datenbasis umfasst einen mittelfristigen Zeithorizont bis 2010.

Das Referenzszenario bildet das deutsche Gasnetz zu Beginn des Gaswirtschaftsjahres 2006/2007 detailliert mit 19 Marktgebieten ab. Die exogen vorgegebene monatliche Nachfrage teilt sich auf diese Marktgebiete auf. Das Gasangebot besteht aus Mengen, die über Langfristverträge geliefert werden und aus Mengen, die auf Spotmärkten verkauft werden. Die Gasproduktion ist durch maximale jährliche sowie maximale und minimale tägliche Mengen beschränkt. Durch die explizite Abbildung von Langfristverträgen wird die heutige Marktstruktur realitätsnah abgebildet. Langfristverträge sind durch Jahresmengen, minimale und maximale monatliche Abnahme sowie eine jährliche Mindestabnahmeverpflichtung gekennzeichnet. Je Langfristvertrag sind ein Übergabepunkt und genutzte Pipelines definiert. Gaspreise leiten sich aus den Preisen für Ölprodukte ab. Speicher sind durch die wesentlichen technischen und ökonomischen Parameter Ein- und Ausspeicherleistung, Arbeitsgasvolumen sowie Speicherentgelt definiert. Die Transportinfrastruktur wird durch Pipelines und LNG-Terminals mit den Parametern Kapazität und Entgelt repräsentiert. An den geografischen Grenzen des Modells sind Gasflüsse exogen vorgegeben. Das Modell stellt ein geeignetes Instrument zur Analyse der Ausgestaltung des Netzzugangs dar.

Ergebnisse des Referenzlaufs werden mit öffentlich zugänglichen Daten verglichen. Dabei zeigt sich eine gute Übereinstimmung der Modellergebnisse für Importe und Exporte sowie den Speichereinsatz in Deutschland mit Werten des Statistischen Bundesamts bzw. des Bundesamts für Wirtschaft und Ausfuhrkontrolle.

Mit Hilfe des Modells sollen die Auswirkungen einer unterschiedlichen Marktgebietsaufteilung untersucht werden. Ziel ist es, die Frage zu beantworten, ob der deutsche Gasmarkt mit nur je einem H-Gas- und einem L-Gas-Marktgebiet funktionieren kann. Dazu werden ausgehend vom Referenzszenario weitere Szenarien definiert. Die Szenarien unterscheiden sich erstens bezüglich Kapazitätsrestriktionen zwischen Marktgebieten, zweitens bezüglich der Entgelte zwischen Marktgebieten und drittens bezüglich der Entgelte an deutschen Außengrenzen. Alle weiteren Eingangsdaten, wie Nachfrage, Angebot sowie Kapazitäten und Entgelte außerhalb Deutschlands, sind in allen Szenarien identisch. Zusätzlich werden alle Szenarien noch mit erhöhter Nachfrage gerechnet, um Extremwinter zu simulieren. Eine Zusammenlegung von Marktgebieten unterschiedlicher Gasqualität zu einem gemeinsamen Marktgebiet für H- und L-Gas wird nicht untersucht. Da H- und L-Gas aufgrund der unterschiedlichen

Eigenschaften nicht direkt gegeneinander austauschbar sind, bestehen physikalische Restriktionen.

Die simulierten Veränderungen der Kapazitätsbeschränkungen und Entgelte stellen eine Reduzierung der Anzahl der Marktgebiete im deutschen Gasmarkt auf ein H-Gas- und ein L-Gas-Marktgebiet dar. Gasflüsse in und um Deutschland werden durch veränderte Kapazitätsbeschränkungen und Entgelte beeinflusst. Wesentliche Treiber sind die Entgelte, wogegen Kapazitätsbeschränkungen nur selten bindend sind. In den Extremszenarien mit erhöhter Nachfrage verstärkt sich jedoch der Einfluss der Kapazitätsrestriktionen, da das Transportsystem insgesamt näher an den Kapazitätsgrenzen betrieben wird.

Dauerhafte Kapazitätsengpässe, die 19 Marktgebiete in Deutschland fundamental begründen würden, können mit Hilfe des Modells nicht verifiziert werden. Dagegen zeigen Ergebnisse der Szenariorechnungen, dass die simulierte Re-Organisation des Marktes im Modell nicht zu vermehrten physikalischen Engpässen führt. Bei zentraler Steuerung, wie sie im vorgestellten Optimierungsmodell angelegt ist, kann das Transportsystem mit nur je einem Marktgebiet für H- und L-Gas betrieben werden. Diese Aussage gilt grundsätzlich auch bei einer extrem hohen Auslastung der Netze, wie sie in den Szenarien mit erhöhter Nachfrage simuliert wird. Unter den getroffenen Annahmen wäre es also möglich, den Netzzugang im liberalisierten deutschen Gasmarkt durch eine Reduzierung der Anzahl der Marktgebiete zu vereinfachen.

Das in der vorliegenden Arbeit entwickelte Modell $GMod$ stellt ein Instrument dar, mit dem die Marktgebietseinteilung im liberalisierten deutschen Gasmarkt erstmals quantitativ analysiert wird. Darüber hinaus bietet sich das Modell für weitere Forschungsvorhaben an, wie Untersuchungen bezüglich der Auswirkungen von Lieferunterbrechungen oder des Zubaus von Pipelines.

Die bearbeitete Fragestellung ist von großer Aktualität. Dies zeigt sich daran, dass Transportnetzbetreiber in Deutschland die Anzahl der Marktgebiete im Oktober 2007 auf 14 reduziert und weitere Zusammenlegungen bereits angekündigt haben bzw. an solchen Lösungen arbeiten.

Die Frage des Netzzugangs ist nur ein Aspekt in einem liberalisierten Gasmarkt. Weitere Themen sind der Zugang zu Gasspeichern, Entgeltbildung, die Entwicklung der Nachfrage sowie Investitionen in neue Infrastruktur. Entscheidend für die Entwicklung des Gasmarktes werden auch die Beziehungen zu den Angebotsländern außerhalb der Europäischen Union sein, die neben ökonomischen auch von politischen Interessen geprägt sind.

Literaturverzeichnis

[Babusiaux et al. 2004] BABUSIAUX, Denis ; FAVENNEC, Jean-Pierre ; COPINSCHI, Philippe ; FEUILLET-MIDRIER, Élisabeth: *Oil and Gas Exploration and Production : Reserves, costs, contracts*. Paris : Editions Technip, 2004 (Institut Français du Pétrole Publications)

[BAFA 2006] BAFA ; BUNDESAMT FÜR WIRTSCHAFT UND AUSFUHRKONTROLLE (Hrsg.): *Ausgewählte Statistiken zur Entwicklung des deutschen Gasmarktes*. Eschborn : Bundesministerium für Wirtschaft und Technologie, 2006. – Berichtsstand: Dezember 2006

[BAFA 2007] BAFA ; BUNDESAMT FÜR WIRTSCHAFT UND AUSFUHRKONTROLLE (Hrsg.): *Monatliche Erdgasbilanz und Entwicklung der Grenzübergangspreise*. Eschborn : Bundesministerium für Wirtschaft und Technologie, 2007. – Berichtsstand: März 2007

[Baumol et al. 1982] BAUMOL, W.J. ; PANZAR, J.C. ; WILLIG, R.D.: *Contestable Markets and the Theory of Industry Structure*. New York : Harcourt Brace Jovanovich, 1982

[bayernets 2007] BAYERNETS (Hrsg.): *Netzinformation*. Version: 2007. http://www.bayernets.de, Abruf: 06. 03. 2007. – Netzdaten

[BEB 2006] BEB: *Technical Manual Speicher*. Hannover : BEB Speicher GmbH & Co. KG, 2006

[BEB 2007a] BEB ; BEB TRANSPORT UND SPEICHER SERVICE (Hrsg.): *Erdgastransport*. Version: 2007. http://www.beb.de, Abruf: 06. 03. 2007. – Informationen zu Kapazitäten und Entgelten

[BEB 2007b] BEB ; BEB TRANSPORT UND SPEICHER SERVICE GMBH (Hrsg.): *Pressemitteilung: BEB, Erdgas Münster Transport, Exxon Mobil Gastransport Deutschland und EWE NETZ kooperieren*. Version: 11. September 2007.

http://www.beb.de, Abruf: 15.10.2007. – Zusammenlegung der Marktgebiete zum 1. Oktober 2008

[Beckervordersandforth u. Nowak 2006] BECKERVORDERSANDFORTH, Christian P. ; NOWAK, Werner: Gaswirtschaft - Gastechnik. In: *BWK* 58 (2006), Nr. 4, S. 100–108

[Bensdorp 2007] BENSDORP, Dirk: EGM Interview. In: *European Gas Markets* 13 (2007), 28. Februar, Nr. 02.2, S. 7–9. – Interview

[BGW 2004] BGW ; BUNDESVERBAND DER DEUTSCHEN GAS- UND WASSERWIRTSCHAFT E.V. (Hrsg.): *124. Gasstatistik Bundesrepublik Deutschland, Berichtsjahr 2002*. Bonn : Wirtschafts- und Verlagsgesellschaft Gas und Wasser, 2004

[BGW 2005] BGW ; BUNDESVERBAND DER DEUTSCHEN GAS- UND WASSERWIRTSCHAFT E.V. (Hrsg.): *125. Gasstatistik Bundesrepublik Deutschland, Berichtsjahr 2003*. Bonn : Wirtschafts- und Verlagsgesellschaft Gas und Wasser, 2005

[BGW 2006] BGW ; BUNDESVERBAND DER DEUTSCHEN GAS- UND WASSERWIRTSCHAFT E.V. (Hrsg.): *126. Gasstatistik Bundesrepublik Deutschland, Berichtsjahr 2004*. Bonn : Wirtschafts- und Verlagsgesellschaft Gas und Wasser, 2006

[BGW 2007] BGW: *Vereinbarung über die Kooperation gemäß § 20 Abs. 1 b) EnWG zwischen den Betreibern von in Deutschland gelegenen Gasversorgungsnetzen*. Berlin, 2007. – Änderungsfassung vom 25. April 2007

[BGW et al. 2007] BGW ; GEODE ; VKU: *Leitfaden „Entgelt-/Kostenwälzung"*. Berlin, 2007. – Leitfaden der Verbände BGW, GEODE und VKU zur Ermittlung der Netzentgelte im Netzzugangsmodell Gas für Ausspeiseverträge ab 1. Oktober 2007 - Entwurf - 15. Juni 2007

[BGW u. VKU 2007] BGW ; VKU: *Entwurf Erhebungsergebnisse zur Bildung von Marktgebieten*. Berlin, 2007. – Stand: 17.01.2007

[Blesl et al. 2007] BLESL, Markus ; BRUCHOF, David ; FAHL, Ulrich ; KOBER, Tom ; VOSS, Alfred: Kraftwerksinnovationen für Europa : Energiewirtschaftliche Anforderungen an neue fossil befeuerte Kraftwerke. In: *BWK* 59 (2007), Nr. 1/2, S. 64–68

[BMWA 2003] BMWA: *Bericht des Bundesministeriums für Wirtschaft und Arbeit an den Deutschen Bundestag über die energiewirtschaftlichen und wettbewerblichen Wirkungen der Verbändevereinbarungen.* Berlin : Bundesministerium für Wirtschaft und Arbeit, 2003. – (Monitoring-Bericht)

[BNetzA 2005] BNETZA: *Die Ausgestaltung des Zugangs zu den Gasversorgungsnetzen durch § 20 Abs. 1 b EnWG und die GasNZV.* Bonn : Präsentation, 8. September 2005. – Infoveranstaltung der Bundesnetzagentur in Bonn

[BNetzA 2005] BNETZA: Bundesnetzagentur startet mit Optimismus und guter Vorbereitung. In: *Pressemitteilungen* (2005), 20. Juli 2005, S. 1–2

[BNetzA 2006a] BNETZA ; BUNDESNETZAGENTUR FÜR ELEKTRIZITÄT, GAS, TELEKOMMUNIKATION, POST UND EISENBAHNEN (Hrsg.): *Über die Agentur.* Version: November 2006. http://www.bundesnetzagentur.de, Abruf: 01.02.2007. – Aufgaben der Bundesnetzagentur

[BNetzA 2006b] BNETZA ; BUNDESNETZAGENTUR FÜR ELEKTRIZITÄT, GAS, TELEKOMMUNIKATION, POST UND EISENBAHNEN (Hrsg.): *Beschluss in dem Verwaltungsverfahren wegen Kooperationsvereinbarung zwischen den Betreibern von in Deutschland gelegenen Gasversorgungsnetzen.* Bonn : Beschlusskammer 7, 2006. – Az.: BK7-06-74, 17.11.2006

[BNetzA 2006c] BNETZA: Gasnetzzugang nur nach Zweivertragsmodell. In: *Pressemitteilungen* (2006), 29. Dezember 2006, S. 1

[BNetzA 2006d] BNETZA ; BUNDESNETZAGENTUR FÜR ELEKTRIZITÄT, GAS, TELEKOMMUNIKATION, POST UND EISENBAHNEN (Hrsg.): *Gemeinsame Auslegungsgrundsätze der Regulierungsbehörden des Bundes und der Länder zu den Entflechtungsbestimmungen in §§ 6-10 EnWG.* Bonn, 2006

[BNetzA 2006e] BNETZA ; BUNDESNETZAGENTUR FÜR ELEKTRIZITÄT, GAS, TELEKOMMUNIKATION, POST UND EISENBAHNEN (Hrsg.): *Monitoringbericht 2006: Bericht nach § 63 Abs. 4 i.V.m. § 35 EnWG.* Bonn, 2006

[BNetzA 2006f] BNETZA: Vertragsentwürfe für Gasnetzzugang liegen vor. In: *Pressemitteilungen* (2006), 8. Juni 2006, S. 1–2

[BNetzA 2007a] BNETZA: Bundesnetzagentur begrüßt Kooperationsvereinbarung der Gasnetzbetreiber. In: *Pressemitteilungen* (2007), 2. Mai 2007, S. 1

[BNetzA 2007b] BNETZA ; BUNDESNETZAGENTUR FÜR ELEKTRIZITÄT, GAS, TELEKOMMUNIKATION, POST UND EISENBAHNEN (Hrsg.): *Jahresbericht 2006*. Bonn, 2007

[Böge 2005] *Kapitel* Effizienz und Wettbewerb aus Sicht des Bundeskartellamts. In: BÖGE, Ulf: *Schriften des Vereins für Socialpolitik : Neue Folge*. Bd. 306: *Effizienz und Wettbewerb*. Berlin : Duncker & Humblot, 2005, S. 131 – 143

[Böhmer 2007] BÖHMER, Andreas: Statistisches Kapazitätsmodell - Neue Ansätze auf dem Weg zu größeren Marktgebieten. In: *emw* Heft 3 (2007), S. 39–45

[BP 2006] BP: *Quantifying energy : BP Statistical Review of World Energy June 2006*. London : BP, 2006

[Brooke et al. 1998] BROOKE, A. ; KENDRICK, D. ; MEERAUS, A. ; RAMAN, R.: *GAMS : A User's Guide*. Washington DC : GAMS Development Corporation, 1998

[Büdenbender 2007] BÜDENBENDER, Ulrich: Verschärfung der Missbrauchsaufsicht für den Gasvertrieb. In: *emw* Heft 3 (2007), S. 14–18

[Burger et al. 2007] BURGER, Markus ; GRAEBER, Bernhard ; SCHINDLMAYR, Gero: *Managing Energy Risk : An Integrated View on Power and Other Energy Markets*. Chichester : Wiley, 2007

[CEER 2007] CEER ; COUNCIL OF EUROPEAN ENERGY REGULATORS (Hrsg.): *CEER Presentation*. Version: 2007. http://www.ceer-eu.org, Abruf: 28. 08. 2007

[CERA 2005] CERA (Hrsg.). CAMBRIDGE ENERGY RESEARCH ASSOCIATES: Longterm Outlook for European Gas / Cambridge Energy Research Associates. Cambridge, Juli 2005. – Special Report

[Cerbe et al. 2004] CERBE, Günter ; DEHLI, Martin ; KÄTELHÖN, Jan E. ; KLEIBER, Torsten ; LEHMANN, Jürgen ; LENDT, Benno ; MISCHNER, Jens ; MUNDUS, Bernhard ; PIETSCH, Hartmut ; SPOHN, Dietmar ; THIELEN, Walter: *Grundlagen der Gastechnik*. 6., vollständig neu bearbeitete Aufl. München : Hanser, 2004

[CREG 2006] CREG ; COMMISSION DE RÉGULATION DE L'ELECTRICITÉ ET DU GAZ (Hrsg.): *Avis (F)061116-CDC-601 relatif à 'la nouvelle définition du paramètre G'*. Brüssel, 2006

[Däuper 2003] DÄUPER, Olaf: *Schriftenreihe Energie- und Infrastrukturrecht*. Bd. 3: *Gaspreisbildung und europäisches Kartellrecht*. München : C.H. Beck, 2003

[Dichtl 1995] DICHTL, Erwin: *Deutsch für Ökonomen : Lehrbeispiele für Sprachbeflissene*. München : Vahlen, 1995

[Dörband 2005] DÖRBAND, Robert: *Vermarktung von Leitungs- und Speicherkapazitäten in der Gaswirtschaft : Die Entwicklung von Methoden zur effizienten Vergabe der Netzkapazität im liberalisierten Gasmarkt*. Clausthal-Zellerfeld : Papierflieger, 2005

[Dörband u. Hügging 2004] DÖRBAND, Robert ; HÜGGING, Thomas: Kapazitätsermittlung für Leitungen und Anlagen als Aufgabe des Netzbetreibers. In: *gwf Gas/Erdgas* 145 (2004), Nr. 9, S. 464 – 470

[Dow Jones (Red.) 2006] DOW JONES (RED.): E.ON und Gazprom verlängern Gasliefervertäge. In: *Dow Jones TradeNews Energy* (2006), August, Nr. 167, S. 5

[Eberhard u. Hüning 1990] EBERHARD, Rolf (Hrsg.) ; HÜNING, Rolf (Hrsg.): *Handbuch der Gasversorgungstechnik : Gastransport und Gasverteilung*. München : R. Oldenbourg, 1990

[EC 2003] EC: *Directive 2003/55/EC of the European Parliament and of the Council of 26 June 2003 concerning common rules for the internal market in natural gas and repealing Directive 98/30/EC*. Brüssel : Official Journal of the European Union L 176/57-78 EN, 15.7.2003, 2003

[EC 2006] EC ; EUROPEAN COMMISSION DIRECTORATE-GENERAL FOR ENERGY AND TRANSPORT (Hrsg.): *Mission of DG Energy and Transport*. Version: Dezember 2006. http://ec.europa.eu/dgs/energy_transport, Abruf: 27.08.2007

[EC 2007a] EC ; EUROPEAN COMMISSION (Hrsg.): *DG Competition Report on Energy Sector Inquiry*. Brüssel, 2007

[EC 2007b] EC ; EUROPEAN COMMISSION DIRECTORATE-GENERAL FOR COMPETITION (Hrsg.): *Directorate General for Competition*. Version: 2007. http://ec.europa.eu/dgs/competition/index_en.htm, Abruf: 27.08.2007

[EC 2007c] EC ; EUROPEAN COMMISSION DIRECTORATE-GENERAL FOR ENERGY AND TRANSPORT (Hrsg.): *The Madrid Regulatory Process*. Version: August 2007. http://ec.europa.eu/energy/gas/madrid/index_en.htm, Abruf: 28.08.2007

[EC 2007d] EC ; EUROPEAN COMMISSION (Hrsg.): *Proposal for a Directive of the European Parliament and of the Council amending Directive 2003/55/EC concerning common rules for the internal market in natural gas.* Brüssel, 2007

[EFET 2003] EFET ; EUROPEAN FEDERATION OF ENERGY TRADERS (Hrsg.): *General Agreement Concerning The Delivery And Acceptance Of Natural Gas.* Amsterdam, 2003

[EFET Deutschland 2003] EFET DEUTSCHLAND (Hrsg.): *Beschreibung des Entry/Exit Netzzugangsmodells Erdgas.* Berlin, 2003

[EFET Deutschland 2006] EFET DEUTSCHLAND: *Weitere Anmerkungen zu den BGW-Vorstellungen.* Präsentation, 24. Januar 2006. – Präsentation im Konsultationskreis der Bundesnetzagentur

[EGMT 2007] EGMT ; ERDGAS MÜNSTER TRANSPORT (Hrsg.): *Netzzugang.* Version: 2007. http://www.egmt.de, Abruf: 06.03.2007. – Informations- und Entgeltrechner

[EK 1988] EK ; EUROPÄISCHE KOMMISSION (Hrsg.): *Der Binnenmarkt für Energie (Arbeitsdokument der Kommission) (KOM (88) 238).* Brüssel, 1988

[EK 2005] EK ; EUROPÄISCHE KOMMISSION (Hrsg.): *Mitteilung der Kommission an das Europäische Parlament und an den Rat : Jährlicher Bericht über die Verwirklichung des Strom- und Erdgasbinnenmarktes (KOM (2004) 863).* Brüssel, 2005

[Energate (Red.) 2006a] ENERGATE (RED.): E.ON verlängert mit Gazprom. In: *energate Messenger* (2006), Mittwoch, 30. August 2006, S. 1

[Energate (Red.) 2006b] ENERGATE (RED.): Gazprom bleibt bei langfristigen Lieferverträgen. In: *energate Messenger* (2006), Donnerstag, 27. April 2006, S. 2

[Energate (Red.) 2006c] ENERGATE (RED.): VNG verlängert Gasbezugsvertrag. In: *energate Messenger* (2006), Donnerstag, 09. Februar 2006, S. 1

[Energate (Red.) 2007a] ENERGATE (RED.): Norwegen verspricht EU höhere Gasexporte. In: *energate Messenger* (2007), Donnerstag, 28. Juni 2007, S. 1–2

[Energate (Red.) 2007b] ENERGATE (RED.): RWE reduziert Gas-Marktgebiete zum April. In: *energate Messenger* (2007), Montag, 12. März 2007, S. 1

[Energate (Red.) 2007c] ENERGATE (RED.): Wechsel der Gasqualität im Landkreis Lüchow-Dannenberg. In: *energate Messenger* (2007), Mittwoch, 11. Juli 2007, S. 2–3

[Eni D 2006] ENI D ; ENI GAS & POWER DEUTSCHLAND (Hrsg.): *Markgebiet GVS / EniD*. Version: 2006. http://www.enid.it, Abruf: 06.03.2007. – Netzdaten

[EnWG 2005] ENWG: *Zweites Gesetz zur Neuregelung des Energiewirtschaftsrechts vom 7. Juli 2005*. Bonn : Bundesgesetzblatt Jahrgang 2005 Teil I Nr. 42, 2005. – in Kraft getr. am 13.7.2005

[Enzensberger 2003] ENZENSBERGER, Norbert: *Entwicklung und Anwendung eines Strom- und Zertifikatmarktmodells für den europäischen Energiesektor*. Düsseldorf : VDI Verlag, 2003

[E.ON 2006] E.ON (Hrsg.): *Pressemitteilung: E.ON setzt Wettbewerbsinitiative auf dem Gasmarkt fort*. Version: 11. Dezember 2006. http://www.eon.com, Abruf: 12.12.2006. – - Reduzierung der Marktgebiete beim Gasnetzzugang - Ausbau der Importkapazität an den Grenzen

[E.ON Gastransport 2007a] E.ON GASTRANSPORT (Hrsg.): *Entrix*. Version: 2007. http://www.eon-gastransport.com, Abruf: 06.03.2007. – Netzzugangssystem ENTRIX

[E.ON Gastransport 2007b] E.ON GASTRANSPORT (Hrsg.): *Leitungskarten*. Version: 2007. http://www.eon-gastransport.com, Abruf: 06.03.2007. – Leitungskarten mit Referenzbrennwerten

[E.ON Ruhrgas 2007a] E.ON RUHRGAS (Hrsg.): *Anlandehafen Wilhelmshaven*. Version: 2007. http://www.eon-ruhrgas.com, Abruf: 09.05.2007

[E.ON Ruhrgas 2007b] E.ON RUHRGAS (Hrsg.): *Einzelheiten zur Vermarktung der Speicherkapazität*. Version: Februar 2007. http://www.eon-ruhrgas.com, Abruf: 15.02.2007. – E.ON Ruhrgas Speicherauktion

[ERGEG 2007] ERGEG ; EUROPEAN REGULATORS' GROUP FOR ELECTRICITY AND GAS (Hrsg.): *About ERGEG*. Version: 2007. http://www.ergeg.org, Abruf: 28.08.2007

[EU 1998] EU: *Richtlinie 98/30/EG des Europäischen Parlaments und des Rates vom 22. Juni 1998 betreffend gemeinsame Vorschriften für den Erdgasbinnenmarkt*.

Brüssel : Amtsblatt der Europäischen Gemeinschaften L 204/1-12 DE, 21.7.98, 1998

[EU 2003] EU: *Richtlinie 2003/55/EG des Europäischen Parlaments und des Rates vom 26. Juni 2003 über gemeinsame Vorschriften für den Erdgasbinnenmarkt und zur Aufhebung der Richtlinie 98/30/EG.* Brüssel : Amtsblatt der Europäischen Union L 176/57-78 DE, 15.7.2003, 2003

[EU 2004] EU: *Richtlinie 2004/67/EG des Rates vom 26. April 2004 über Maßnahmen zur Gewährleistung der sicheren Erdgasversorgung.* Brüssel : Amtsblatt der Europäischen Union L 127/92-96 DE, 29.4.2004, 2004

[EU 2005] EU: *Verordnung (EG) Nr. 1775/2005 des Europäischen Parlaments und des Rates vom 28. September 2005 über die Bedingungen für den Zugang zu den Erdgasfernleitungsnetzen.* Brüssel : Amtsblatt der Europäischen Union L 289/1-13 DE, 3.11.2005, 2005

[EWE Netz 2007] EWE NETZ (Hrsg.): *Netznutzung Netze Gas.* Version: 2007. http://www.ewe-netz.de, Abruf: 06.03.2007. – Netzdaten

[Fasold u. Wahle 1993] FASOLD, Hans-Georg ; WAHLE, Hans-Norbert: Die Berechnung des Antriebsgasverbrauches für Erdgasferntransportsysteme : Methoden und Ergebnisse. In: *gwf-Gas/Erdgas* 134 (1993), Nr. 7, S. 321 – 331

[Floren 2005] FLOREN, Hans-Peter: Permanenter Dialog mit unseren Transportkunden. In: *Energiewirtschaftliche Tagesfragen* 55 Jg. (2005), Heft 10, S. 2 – 4, Special „Gastransport im Wettbewerb". – Interview

[Fritsch et al. 2005] FRITSCH, Michael ; WEIN, Thomas ; EWERS, Hans-Jürgen: *Marktversagen und Wirtschaftspolitik.* München : Vahlen, 2005

[Funk et al. 1995] FUNK, Cara ; MILLGRAMM, Carola ; SCHULZ, Walter: *Schriften des Energiewirtschaftlichen Instituts.* Bd. 44: *Wettbewerbsfragen in der deutschen Gaswirtschaft.* München : Oldenbourg, 1995

[Gas Transport Services 2006] GAS TRANSPORT SERVICES (Hrsg.): *Business Case Expansion High-calorific Gas Transmission System.* Groningen, 2006. – http://www.gastransportservices.com

[Gas-Union Transport 2007] GAS-UNION TRANSPORT (Hrsg.): *Netzzugang.* Version: 2007. http://www.gas-union-transport.de, Abruf: 06.03.2007. – Netzdaten

[GasNEV 2005] GASNEV: *Verordnung über die Entgelte für den Zugang zu Gasversorgungsnetzen vom 25. Juli 2005.* Bonn : Bundesgesetzblatt Jahrgang 2005 Teil I Nr. 46, 2005. – in Kraft getr. am 29.7.2005

[GasNZV 2005] GASNZV: *Verordnung über den Zugang zu Gasversorgungsnetzen vom 25. Juli 2005.* Bonn : Bundesgesetzblatt Jahrgang 2005 Teil I Nr. 46, 2005. – in Kraft getr. am 29.7.2005

[Gasunie 2007] GASUNIE (Hrsg.): *Press Release: Gate terminal achieves new milestones.* Version: 17. April 2007. http://www.nvnederlandsegasunie.nl, Abruf: 09.05.2007

[Gazprom Export 2007] GAZPROM EXPORT: *About Gazexport.* Version: März 2007. http://www.gazexport.ru, Abruf: 01.03.2007

[Gazprom Germania 2007] GAZPROM GERMANIA (Hrsg.): *Erdgas aus Russland - Erdgasexporte.* Version: 2007. http://www.gazprom-germania.de, Abruf: 11.05.2007

[GDF 2006] GDF: Gaz de France and Gazprom extend their natural gas supply agreements until 2030. In: *Pressemitteilung* (2006), 19. Dezember 2006

[GDFDT 2007] GDFDT ; GAZ DE FRANCE DEUTSCHLAND TRANSPORT (Hrsg.): *Erdgastransport.* Version: 2007. http://www.gazdefrance-transport.de, Abruf: 06.03.2007. – Tarife, Kapazitäten

[GEODE 2005] GEODE: *Eckpunkte des GEODE-Gasnetzzugangsmodells.* Präsentation, 26. Oktober 2005. – Präsentation im Konsultationskreis der Bundesnetzagentur

[GLE 2005] GLE: LNG Map : Information by entry point / Gas LNG Europe. Brüssel, Juli 2005. – Karte

[Grewe 2005] GREWE, Joachim: *Auswirkungen der Liberalisierung auf die Erdgasspeicherung : eine ökonomische Analyse für den deutschen Erdgasmarkt.* Münster : Sonderpunkt-Verlag, 2005

[GTE 2004] GTE: Definition of available capacities at interconnection points in liberalized markets / Gas Transport Europe. Brüssel, Juli 2004 (04CA041-final). – Positionspapier

[GTE 2005a] GTE: Calculation of Available Capacities with Reference to Five European Transport Routes / Gas Transport Europe. Brüssel, Dezember 2005 (05CA095). – Report

[GTE 2005b] GTE: The European Natural Gas Network : Capacities at cross-border points on the primary market / Gas Transport Europe. Brüssel, Dezember 2005. – Karte

[GVS 2006] GVS ; GASVERSORGUNG SÜDDEUTSCHLAND (Hrsg.): Netzzugang. Version: 2006. http://portal2.gvs-transport.de, Abruf: 06. 03. 2007. – Netzdaten

[Hallouche 2006] HALLOUCHE, Hadi: The Gas Exporting Countries Forum: Is it really a Gas OPEC in the Making? Oxford : Oxford Institute for Energy Studies, 2006

[Heren Energy (Red.) 2006a] HEREN ENERGY (RED.): Gazprom „more than happy" to replace European energy operators. In: The Heren Report : European Spot Gas Markets 12 (2006), 21. November, Nr. 226, S. 7–8

[Heren Energy (Red.) 2006b] HEREN ENERGY (RED.): German E.ON signs contracts with Gazprom for 400 Gm^3 of gas. In: The Heren Report : European Spot Gas Markets 12 (2006), 29. August, Nr. 166, S. 8

[Heren Energy (Red.) 2007] HEREN ENERGY (RED.): Norwegian flow reductions are price related, says Gassco. In: The Heren Report : European Spot Gas Markets 13 (2007), 26. Februar, Nr. 40, S. 9–10

[Hirschhausen et al. 2007] HIRSCHHAUSEN, Christian v. ; NEUMANN, Anne ; RÜSTER, Sophia: Wettbewerb im Ferntransport von Erdgas? Technisch-ökonomische Grundlagen und Anwendung auf Deutschland. Dresden : Lehrstuhl für Energiewirtschaft und Public Sector Management, TU Dresden, 2007. – Auftraggeber: EFET Deutschland – Verband Deutscher Gas- und Stromhändler e.V.

[Holz et al. 2005] HOLZ, Franziska ; HIRSCHHAUSEN, Christian v. ; KEMFERT, Claudia: A Strategic Model of European Gas Supply (GASMOD). Berlin : DIW, 2005 (Globalization of Natural Gas Markets Working Papers WP-GG-09)

[Homann u. Kaufmann 2007] HOMANN, Klaus ; KAUFMANN, Wandulf: Zweivertragsmodell und Erdgasmarktgebiete : Auf dem Weg ins neue Gaszeitalter. In: ew Jg. 106 (2007), 29. Mai, Nr. 11, S. 20–24. – Interview

[Honoré 2006] HONORÉ, Anouk: *Future Natural Gas Demand in Europe : The Importance of the Power Sector.* Oxford : Oxford Institute for Energy Studies, 2006. – Natural Gas Research Programme

[Hosius 2004] HOSIUS, Tillmann: *Göttinger Studien zum Völker- und Europarecht.* Bd. 2: *Netzzugang und Reziprozität bei grenzüberschreitenden Erdgaslieferungen in Europa.* Köln : Carl Heymanns Verlag, 2004

[ICE 2007] ICE ; INTERCONTINENTALEXCHANGE (Hrsg.): *IPE Natural Gas futures - Parallel Months, Quarters & Seasons.* Version: Februar 2007. https://www.theice.com/naturalgas.jhtml, Abruf: 22.02.2007. – Natural Gas Schematic Master

[IEA 2006a] IEA ; INTERNATIONAL ENERGY AGENCY (Hrsg.): *Natural Gas Information.* Paris : IEA, 2006. – Monthly Gas Data Service

[IEA 2006b] IEA ; INTERNATIONAL ENERGY AGENCY (Hrsg.): *Natural Gas Market Review 2006 : Towards a Global Gas Market.* Paris : OECD/IEA, 2006

[Jensen 2004] JENSEN, James T.: *The Development of a Global LNG Market : Is it Likely? If so, When?* Oxford : Oxford Institute for Energy Studies, 2004

[Kleemiß 2004] KLEEMISS, Michael: Kapazitätsmanagement im liberalisierten Gasmarkt. In: *gwf-Gas/Erdgas* 145 (2004), Nr. 1, S. 26 – 33

[Knieps 2002] KNIEPS, Günter: *Wettbewerb auf den Ferntransportnetzen der deutschen Gaswirtschaft - Eine netzökonomische Analyse -.* Freiburg : Institut für Verkehrswissenschaft und Regionalpolitik, 2002

[Knieps 2005] KNIEPS, Günter: *Wettbewerbsökonomie : Regulierungstheorie, Industrieökonomie, Wettbewerbspolitik.* 2., überarb. Aufl. Berlin : Springer, 2005

[Laffont u. Tirole 1999] LAFFONT, Jean-Jacques ; TIROLE, Jean: *A theory of incentives in procurement and regulation.* Cambridge : MIT Press, 1999

[Lapuerta u. Moselle 2002] LAPUERTA, Carlos ; MOSELLE, Boaz: *Convergence of Non-Discriminatory Tariff and Congestion Management Systems in the European Gas Sector.* London : The Brattle Group, 2002. – Studie im Auftrag der Europäischen Kommission

[Lecarpentier 2006] LECARPENTIER, Armelle: *The Liberalization of Gas Markets in Europe*. Rueil-Malmaison : Institut français du pétrole publications, 2006 (Panorama reports 2006)

[Lochner u. Bothe 2007] LOCHNER, Stefan ; BOTHE, David: *From Russia with Gas : An analysis of the Nord Stream pipeline's impact on the European Gas Transmission System with the Tiger-Model*. Köln : Energiewirtschaftliches Institut an der Universität zu Köln, 2007 (EWI Working Paper, No 07.02)

[Lochner et al. 2007] LOCHNER, Stefan ; BOTHE, David ; LIENERT, Martin: *Analysing the Sufficiency of European Gas Infrastructure - the TIGER Model*. Köln : Energiewirtschaftliches Institut an der Universität zu Köln, 2007. – Präsentationsfolien von der ENERDAY-Konferenz am 13. April 2007 in Dresden

[Lohmann 2006] LOHMANN, Heiko: *The German Path to Natural Gas Liberalisation : Is it a Special Case?* Oxford : Oxford Institute for Energy Studies, 2006

[Lohmann 2007a] LOHMANN, Heiko: Gasspeicher E.ON Ruhrgas. In: *Gasmarkt Deutschland* (2007), März 2007, S. 15–16

[Lohmann 2007b] LOHMANN, Heiko: Thema des Monats: KoM-SOLUTION - Umsetzung der Kooperationsvereinbarung. In: *Gasmarkt Deutschland* (2007), Juli 2007, S. 3–7

[Madrid Forum 2002] MADRID FORUM: *Conclusions of the 5th meeting of the European Gas Regulatory Forum*. Madrid, 2002

[Minéfi 2006] MINÉFI ; MINISTÈRE DE L'ECONOMIE, DES FINANCES ET DE L'INDUSTRIE (Hrsg.): *l'énergie en France : repères*. Paris : Direction Générale de l'Energie et des Matières Premières, Observatoire de l'Energie, 2006. – http://www.industrie.gouv.fr/energie/statisti/pdf/reperes.pdf

[Monopolkommission 2006] MONOPOLKOMMISSION: *Mehr Wettbewerb auch im Dienstleistungssektor! Sechzehntes Hauptgutachten der Monopolkommission gemäß § 44 Abs. 1 Satz 1 GWB*. Baden-Baden : Nomos Verlagsgesellschaft, 2006

[Monopolkommission 2007] MONOPOLKOMMISSION: *Aufgaben*. Version: 2007. http://www.monopolkommission.de/index.html, Abruf: 09.10.2007. – Aufgaben der Monopolkommission

[Moritz 2007] MORITZ, Susanne: *A Mixed Integer Approach for the Transient Case of Gas Network Optimization*. Darmstadt, 2007. – Technische Universität Darmstadt, Fachbereich Mathematik, Diss., 2007

[Möst 2006] MÖST, Dominik: *Zur Wettbewerbsfähigkeit der Wasserkraft in liberalisierten Elektrizitätsmärkten : Eine modellgestützte Analyse dargestellt am Beispiel des schweizerischen Energieversorgungssystems*. Frankfurt am Main : Peter Lang, 2006

[MPE 2006] MPE ; MINISTRY OF PETROLEUM AND ENERGY UND NORWEGIAN PETROLEUM DIRECTORATE (Hrsg.): *Facts : The Norwegian Petroleum Sector 2006*. Oslo, 2006

[Mulder u. Zwart 2006] MULDER, Machiel ; ZWART, Gijsbert: *CPB Document*. Bd. No 110: *Government involvement in liberalised gas markets : A welfare-economic analysis of the Dutch gas-depletion policy*. Den Haag : CPB Netherlands Bureau for Economic Policy Analysis, 2006

[National Grid 2006] NATIONAL GRID (Hrsg.): *Gas Transportation Ten Year Statement 2006*. Warwick, 2006

[Neuhoff u. Hirschhausen 2006] NEUHOFF, Karsten ; HIRSCHHAUSEN, Christian v.: *Long-Term vs. Short-Term Contracts : A European Perspective on Natural Gas*. Cambridge : University of Cambridge, 2006 (Electricity Policy Research Group working paper EPRG 05/05, updated November 2006)

[ONTRAS - VNG Gastransport 2006] ONTRAS - VNG GASTRANSPORT (Hrsg.): *Kapazitätsvermarktung*. Version: 2006. http://www.ontras.com, Abruf: 06.03.2007. – Netzkarte und Informationen zum Netzzugang

[Pasternak et al. 2005] PASTERNAK, Michael ; BRINKMANN, Sven ; MESSNER, Jürgen ; SEDLACEK, Robert: *Erdöl und Erdgas in der Bundesrepublik Deutschland 2004*. Hannover : Niedersächsisches Landesamt für Bodenforschung, Referat Kohlenwasserstoffgeologie, 2005

[Pasternak et al. 2006] PASTERNAK, Michael ; BRINKMANN, Sven ; MESSNER, Jürgen ; SEDLACEK, Robert: *Erdöl und Erdgas in der Bundesrepublik Deutschland 2005*. Hannover : Landesamt für Bergbau, Energie und Geologie, Referat Kohlenwasserstoffgeologie, 2006

[Perlwitz 2007] PERLWITZ, Holger: *Der Erdgasmarkt für den Kraftwerkssektor unter CO_2-Minderungsverpflichtungen : Eine modellgestützte Analyse des europäischen Energiemarktes*. Karlsruhe, 2007. – Universität Karlsruhe, Fakultät für Wirtschaftswissenschaften, Diss., 2007

[Perlwitz et al. 2004] PERLWITZ, Holger ; FICHTNER, Wolf ; RENTZ, Otto: Gashandelsplätze in Europa : An Liquidität gewonnen. In: *BWK* 56 (2004), Nr. 7/8, S. 12–13

[Perlwitz et al. 2006a] PERLWITZ, Holger ; HEINZEN, Mareike ; MÖST, Dominik ; RENTZ, Otto: Nutzung von assoziiertem Gas in Form von Liquefied Natural Gas für den europäischen Markt. In: *Energiewirtschaftliche Tagesfragen* 56 (2006), Nr. 1/2, S. 61–64

[Perlwitz et al. 2006b] PERLWITZ, Holger ; MÖST, Dominik ; RENTZ, Otto: Modellierung des Energie- und CO_2-Zertifikatemarktes in Europa. In: *BWK* 58 (2006), Nr. 1/2, S. 59–62

[Perner 2002] PERNER, Jens: *Schriften des Energiewirtschaftlichen Instituts*. Bd. 60: *Die langfristige Erdgasversorgung Europas : Analysen und Simulationen mit dem Angebotsmodell EUGAS*. München : Oldenbourg Industrieverlag, 2002

[Pfaffenberger u. Scheele 2005] PFAFFENBERGER, Wolfgang ; SCHEELE, Ulrich: *Gutachten zu Wettbewerbsfragen im Zusammenhang mit § 3, Absatz 2, Satz 1 GasNEV*. Bremen : Gutachten im Auftrag von BEB, E.ON Ruhrgas, RWE Transportnetz Gas und VNG, 2005

[RWE AG 2007] RWE AG (Hrsg.): *Pressemitteilung: Gastransport - Weitere Vereinfachung des Netzzugangs*. Version: 18. Juli 2007. http://www.rwe.com, Abruf: 19.07.2007. – E.ON Gastransport und RWE Transportnetz Gas mit erster marktgebietsübergreifender Kooperation, gemeinsames L-Gas-Marktgebiet der Unternehmen zum 1.10.2008

[RWE Transportnetz Gas 2007a] RWE TRANSPORTNETZ GAS (Hrsg.): *Netzinformation*. Version: 2007. http://www.rwetransportnetzgas.com, Abruf: 06.03.2007. – Netzinformationen

[RWE Transportnetz Gas 2007b] RWE TRANSPORTNETZ GAS (Hrsg.): *Pressemitteilung: RWE Transportnetz Gas reduziert Marktgebiete bereits zum 1. April*. Version: 9. März 2007. http://www.rwetransportnetzgas.com, Abruf:

11.04.2007. – Rahmenbedingungen für eine marktgebietsübergreifende horizontale Kooperation von Netzbetreibern vorgestellt

[RWE Transportnetz Gas 2007c] RWE TRANSPORTNETZ GAS (Hrsg.): *RWE EESy interaktiv.* Version: 2007. https://netzzugang.rwetransportnetzgas.com, Abruf: 06.03.2007. – Online-Buchung Ein- und Ausspeisekapazitäten

[Scheib et al. 2006] SCHEIB, Philipp ; KALISCH, Frieder ; GRAEBER, Bernhard: *CNI-Working Paper.* Bd. 2006-11: *Analysis of a liberalised German Gas Market : A Medium-Term Gas Trading Model based on Entry-Exit Network Access.* Berlin : Center for Network Industries and Infrastructure, 2006. – Paper für die 5th Conference on Applied Infrastructure Research (INFRADAY), TU Berlin, 6.-7. Oktober 2006

[Schiffer 2005] SCHIFFER, Hans-Wilhelm: *Energiemarkt Deutschland.* 9. Aufl. Köln : TÜV-Verlag, 2005

[Scholz u. Langer 1992] SCHOLZ, Rupert ; LANGER, Stefan: *Schriften zum europäischen Recht.* Bd. 13: *Europäischer Binnenmarkt und Energiepolitik.* Berlin : Duncker und Humblot, 1992

[Schwarz-Schilling 1995] SCHWARZ-SCHILLING, Cara: *Schriften des Energiewirtschaftlichen Instituts.* Bd. 46: *Wettbewerb auf dem Erdgasmarkt : Hub-System und alternative Konzepte.* München : Oldenbourg, 1995

[Seeliger 2006] SEELIGER, Andreas: *Schriften des Energiewirtschaftlichen Instituts.* Bd. 61: *Entwicklung des weltweiten Erdgasangebots bis 2030 : Eine modellgestützte Prognose der globalen Produktion, des Transports und des internationalen Handels sowie eine Analyse der Bezugskostensituation ausgewählter Importnationen.* München : Oldenbourg Industrieverlag, 2006

[Shy 2001] SHY, Oz: *The Economics of Network Industries.* Cambridge : Cambridge University Press, 2001

[Statistisches Bundesamt 2006] STATISTISCHES BUNDESAMT (Hrsg.): *Energie in Deutschland.* Wiesbaden, 2006

[Stern 2005] STERN, Jonathan P.: *The Future of Russian Gas and Gazprom.* Oxford : Oxford University Press, 2005

[Stern 2007] STERN, Jonathan P.: *Is There A Rationale for the Continuing Link to Oil Product Prices in Continental European Long-Term Gas Contracts?* Oxford : Oxford Institute for Energy Studies, 2007. – Natural Gas Research Programme

[Stoppard u. Srinivasan 2007] STOPPARD, Michael ; SRINIVASAN, Shankari: A Shrinking Pond? The Influence of North America on European Gas Prices : Divergent Views on Atlantic Price Convergence / Cambridge Energy Research Associates. Cambridge, Februar 2007. – Private Report

[Thrän et al. 2007] THRÄN, Daniela ; SEIFFERT, Michael ; MÜLLER-LANGER, Franziska ; PLÄTTNER, André ; VOGEL, Alexander: *Möglichkeiten einer europäischen Biogaseinspeisungsstrategie.* Leipzig : Institut für Energetik und Umwelt, 2007

[VNG u. WIEH 2006] VNG ; WIEH: Rund 90 Milliarden Kubikmeter Erdgas aus Russland bis Ende 2030 : VNG und WIEH unterzeichnen internationalen Importvertrag in Moskau. In: *Pressemitteilung* (2006), 5. Juli 2006

[VV Erdgas I 2000] VV ERDGAS I: *Verbändevereinbarung zum Netzzugang bei Erdgas.* Berlin : BDI, VIK, BGW, VKU, 2000

[VV Erdgas II 2002] VV ERDGAS II: *Verbändevereinbarung zum Netzzugang bei Erdgas (VV Erdgas II).* Berlin : BDI, VIK, BGW, VKU, 2002

[Weale u. Omahony 2001] WEALE, Graham ; OMAHONY, Ghislain: *Report for the European Commission Directorate General for Transport and Energy to determine changes after opening of the Gas Market in August 2000 Volume I: European Overview.* DRI WEFA, 2001

[WEG 2006] WEG ; WIRTSCHAFTSVERBAND ERDÖL- UND ERDGASGEWINNUNG E. V. (Hrsg.): *Jahresbericht 2005.* Hannover, 2006. – http://www.erdoel-erdgas.de/filemanager/download/35/Jahresbericht

[WEG 2007] WEG ; WIRTSCHAFTSVERBAND ERDÖL- UND ERDGASGEWINNUNG E. V. (Hrsg.): *Erdgasförderung nach Bundesländern.* Version: Februar 2007. http://www.erdoel-erdgas.de, Abruf: 19. 02. 2007. – Erdgasförderung nach Bundesländern

[Wietschel 2000] WIETSCHEL, Martin: *Produktion und Energie : Planung und Steuerung industrieller Energie- und Stoffströme.* Frankfurt am Main : Peter Lang, 2000

[Wingas Transport 2006] WINGAS TRANSPORT (Hrsg.): *Entgeltrechner.* Version: 2006. `https://wtkg.de/entgeltrechner/entgelt.html`, Abruf: 06.03.2007. – Leitungskarte mit integriertem Entgeltrechner

[Wingas Transport 2007] WINGAS TRANSPORT (Hrsg.): *Presseinformationen: Wingas Transport bildet ein Marktgebiet für ihre gesamte Erdgastransport-Infrastruktur.* Version: 15. Mai 2007. `http://www.wingas-transport.de`, Abruf: 16.05.2007. – Intensivierung von Gas-zu-Gas- und Leitungswettbewerb, Beitrag zur Verringerung der Marktgebiete in Deutschland

[Wright 2006] WRIGHT, Philip: *Gas Prices in the UK : Markets and Insecurity of Supply.* Oxford : Oxford University Press, 2006

[Wuppertal Institut et al. 2005] WUPPERTAL INSTITUT ; INSTITUT FÜR ENERGETIK UND UMWELT ; FRAUNHOFER INSTITUT FÜR UMWELT-, SICHERHEITS-, ENERGIETECHNIK ; GASWÄRME-INSTITUT: *Analyse und Bewertung der Nutzungsmöglichkeiten von Biomasse - Band 1: Gesamtergebnisse und Schlussfolgerungen.* Wuppertal, 2005. – Untersuchung im Auftrag von BGW und DVGW

[Zinow 1991] ZINOW, Bernd-Michael: *Europäische Hochschulschriften: Reihe 2, Rechtswissenschaft. Bd. 1139: Rechtsprobleme der grenzüberschreitenden Durchleitung von Strom in einem EG-Binnenmarkt für Energie.* Frankfurt am Main : Peter Lang, 1991